UN DÍA
A LA VEZ
EN
AL-ANON

Otros libros de Al-Anon y Alateen:

Al-Anon se enfrenta al alcoholismo (SB-1)

Alateen—esperanza para los hijos de los alcohólicos (SB-3)

El dilema del matrimonio con un alcohólico (SB-4)

Los Doce Pasos y las Doce Tradiciones de Al-Anon (SB-8)

Alateen—un día a la vez (SB-10)

En todas nuestras acciones: Sacando provecho de las crisis (SB-15)

Valor para cambiar: Un día a la vez en Al-Anon II (SB-16)

De la supervivencia a la recuperación: crecer en un hogar alcohólico (SB-21)

Cómo ayuda Al-Anon a los familiares y amigos de alcohólicos (SB-22)

Senderos de recuperación: los Pasos, las Tradiciones y los Conceptos de Al-Anon (SB-24)

Esperanza para hoy (SB-27)

UN DÍA A LA VEZ EN AL-ANON

Al-Anon Family Group Headquarters, Inc.
World Service Office for Al-Anon and Alateen

Título original *One Day at a Time in Al-Anon*

Para más información y obtener un catálogo de publicaciones escriba a:
Al-Anon Family Group Headquarters, Inc.
1600 Corporate Landing Parkway, Virginia Beach, VA 23454-5617
(757)-563-1600   Fax (757)-563-1655
www.al-anon.alateen.org   wso@al-anon.org

Este libro está disponible también en: afrikaans, alemán, coreano, danés, finlandés, francés, griego, hebreo, holandés, inglés, italiano, japonés, noruego, polaco, portugués, ruso y sueco.

Todos los derechos son reservados. No está permitida la reproducción total o parcial de este libro, ni su tratamiento informativo, ni la transmisión de ninguna forma o por cualquier medio, ya sea electrónico, mecánico o por fotocopia, por registro u otros métodos, sin el permiso previo y por escrito del editor.

© Al-Anon Family Group Headquarters, Inc. 1968, 1972, 2000

Número de catálogo de la Biblioteca del Congreso: 72-85153
ISBN-0-910034-71-0
(Edición original: ISBN-0-910034-21-4)

Al-Anon/Alateen se sostienen mediante las contribuciones voluntarias de sus miembros y por la venta de nuestra Literatura Aprobada por la Conferencia.

Aprobado por la
Conferencia de Servicio Mundial
de los Grupos de Familia Al-Anon

06-13   SB-6   Impreso en EE. UU.

Preámbulo Sugerido para los Doce Pasos

Los Grupos de Familia Al-Anon son una hermandad de parientes y amigos de alcohólicos que comparten sus experiencias, fortaleza y esperanza, con el fin de encontrarle solución a su problema común. Creemos que el alcoholismo es una enfermedad de la familia, y que un cambio de actitud puede ayudar a la recuperación.

Al-Anon no está aliado con ninguna secta ni religión, entidad política, organización ni institución; no toma parte en controversias; no apoya ni combate ninguna causa. No existe cuota alguna para hacerse miembro. Al-Anon se mantiene a sí mismo por medio de las contribuciones voluntarias de sus miembros.

En Al-Anon perseguimos un único propósito: ayudar a los familiares de los alcohólicos. Hacemos esto practicando los Doce Pasos, dando la bienvenida y ofreciendo consuelo a los familiares de los alcohólicos y comprendiendo y animando al alcohólico.

Este libro sugiere cómo vivir un día a la vez, y la manera de hallar en cada uno de ellos cierta medida de consuelo, serenidad y un sentido de autorrealización.

Desaprueba la idea de vivir pensando en los errores y las desilusiones del pasado; concibe el futuro sólo como una serie de días nuevos, cada uno con renovadas oportunidades para conseguir autorrealización y progreso.

Hoy es una fraccioncita manejable de tiempo, durante la cual no debemos permitir que nuestras dificultades nos abrumen. Esto nos alivia el corazón y la mente de las pesadas cargas del pasado y del futuro.

La hermandad Al-Anon abarca gente de muchos países, creencias y costumbres. Estos mensajes diarios están dirigidos a personas de todos los ambientes y profesiones. Aunque, generalmente, al referirnos al miembro de Al-Anon usamos el pronombre "ella", en la mayoría de los grupos Al-Anon hay tanto hombres como mujeres.

(*) Los asteriscos refieren al lector hacia el apéndice en la página 374 en donde están identificadas las citas de derecho de autor. Las citas no identificadas son declaraciones hechas por miembros de la hermandad Al-Anon. Algunos asteriscos (*) pueden también referir al lector a las publicaciones o fraseología Al-Anon que no se imprime más.

1 DE ENERO

Este año es un libro en blanco en cuyas páginas escribiré la historia de mi progreso personal a través del uso diario de las ideas de Al-Anon. Recurrí a Al-Anon como a un último recurso, porque no podía resolver por mí mismo el problema que confrontaba. Sé que puedo afrontar ahora esta situación si aplico la filosofía de Al-Anon a mí mismo, a mis pensamientos y a mis acciones. Si me dejo llevar por lo que diga o haga el alcohólico, haré borrones y manchas en las páginas de mi año. Trataré de evitar esto a toda costa.

Recordatorio para hoy

Sólo puedo vivir mi vida un día a la vez. Quizá mi confusión y desesperación sean tan grandes que deba hacerlo una hora a la vez o un minuto a la vez, teniendo siempre presente el hecho de que no tengo autoridad sobre vida alguna fuera de la mía propia.

> «Sabiendo que nada puede dañarme mientras me apoye en mi Poder Superior, suplico ser guiado a través de cada hora y cada minuto del día. Ojalá que me acuerde de traerle a Él todos mis problemas, pues sé que Él me mostrará el camino que debo seguir.»

2 DE ENERO

Si yo me sentara en un rincón tranquilo para mirar retrospectivamente los sucesos de mi acongojada vida *como si examinara la vida de otra persona*, o leyera acerca de ella en un libro, ¿cómo me parecería? Sé que puedo hacer esto sólo si no trato de justificarme y miro los hechos con honradez. ¿He empeorado mi situación al decir o hacer cosas con arrebato, ira o desesperación? ¿Hay algo que recuerdo con remordimiento? Aprendemos sólo por experiencia y al proponernos no repetir los errores pasados.

Recordatorio para hoy

No me dejaré llevar por el deseo del alcohólico de ser castigado para librarse de su culpa. No le voy a regañar, ni lloraré, pues esto no me ayudará a sobreponerme a las dificultades que nos rodean. Haré lo posible por resolver con aplomo mis dificultades diarias, recordándome siempre que lo estoy haciendo por mi propio bien.

> «Cuando me veo tentado o presionado a conducirme irracionalmente, pido poder para detenerme y pensar antes de hacer o decir cualquier cosa. Ruego a Dios que me quite estos impulsos y me ayude a autorrealizarme hasta convertirme en la persona que deseo ser.»

3 DE ENERO

¿Por qué desperdicio mi valioso tiempo y mi energía tratando de explicarme por qué bebe el alcohólico, y por qué no piensa en su familia, ni en sus obligaciones ni en su reputación? Lo único que necesito saber es que él padece una enfermedad: el alcoholismo, la propensión a beber. ¿Por qué no me compadezco de él y de su mal cuando tan fácilmente me apiado de quienes sufren de otras enfermedades? ¿Los considero culpables? Entonces, ¿por qué lo culpo a él? ¿Puedo mirar dentro de su corazón y darme cuenta de la verdadera naturaleza de sus sufrimientos?

Recordatorio para hoy

El hecho de que yo sea cónyuge, hijo, padre o amigo de un alcohólico, no me da el derecho a controlarlo. Al tratarlo como a un niño malcriado e irresponsable, lo único que consigo es empeorar la situación.

> «Hoy prometo a Dios y me propongo a mí mismo que no me preocuparé por este problema que está destruyendo mi paz mental. Pido capacidad para desprenderme emocionalmente de la situación; pero no del bebedor a quien puedo ayudar a encontrar el camino de la sobriedad mediante mi cambio de actitud, además del amor y la compasión que yo pueda expresarle.»

4 DE ENERO

Si digo: «No puedo hacer nada por mí mismo», afirmo que me propongo buscar ayuda. ¿Dónde hay asistencia para mi situación de convivir con un alcohólico? La encontraré con mis compañeros de Al-Anon. Allí hallaré comprensión, fortaleza y esperanza. Allí aprenderé a aceptar las cosas que no puedo cambiar, y adquiriré valor para cambiar las que pueda. Mi primer paso será adoptar un programa: iré a todas las reuniones de Al-Anon que pueda, leeré publicaciones de Al-Anon, me mantendré receptivo y aplicaré a mi vida diaria todo lo que aprenda.

Recordatorio para hoy

Mi propia forma de pensar a menudo me engaña. Sólo puedo ver un poquito del camino. Pero cuando me doy cuenta de que en más de 30000 grupos de Al-Anon y Alateen esparcidos por el mundo hay personas que aprenden a resolver sus problemas, me pregunto: ¿No me estoy castigando inútilmente al rechazar esta maravillosa forma de vida?

> «Compartir lo que se ha experimentado ensancha el propio horizonte y sugiere nuevas y mejores formas para hacer frente a las dificultades. Uno no necesita resolverlas solo.»

5 DE ENERO

Hoy me concentraré en el profundo significado del mandamiento "Amarás a tu prójimo como a ti mismo". La primera condición con la que puede desarrollarse lo bueno que hay en mí es aceptándome a mí mismo. A menos que esté en paz conmigo mismo como hijo de Dios que soy, no puedo amar ni ayudar a mi prójimo. Los remordimientos son vanos. Son un obstáculo para el bien que yo podría hacer hoy y la posibilidad de convertirme en la mejor persona que quisiera ser mañana.

Recordatorio para hoy

Condenarnos a nosotros mismos por errores cometidos es tan malo como condenar a otros por los de ellos. Realmente no estamos capacitados para juzgar a otros, ni siquiera a nosotros mismos.

Tomás de Kempis decía: «Toda perfección en esta vida está acompañada de alguna imperfección y todas nuestras previsiones no están exentas de obscuridad.»

> «Hoy pido sabiduría para construír un mañana mejor sobre los errores y la experiencia del ayer.»

Hasta que llegué a Al-Anon, yo no creía que alguien tuviese un problema tan difícil como el mío. Esto me daba abundantes razones para tenerme lástima a mí mismo, para ofenderme por lo que el alcohólico hacía y para reprocharle sus errores y defectos.

A medida que asistía a las reuniones de Al-Anon, empecé a abrir los ojos. Las dificultades por las que atravesaban otras personas me hicieron ver las mías más pequeñas, a pesar de que ellos las enfrentaban con valor y confianza. Otros estaban atrapados en situaciones tan difíciles como la mía, pero las sobrellevaban con mayor fortaleza; aceptaban el hecho de que el alcohólico padecía de una enfermedad. Hallé muchas razones por las cuales estar agradecido de que mi suerte no fuera peor. Mi carga comenzó a aligerarse.

Recordatorio para hoy

Cuando las cosas se ponen más negras, está en mí el iluminarlas con la luz de la comprensión y de la gratitud. Me doy cuenta de la medida en que esto depende de mi punto de vista; mis propios hábitos censurables de pensamiento y acción deben rectificarse, y sólo yo puedo hacerlo.

> «Ayúdame a no esperar soluciones fáciles a mis problemas. Hazme reconocer que yo mismo creé muchas de mis dificultades con mis propias reacciones ante los sucesos en mi vida diaria. Tan sólo pido ser guiado por mejor camino.»

7 DE ENERO

Alguien dijo algo poco amable acerca de mí. ¿Me siento ofendido? Sí. ¿Debería haberme ofendido? No. ¿Cómo puedo sobreponerme? Manteniendo la serenidad y poniendo eso a un lado hasta que pueda comprender a qué se debe. Si fue un desquite por mi desafecto, rectificaré mi falta. Y si no fue así, no tengo responsabilidad alguna. ¿Debo ignorarlo todo o alegar algo? No, lo dejaré pasar; cuanto menos se diga, más pronto se enmendarán las cosas. Nada puede herirme a menos que yo lo permita. Cuando me duele algo que sucede *fuera de mí* no es *eso* lo que me hiere, sino la forma en que yo pienso y siento al respecto.

Recordatorio para hoy

Ayúdame a no apropiarme de las acciones y reacciones de los demás y sufrir por ellas. Otros adultos no están bajo mi responsabilidad, por más íntima que sea mi relación con ellos. No permitiré que nadie me perturbe; lo que me concierne es mejorar mi propia forma de vivir y de ver la vida.

> «Dios mío, enséñame a no preocuparme por lo que otros dicen o hacen, excepto para aprender lecciones y recibir orientaciones de ello.»

Cuando el alcohólico ha sido bendecido con el don de la sobriedad, puedo sentirme agradecida por todas las buenas consecuencias que conlleva el cambio: el hecho de que llega a tiempo para que la familia pueda reunirse a la hora de comer, el poder invitar a los amigos sin el temor de situaciones embarazosas, el poder pagar nuestras cuentas y mantener así en alto la frente.

Si acaso me siento tentada a dudar de esta sobriedad recién adquirida, me esforzaré por tener confianza. Esto ayudará a él a mantenerse sobrio, y me permitirá conservarme serena.

Recordatorio para hoy

Aunque todavía hay muchos problemas por resolver, trataré de aprovechar todos los beneficios que la sobriedad trae consigo. Viviré el programa de Al-Anon, en el cual me apoyaré para que me ayude a resolver cualquier problema que todavía pueda presentarse.

> «Pido la capacidad para aprender a disfrutar de lo bueno que trae cada día y no ser aprensivo acerca del futuro, que está en manos de Dios.»

9 DE ENERO

Cuando me abrumaba el hecho de vivir con un alcohólico, no sabía qué camino seguir ni cómo tomar una decisión. Yo rechazaba a Dios porque estaba resentido por lo que consideraba un castigo injusto. Sin embargo, descubrí que "hacerlo solo" empeoraba las cosas. En una etapa posterior de desesperación, me volví a Él y puse mi vida y mi voluntad en sus manos. Apenas me di por vencido y confié completamente en Él, mi carga se aligeró. No pretendo entender cómo suceden tales cosas; jamás quiero olvidar que Él está siempre dispuesto a ampararme, pero sólo en la medida en que yo confíe en Él.

Recordatorio para hoy

Si en vez de confiar en Dios me fío solamente de mi propia inteligencia, fortaleza y prudencia, no hallaré mi camino hacia Él ni obtendré Su ayuda. Él me ha brindado el don de la fe. Al aceptarla, debo poner a un lado mi propia voluntad humana y confiar en Él. Dante, en la *Divina Comedia*, escribió: "En Su voluntad reside nuestra paz".

> «Fíate de Jehová de todo tu corazón, y no te apoyes en tu prudencia. Reconócelo en todos tus caminos y Él enderezará tus veredas.»
>
> (*Proverbios*)

10 DE ENERO

Venimos a Al-Anon para compartir mutuamente nuestra experiencia, fortaleza y esperanza. Al principio, la mayoría de nosotros venimos a *recibir*, no a dar ni a compartir. Lo que queremos obtener es sobriedad para el alcohólico, pero pronto aprendemos que esto está fuera de nuestro alcance. Estamos aquí para hallar serenidad para nosotros mismos, mediante los actos de dar y compartir.

Algunas veces, las personas que vienen a Al-Anon desesperadas y desamparadas, toman parte en la terapia de intercambio del grupo, y después que el alcohólico ha conseguido la sobriedad, creen que ya no necesitan más a Al-Anon. Cuando han superado su propia situación, se olvidan de su obligación de ayudar a otros.

Recordatorio para hoy

Vivir con un alcohólico no significa solamente vivir con un alcohólico activo; puede tratarse también de una persona que está rehaciendo su vida para que pueda vivir sin el alcohol. Si en algún momento tuvimos necesidad de Al-Anon, esta necesidad no desaparece cuando se inicia la sobriedad.

Sólo cuando continuamos dando de nosotros mismos, podemos seguir recibiendo. Al ayudar a otros día tras día, enriquecemos nuestra propia vida.

> «'No te niegues a hacer el bien a quien es debido, cuando tuvieres poder para hacerlo', *Proverbios*. Ruego no ser tentado por la indiferencia ni el egoísmo, al negar a otros la ayuda que he recibido.»

11 DE ENERO

Había una vez una mujer muy desgraciada. Si alguien le preguntaba cuál era la razón de su desgracia, decía desesperadamente: "¡Absolutamente todo!" Entonces narraba con muchos detalles sus sufrimientos, las cosas horribles que hacía su esposo, las dificultades que ella tenía con sus hijos. Tenía en el semblante una expresión sobresaltada y lúgubre. Aunque había sido una muchacha guapa, no entendía por qué era importante seguir embelleciéndose… para lo cual, al fin y al cabo, no tenía tiempo. Mientras miraba sólo el lado oscuro de las cosas, disminuían la comunicación y el amor entre ella y su familia. Hasta sus amigos la evitaban, lo cual aumentaba sus agravios contra la vida. Todo habría sido distinto, por supuesto, si su esposo hubiera dejado de beber, y así se lo repetía diariamente.

De vez en cuando alguien la animaba a que fuera a una reunión de Al-Anon, pero, en cierta forma, ella creía que todos los miembros estaban esperándola para que ella les narrara sus últimos desastres.

Cierta noche, con el fin de ayudarla, un miembro puso las cartas sobre la mesa. Le dijo que todos en el grupo tenían bastantes problemas; pero que, con la asistencia de Al-Anon y ayudándose mutuamente, habían aprendido a dejar de exagerar. "¿Por qué no tratas de cambiar y de sonreír para ver qué pasa? Quizá le causes tal impresión a tu esposo, que al verte agradable y jovial, trate de buscar ayuda para él en un grupo AA". Y, créase o no, después de algún tiempo, eso fue lo que sucedió.

12 DE ENERO

Hoy examinaré mis ideas de felicidad, placer, complacencia. ¿Me he afligido por la ausencia de estos estados de ánimo en mi vida? ¿Acaso dependen tales satisfacciones de fiestas, viajes, bailes, cine, televisión? ¿Estoy tan ocupado con mis quehaceres de la casa, mis hijos, mi empleo, que no tengo libertad para recrearme? Si es así, es hora de que aprenda a disfrutar de las miles de pequeñas cosas que ocurren diariamente en mi vida: una salida de sol, el canto de los pájaros, una larga caminata en que note todos los objetos por los cuales pasé, una pieza musical, un buen libro, la encantadora respuesta de un niño, un relato conmovedor en una reunión de AA y una útil labor doméstica o una buena comida preparada por mí.

Recordatorio para hoy

Si mantengo abiertos los ojos y el corazón para recibir nuevas impresiones, cada día será una nueva aventura. Aun en la monotonía de mi vida, si me propongo que así sea, no habrá dos días exactamente iguales, y la diferencia me revelará una sucesión de renovada dicha.

> «Pido a Dios que me haga estar dispuesto a ver con claridad los incidentes de cada día, que agudice mi percepción de lo mucho que hay por disfrutar, incluso en cosas y sucesos corrientes. Que me torne receptivo y restaure en mí el deseo de admirar y apreciar las maravillas de la naturaleza.»

13 DE ENERO

¿Cuándo me daré cuenta de que no debo permitir que la conducta del alcohólico me confunda y destruya mi paz mental? ¿Cuándo aprenderé que no hay compulsión, legal ni ética, que me fuerce a conformarme con la humillación, la incertidumbre y la desesperación? ¿Me complazco secretamente en tenerme lástima y aspiro a que los demás se compadezcan de mí?

Recordatorio para hoy

Tengo derecho a librarme de cualquier situación que me impida tener una vida plena con gratos incidentes. Todo ser humano tiene derecho a vivir sin temor, incertidumbre e incomodidad. Debo adoptar una posición firme y mantener cualquier decisión que tome, no sólo por mi propio bien y por el de mi familia, sino también por el del enfermo alcohólico. La indecisión constante sólo puede impedir que me libere de mi forma errónea de pensar.

> «Dios mío, guíame para que tome la decisión correcta, y dame fuerzas para mantenerme firme contra cualquier presión o persuasión.»

Si alguien siente aversión por mí o se ofendió por algo que hice, debo primero considerar si fui yo quien originó la aversión o el resentimiento. ¿Se debe a algo que hice? ¿Necesito rectificarlo? Si es así, ¿soy propenso a justificar lo que hago, cuando en realidad no es correcto? Al contestar estas preguntas, puedo practicar el arte de ser sincero conmigo mismo.

Si fui hiriente y me excuso por lo que hice, estoy levantando una *segunda* valla entre mí y la persona a quien ofendí. Debo derribar la primera valla siendo íntegro y reconociendo honradamente mi falta.

Recordatorio para hoy

¡Qué alivio es reconocer que sólo soy un ser humano, que cometo errores, pero que estoy dispuesto a corregirlos! No puedo menos que sentirme a gusto conmigo mismo una vez que todo se ha aclarado. Al solidificar una amistad, me convierto en mejor amigo de mí mismo.

> «Dios, líbrame de la tentación de engañarme a mí mismo al justificar mis acciones equivocadas. Hazme lo suficientemente fuerte como para hacer lo que debo a fin de mantener la serenidad.»

15 DE ENERO

Oramos por la sobriedad del alcohólico porque pensamos que ésta resolverá todos nuestros problemas. Nos ilusionamos, pues la sobriedad es tan sólo el primer paso para cimentar una vida sana. A menos que nos esforcemos juntos para superar nuestros conflictos emocionales, nos estancaremos. Nuestras dificultades sólo adquieren nuevas formas porque no han surgido solamente del alcoholismo, sino también de los defectos de personalidad que causó el alcoholismo y de nuestras reacciones irracionales ante tales defectos. Aunque el alcohólico haya vencido su propensión a beber, debo recordar que tengo mucho que aprender para adaptarme a un alcohólico sobrio.

Recordatorio para hoy

No me engañaré pensando que la sobriedad es la única meta. Afrontaré cada dificultad que se presente con la ayuda de los Doce Pasos y el intercambio afectuoso con mis amigos de Al-Anon.

> «Pido sabiduría para adoptar una actitud razonable y tolerante ante cualquier dificultad con la que tenga que enfrentarme cada día.»

¿Cómo puedo comprender que mi débil conformidad ante una situación inaceptable es un reflejo de mi propia dignidad? ¿Soy cobarde o esclavo para permitir que una personalidad enferma me empuje de aquí para allá? ¿Va a obtener algún buen resultado de mi actitud paciente? ¿O sólo hará que el alcohólico reafirme su creencia de que puede manipular la situación para salirse con la suya? ¿Es justicia de mi parte el permitirle que me gane de mano en cada oportunidad? ¿Buscará la sobriedad si no le doy una razón imperiosa para hacerlo, no sólo por su propio bien sino también por el mío?

Recordatorio para hoy

Soy una persona que tiene derecho a una vida plena. No debo esperar que nadie más me la proporcione; la debo alcanzar por mí mismo. ¿Me engaño al pensar que estoy predestinado a aceptar lo que la vida me depare, por más humillante o envilecedor que sea?

> «Oro para que yo pueda aprender a comportarme como criatura de Dios, llevando en el corazón y en la mente la gracia que Él ha otorgado a cada uno de sus hijos. Que yo aprenda a vivir de acuerdo con este modelo de perfección, un poco cada vez; pero siempre avanzando.»

17 DE ENERO

En Al-Anon aprendo que un vistazo honrado a la manera de enfrentarme con la situación creada por el alcoholismo puede de repente mostrarme que poseo, y uso, todo un arsenal de armas asesinas. Son las mismas armas empleadas por muchos cónyuges: indignación expresada en voz estridente, acusaciones irresponsables, regaños, lágrimas e histeria, santurronería y muchas más. Estas armas son mortales. Matan en el alcohólico el deseo de encontrar una vida mejor. Acaban con el amor y el respeto. Destruyen al alcohólico mismo al aumentar su culpa, ya insoportable. Finalmente, estas armas también destruyen a quienes las utilizan.

Recordatorio para hoy

Trataré de eliminar de mi vida y de mi mente los instrumentos de destrucción que he estado utilizando, pues nada pueden hacer para mejorar mi situación. Aprenderé a valerme de un nuevo juego de instrumentos: tolerancia, bondad, paciencia, cortesía, amor y buen humor, además de una firme determinación de hacer cuanto sea necesario para mejorar mi vida.

> «Dios, que es todo bondad y sabiduría, me proporciona los instrumentos útiles con que superar mis dificultades. Me propongo utilizarlos.»

18 DE ENERO

Pertenezco a Al-Anon para aprender a vivir en paz conmigo mismo y con los demás. Por esto, tengo la responsabilidad para con los miembros de mi grupo de no revelar los secretos de nadie. Debo proteger el anonimato de mis compañeros y de sus respectivas familias. Sólo así puedo contribuir a que mi grupo aumente su capacidad de asistir a otras personas. Sobre todo, nunca identificaré un relato con un nombre personal. Así como deseo estar seguro de que nadie repetirá lo que yo diga en las sesiones o lo que cuente en confianza a otro miembro, del mismo modo me guardaré de no cometer ninguna indiscreción de mi parte.

Recordatorio para hoy

«El anonimato es la base espiritual de nuestras Tradiciones, y siempre nos recuerda que debemos anteponer los principios a las personas.» Debemos tener siempre en cuenta esta Duodécima Tradición, según la cual todos tratamos de vivir. Es el secreto del éxito de nuestra manera de ser en Al-Anon.

> «El que anda en chismes descubre el secreto;
> mas el de espíritu fiel lo guarda todo.»
>
> *(Proverbios)*

19 DE ENERO

Sean cuales fueren las dificultades que tratamos de superar, la mayor frustración es tratar de abarcar demasiado a un mismo tiempo. Nos olvidamos que tenemos que habernos sólo con un día a la vez; por eso tratamos de abarcar demasiado durante las horas en que estamos despiertos... y hasta nos excedemos más allá del cansancio. Podemos aprovechar mejor cada hora—y realizar más—si tan sólo tratamos de hacer frente a lo que es posible en ese día. Encontramos reposo en los consejos del útil panfleto *Sólo por hoy*, que nos dice lo siguiente:

Recordatorio para hoy

«Sólo por hoy, trataré de pasar el día, sin esperar resolver todos mis problemas al mismo tiempo. Sólo durante doce horas, puedo proponerme hacer algo que me espantaría, si creyera tener que seguir haciéndolo el resto de mi vida.»

Iré más despacio. Si me veo bajo tensión poniéndome plazo y preocupándome por el día de mañana, me detendré algunos minutos y pensaré sólo acerca de este día y lo que puedo hacer en él.

> "Todo tiene su tiempo, y todo lo que se quiere... tiene su hora."
>
> (*Eclesiastés*)

No puedo herir a otros sin herirme también a mí mismo. Esta razón es tan importante como para inducirme a pensar dos veces antes de proferir palabras que puedan provocar un intercambio acalorado. ¿Me he detenido a pensar que el impulso de decir algo hiriente podría provenir de mi propio sentido de culpabilidad que estalla en descargas contra otros?

Ello puede proporcionarme un alivio momentáneo, pero luego regresa como un bumerang para aumentar mi fastidio. La impaciencia con los demás sólo crea en ellos impaciencia para conmigo. La censura impulsiva en una reunión de Al-Anon puede afectar la unidad del grupo, de cuya ayuda dependo.

Recordatorio para hoy

¡Si tan sólo yo pudiera aprender a serenar la mente antes de hablar! No quiero actuar con impaciencia y hostilidad, porque sé que ello causará reacción en mí. Es un error pensar que esto requiere dominio propio; la paciencia puede adquirirse a medida que aprendemos a abandonar la obstinación.

> Jonathan Swift dijo:
>
> «Quienquiera que pierda la paciencia, pierde la posesión de su propia alma. Los hombres no deben ser como las abejas que se aniquilan al aguijonear a otros.»

21 DE ENERO

No me convertiré en víctima de la autocompasión ni del resentimiento, si puedo verme clara y sinceramente en relación con las circunstancias por las cuales atravieso. Si hago lo que debo, estaré en paz conmigo mismo.

Sólo cuando comparo mi suerte en la vida con la de los demás, me sumo en la destructiva emoción de la autocompasión. Únicamente si me ofendo por lo que hacen otros, me afligirá el resentimiento. Si sé que procedo bien, no necesitaré la admiración ni el aplauso de los demás. Esto es agradable, pero no esencial para mi contentamiento.

Aprenderé a juzgar mis motivos y a valorar mis actos, a fin de que poco a poco pueda colocarlos a la altura de mis normas e ideales.

Recordatorio para hoy

Nada puede herir mis sentimientos ni provocar en mí emociones nocivas a menos que yo lo permita. Realizaré lo que se me ha encomendado de la mejor manera posible. En esto consistirá mi seguridad interior, contra la cual todo asalto exterior será ineficaz.

> «Trabaja, no como quien se siente menoscabado, ni tampoco como quien es objeto de lástima o de admiración. Oriéntate hacia una sola cosa, muévete hacia ella y examínate a toda hora.»
>
> (Marco Aurelio: *Meditaciones*)

22 DE ENERO

En Al-Anon a menudo se nos recuerda que aquello por lo cual rezamos quizá no sea lo que más nos convenga. Sólo podemos ver un trocito del camino, y nuestra visión está empañada por nuestra situación presente, las distracciones y los sucesos diarios.

Si las dificultades que debo afrontar parecen insoportables, no se las voy a explicar a Dios; Él ya las conoce. No le diré lo que espero que Él haga; Él sabe lo que más me conviene.

Cuando me enfrente con algo ante lo cual sea escasa mi capacidad de decidir o afrontar, no lucharé solo. Le pediré que me enseñe qué pasos debo tomar. Esto es la oración: pedir solamente dirección.

Recordatorio para hoy

«Toda verdadera oración reconoce, en cierta medida, nuestra absoluta dependencia de Dios. Es un contacto vital con Él. Cuando oramos de verdad, también realmente somos. De nuestras oraciones recibimos luz para proyectarla sobre nuestros problemas y dificultades.»

(Thomas Merton: *No Man Is an Island*)*

«Nosotros, ignorantes de nosotros mismos, a menudo imploramos nuestra propia desgracia, que el sabio poder nos niega para nuestro propio bien; de modo que ganamos al perder nuestras plegarias.»

(Shakespeare: *Antonio y Cleopatra*)

23 DE ENERO

Aprender el programa de Al-Anon en todo su profundo significado y aplicarlo a mi vida diaria no consiste simplemente en ir a una sesión de vez en cuando. Supongamos que yo resuelva aprender otro idioma, o estudiar artes o una ciencia. Tendría que ocuparme de esto todos los días y practicar las cosas que hubiere aprendido hasta que formaran parte de mí mismo. El filósofo y el artista estudian cada día durante años para perfeccionarse. ¿Cómo puedo aspirar a perfeccionarme en esta nueva manera de ser que es Al-Anon sin una aplicación diaria?

Recordatorio para hoy

Precisamente ahora estoy leyendo algo que me ayudará a comprender la filosofía de Al-Anon. En este mismo instante me formularé un programa para leer publicaciones de Al-Anon, lo cual me ayudará a entender mi problema y a mejorar mi perspectiva ante la vida. Así estaré en condiciones de resolver mis dificultades conforme vayan surgiendo; así sabré cuándo hacerme a un lado y dejar que éstas desaparezcan de por sí.

> «'Manantial de vida es el entendimiento al que lo posee' *(Proverbios)*.
> Oro por perseverancia para leer, cada día, algo que me ayude a adquirir entendimiento.»

24 DE ENERO

Cuando vine a Al-Anon, ¿me daba cuenta de que el alcoholismo era algo que el alcohólico no podía dominar con el mero poder de la voluntad? Por supuesto que no. Pero después de haber oído una y otra vez que el alcohólico padece de una enfermedad, ¿por qué sigo hablándole y actuando con él como si fuera malo de propósito? Cuando reflexiono acerca de esto, sé que el alcohólico es un ser humano fundamentalmente bueno y sensible; pero hasta que este pensamiento se me implante en la mente, no podré reflejarlo en mis acciones.

Recordatorio para hoy

Las discusiones no sirven para combatir una enfermedad. La compasión y la comprensión de mi parte pueden tener el poder de curar porque me enseñarán a no castigar. Aunque la serenidad adquirida en Al-Anon no produzca ningún cambio en el alcohólico, al menos me dará fortaleza para afrontar mis dificultades de forma más razonable.

> «Oro para poder recordar, cada día, cada hora, y especialmente en tiempos de crisis, que mi comportamiento hostil sólo atizará el fuego que podría destruirnos a ambos.»

25 DE ENERO [25

Antes de que AA influyera en la vida de un alcohólico y de que Al-Anon nos revelara una nueva manera de ser, corregir las propias faltas parecía depender enteramente de la fuerza de voluntad, resuelta a *eliminarlas*.

No podremos vencer malos hábitos y propensiones con firmes resoluciones, ni prometiéndonos a nosotros mismos que no haremos esto o aquello. No pueden ser simplemente *desarraigados* porque ¿con qué llenaríamos el vacío dejado por ellos? Deben ser *reemplazados* por lo *opuesto*. El secreto consiste en sustituir lo negativo por lo positivo; *lo haré* en vez de *no lo haré*.

Recordatorio para hoy

Si estoy de mal humor o descontento, cultivaré pensamientos felices. Si tengo la tendencia a censurar, buscaré lo que es bueno y placentero y me concentraré en ello. Reemplazaré mis dudas y temores infructuosos por la fe y la confianza. Si me asalta el tedio, aprenderé algo nuevo, aunque sólo sea una forma más agradable de realizar las mismas tareas de siempre.

> «Dejé de *forzarme* a eliminar mis faltas cuando descubrí que eso no daba resultado. Entonces caí en cuenta de que tenía que reemplazarlas por algo mejor.»

¡Con cuánta frecuencia vemos llegar a los grupos de Al-Anon a cónyuges y a padres desesperados por el problema del alcoholismo del cual es víctima un miembro de su familia!

Cuando se les dice que el propósito de Al-Anon no es obtener sobriedad para el alcohólico, sino paz mental para su familia, suelen chasquearse al principio. Poco a poco van comprendiendo la filosofía de Al-Anon y ven el problema con más claridad. Sin embargo, tan pronto como el alcohólico se encuentra sano y salvo en AA, consideran que todo está resuelto y van perdiendo interés en Al-Anon. No se dan cuenta de que necesitan Al-Anon de forma permanente.

Recordatorio para hoy

Al-Anon es para cuantos viven con un alcohólico, sea éste activo o sobrio. Si no comprendemos esto y no vivimos de acuerdo con ese pensamiento, no hemos entendido el propósito de su beneficiosa filosofía. Para los que la aprovechan al máximo, es verdaderamente una manera de ser.

> «Nunca me permitas olvidar cuánto Al-Anon puede hacer para que sea yo una mejor persona, con una vida más rica y más plena. Me da los medios y la sabiduría que necesito para servir a los demás, a fin de realizarme a mí mismo.»

27 DE ENERO

Algunos de nosotros aún padecemos la agonía de vivir con un alcohólico activo. Nos preguntamos por qué éste no se da cuenta de que su alcoholismo perjudica a su familia, y hasta dudamos si esto le importa. Si le importara, pensamos, no se comportaría de forma tan irracional.

En Al-Anon nos enteramos de que esta conclusión es totalmente falsa; no podemos saber cuánto sufre el alcohólico al sentirse culpable por el daño que inflige. Su única vía de escape ante esta culpa es seguir bebiendo.

Nuestra forma de ayudarlo es darnos cuenta de cuán enfermo está y de cuánto sufre él mismo por los resultados de su propensión. Los reproches y las lágrimas sólo empeoran la situación. Podemos tener paciencia y compasión sin necesidad de convertirnos en muletas, para que así él recupere las fuerzas y trate de buscar ayuda por sí mismo.

Recordatorio para hoy

Si preguntamos: «¿Hasta cuándo, Señor, hasta cuándo?», nos sumimos en la autocompasión. Tenemos a nuestra disposición, si deseamos utilizarlos, los medios para salir del abismo en que estamos.

«...valor para cambiar aquellas que puedo...»

28 DE ENERO

Vivir con un alcohólico puede llevarnos a tal punto de desesperación que pensemos que Dios nos ha abandonado. Nuestros hijos se vuelven inquietos, las dudas se acumulan; hay dificultades con la policía, cárcel, infidelidad y violencias físicas que pueden acarrear deshonra a la familia. ¿Qué se puede hacer? Comprendemos que es hora de actuar; pero, ¿qué pasos hay que dar? Nosotros mismos estamos tan confundidos, que no estamos en condiciones de decidir. Ante tal crisis, deberíamos buscar ayuda profesional: un clérigo, un órgano de asistencia social o un tribunal familiar. Pero lo más importante de todo es seguir la sugerencia de Al-Anon: «Suelta las riendas y entrégaselas a Dios».

Recordatorio para hoy

Sé que soy incapaz de resolver solo mi problema. Cuanto más lo intento, más difícil se pone. Estoy seguro de que el Poder Divino es capaz de allanar dificultades a las cuales no puedo hacer frente. Trataré de apartar de mí todo temor.

> «Dios no nos priva de su amor; nosotros le privamos de nuestra cooperación. Dios nunca me rechazaría, si primero yo no hubiera rechazado su amor.»
>
> (*San Francisco de Sales*)

29 DE ENERO

Por supuesto que estoy obligado a ayudar a los demás, por compasión y común humanidad. Esto no significa, sin embargo, que deba hacer por ellos lo que ellos deben hacer por sí mismos. No tengo el derecho de privar a nadie de cumplir con su propia responsabilidad. Aunque la mutua dependencia es uno de los consuelos y galardones del matrimonio, cada cónyuge debe desempeñar su propia tarea, haciendo por sí solo su parte. Si el miembro alcohólico de la familia no cumple con sus deberes, asumirlos yo sólo debilitará su voluntad para aceptar su parte de la responsabilidad común.

Recordatorio para hoy

¿De qué forma puedo ayudar mejor al alcohólico? No interfiriendo cuando él se encuentre en dificultades. Debo desentenderme de sus defectos: no compensar por ellos ni censurarlos. Aprenderé yo a desempeñar mi propio papel y le dejaré a él el suyo. Si él falla, no es culpa mía, no importa lo que otros puedan pensar o decir al respecto.

> «Aunque fuimos hechos los unos para los otros, cada uno tiene su propia tarea. De otro modo, las faltas ajenas podrían afectarme, lo cual ni Dios quisiera, pues mi felicidad dependería de otra persona.»
>
> (Marco Aurelio: *Meditaciones*)

30 DE ENERO

La mayoría de nosotros venimos a Al-Anon para solicitar ayuda como último recurso, después de haber intentado todo lo demás. Quizá hemos visto sus efectos en otros, en quienes parece haber obrado como por arte de encanto, y queremos que produzca en nosotros también algunos de esos efectos. Entonces descubrimos que no hay nada mágico, que es una especie de sentido común espiritual al que debemos dedicarnos por entero a aprender.

Empezamos, como niños en la escuela primaria, con el Primer Paso: *Admitimos que éramos incapaces de afrontar solos el alcohol, y que nuestra vida se había vuelto ingobernable.* La segunda parte de este Paso es fácil de admitir; pero la primera generalmente sólo la aceptamos de palabra. Nos es difícil reconocer que nosotros, los competentes que intentamos hacer frente a una situación producida por el alcoholismo, en realidad no sabemos actuar correctamente ante ella.

Recordatorio para hoy

Debo aprender y repetir el Primer Paso hasta que llegue a formar parte de mí. Reconozco que sólo podré progresar cuando realmente crea en el Primer Paso y lo practique.

> «Oro para que yo pueda liberarme de mi tendencia a controlar mi situación. He demostrado tantas veces que no puedo controlarla. Que yo pueda advertir, reconocer y sentir mi incapacidad; entonces al menos aprenderé a dejar las cosas en manos de Dios.»

31 DE ENERO

Una de las dificultades que muchos de nosotros experimentamos cuando el alcohólico deja la botella y halla la sobriedad en AA es que no tenemos entonces más compañía que antes. ¿Qué hay de bueno—protestamos—en que esté afuera cada noche, ya en la cantina, ya en una sesión de AA?

En Al-Anon podemos encontrar una inmensa ayuda para corregir este punto de vista. Aprendemos a ver esta nueva forma de ser en su verdadera perspectiva: como una oportunidad para librarnos de nuestro sentimiento de responsabilidad por el alcohólico y contar con nuestros recursos internos, de los cuales depende nuestra serenidad personal.

Recordatorio para hoy

Oré por sobriedad, y ahora la tengo. ¿La utilizo tan sólo para hallar nuevas razones para autocompadecerme? ¿No sería yo más feliz si ahora me dedicara a descubrir cómo disfrutar de esta nueva forma de ser?

> «Pido la capacidad para comprender que la adaptación a la sobriedad no es más difícil para mí que para el alcohólico. Buscaré lo bueno de esta nueva forma de ser.»

«Aceptar el Primer Paso» no consiste simplemente en leer las palabras «*Admitimos* que éramos incapaces...», sino en imprimirlas tan profundamente en nuestra conciencia que al admitirlas se conviertan en parte de nuestra manera de ser y de pensar.

Podemos leer y repetir este Paso cientos de veces sin aplicarlo a nuestra forma de pensar y de actuar. Si realmente *aceptamos* el hecho de que no tenemos autoridad ni dominio alguno sobre ningún ser humano, no trataremos de forzar al alcohólico a hacer lo que queremos que haga.

¿He logrado esta disposición mental? ¿Puedo desentenderme del problema?

Recordatorio para hoy

Voy a reflexionar en todo lo que he hecho para que el alcohólico deje de beber. ¿Ha producido alguna mejoría regañar, llorar, acusar, discutir, suplicar o amenazar? ¿Estoy mejor ahora por haber adoptado esta actitud inútil? ¿Se halla el bebedor más cerca de la sobriedad? ¿O se ha empeorado la situación?

> «Pido sabiduría para darme cuenta de que el progreso solamente empezará cuando yo esté listo a abandonar la idea de que sólo yo puedo controlar y resolver el problema de otro.»

2 DE FEBRERO

El Segundo Paso de los Doce es el que abre la puerta del entendimiento y del crecimiento. Una vez que admitimos nuestra insuficiencia y nuestra incapacidad para dirigir nuestra propia vida, entonces estamos preparados para «creer que un Poder Superior a nosotros podría devolvernos el sano juicio.»

¿Me espanta admitir que yo no pensaba cuerdamente y que reaccionaba de forma irracional ante las actividades del alcohólico? Para comprobarlo, sólo necesito reflexionar acerca del Primer Paso. Ahora me doy cuenta de que existe un Poder en el cual puedo encontrar ayuda. Es un poder muy *superior a nosotros*. Si aceptamos esto, adquirimos una visión más realista de nuestra relación con el universo.

Recordatorio para hoy

Puedo alcanzar verdadera dignidad, importancia e individualidad, tan sólo si admito que dependo de un Poder más grande y más bondadoso de lo que yo pueda imaginar o comprender. Deseo recurrir a esta ayuda al tomar todas mis decisiones. Aunque mi limitada mente humana no pueda calcular cuál será el resultado, confío que, sea éste cual fuere, será finalmente para mi bien.

> «Doy gracias a Dios porque no dependo solamente de mis propios recursos. Habiendo tratado de dar sentido y orden a la vida sin la ayuda de Dios, ahora quiero, negándome a mí mismo, permitir que Él me dirija.»

Cuando me digo a mí mismo que confiaré todos mis problemas a Dios, esto no me autoriza a eludir mis responsabilidades. Me han sido dados ciertos medios con los cuales dirigir mi vida y el libre albedrío para usarlos. Éstos son: juicio, inteligencia, buena voluntad y la capacidad de razonar. Quizá muchas de mis dificultades provienen de mi mal uso de estos elementos. El juicio puede haber sido embotado por el resentimiento, y anublada la inteligencia por no haber encarado honradamente las dificultades. La buena voluntad puede perderse cuando nos es imposible tolerar las faltas de los demás. La capacidad de razonar puede embotarse cuando no nos libramos del contenido emocional de un problema.

Recordatorio para hoy

Cuando me encuentre lo suficientemente desesperado como para buscar ayuda, no esperaré que ésta llegue en forma de soluciones fáciles. Debo tomar parte en la solución de mis problemas, pero mi Poder Superior proporcionará la guía y la fortaleza para obrar adecuadamente.

> «Oro por sabiduría para comprender clara y honradamente mis dificultades, y por la fortaleza para hacer algo constructivo respecto a ellas. Sé que para esto puedo contar con la ayuda de Dios.»

4 DE FEBRERO [35

A menudo pensamos que las pruebas que tenemos que afrontar fueron causadas por fuerzas exteriores, por el destino o por Dios. Estamos demasiado dispuestos a buscar fuera de nosotros las causas de nuestras aflicciones, cuando el verdadero enemigo es el autoengaño. Puede que seamos pobres, privados de los medios con que afrontar las necesidades de la vida, frustrados al no realizar lo que pensamos que queremos hacer; pero es muy fácil echar la culpa de todo esto al alcohólico. Sin embargo, por difícil que él nos haga la vida, hay muchísimo que podemos hacer para compensar este daño al tornar hacia nosotros mismos nuestras críticas y exámenes, y al tomar medidas enérgicas para corregir lo que pensamos y hacemos erróneamente.

Recordatorio para hoy

Examinaré mis propias actitudes y actividades y afrontaré el hecho de que mucho de lo que hago—o dejo sin hacer—contribuye a mi desgracia. Yo también, al igual que el alcohólico, tengo un sentido inadvertido de culpabilidad que podría superar al rectificar lo defectuoso que encuentre en mí. Mi primera tarea consiste en dejar de autoengañarme y de disculparme por mis propios defectos.

> «Si decidimos que no tenemos pecado, nos engañamos a nosotros mismos y la verdad no está en nosotros.»
>
> (*Primera Epístola Universal de San Juan*)

A medida que descubro mis propios defectos y los encaro, también mis buenas cualidades se revelarán con la misma realidad. Ojalá que yo sepa reconocerlas para que no sólo compensen mis faltas, sino que me den una base sobre la cual progresar. Si reconozco que soy bondadoso, tolerante, generoso, honrado y paciente, debo complacerme por estas cualidades constructivas. Ellas hacen posible que me sienta a gusto conmigo mismo; además, son aliadas poderosas para eliminar los defectos que obstruyen mi serenidad.

Recordatorio para hoy

Es tan engañoso no reconocer lo que uno tiene de bueno como justificar lo que tiene de malo. Esta falsa humildad estorba tanto como la arrogancia. El propósito del examen de nuestro carácter, con tanta objetividad y honradez como nos sea posible, no es para exagerar la culpabilidad por carecer de algo, sino para usar lo bueno en superar las faltas.

> «Trataré de comprenderme primero a mí mismo; así estaré tan ocupado que no tendré tiempo para analizar ni censurar al bebedor empedernido.»

6 DE FEBRERO

Aun después que el alcohólico se torne sobrio, no esperaré que la vida esté exenta de dificultades y preocupaciones. Aceptaré los trastornos consecuentes que ocurran en la vida familiar, reconociendo que ahora se ven más claramente al no estar oscurecidos por el hábito de beber.

Afrontaré los contratiempos conforme vayan llegando, teniendo siempre presente que la bendición de la sobriedad los hará más llevaderos si los uso como incidentes fecundos. Esta actitud de mi parte contribuirá a unir cada vez más a nuestra familia.

Recordatorio para hoy

Las dificultades son oportunidades para superarnos, y no para convertirnos en amargados. Usándolas correctamente, podemos aprender a no caer en los mismos errores. Una vez liberados del alcoholismo activo, podremos dedicarnos a resolver todos los demás problemas a medida que vayan surgiendo.

> «Que nunca me olvide de estar agradecido por todo lo que hay de bueno en mi vida, especialmente por la sobriedad que ayudará a toda mi familia a recobrar la cordura y la serenidad.»

Cuando oigo lo que cuentan otros en las reuniones de Al-Anon, siento como si mi carga se aligerara. El intercambio de incidentes, fortaleza y esperanza actúa como medicina sobre el espíritu y nos da una mejor perspectiva de nosotros mismos y de nuestros infortunios. Vemos cuánto más difícil es la situación de otros, y al oírlos podemos ayudarlos y darles algo de la fortaleza que hemos logrado a través del programa de Al-Anon. Es una verdadera terapia el hecho de que se junten varias personas e intercambien puntos de vista según la filosofía de Al-Anon.

Recordatorio para hoy

Cuando estoy «demasiado cansado» para asistir a una sesión de Al-Anon, ¿me doy cuenta de que me estoy privando de estimular y renovar el espíritu? Quizá deje de oír algo que aclare mi propio problema; por otra parte puedo perder la oportunidad de ayudar a alguien.

> «Oro para que yo logre avanzar cada día por el camino del entendimiento y para que no deje nada por hacer que pueda mejorar el curso de mi vida.»

8 DE FEBRERO [39

Cuando venimos por primera vez a Al-Anon, nos sorprende ver la cantidad de personas joviales y sonrientes que vemos en el grupo. Pensamos que no es posible que estén pasando por dificultades como las nuestras; pero luego descubrimos que muchas de ellas pasan por peores situaciones que las nuestras.

Después de asistir a varias reuniones, comenzamos a descubrir lo que les ha dado ese aspecto tan optimista, nos enteramos de su secreto y empezamos a practicarlo en la vida diaria.

Recordatorio para hoy

Lo que el programa de Al-Anon ha hecho por otros, puede hacerlo por mí, si escucho y asimilo lo que oigo y lo aplico diariamente. No asisto tan sólo por el alivio que obtengo al plantear mis problemas, sino para aprender de los demás cómo resolverlos.

> «Oro para ser inducido a pensar de otra forma sobre las dificultades que tengo que afrontar. Un nuevo punto de vista les dará la perspectiva adecuada para poder encauzarlas. Oro especialmente para resistir la tentación de exagerar mis contrariedades hasta el punto de que me abrumen.»

¿Se arreglaría mi situación si supiera por qué bebe tan excesivamente el alcohólico que su propensión a la bebida parece dañar todo cuanto lo rodea? Si bebe para borrar el efecto de penosos incidentes de una niñez frustrada que no puede identificar ni recordar, ¿cómo se puede localizar y eliminar su mal? Ciertamente no podremos hacerlo nosotros, que somos aficionados, y aficionados implicados emocionalmente. Sería preciso esperar muchos años y gastar una fortuna en honorarios de psiquiatras, y aún así el resultado sería incierto. Pero saber que él sufre, por lo menos me inducirá a no condenarlo.

Recordatorio para hoy

Me basta saber que el desdichado alcohólico puede obtener asistencia en AA, donde muchos otros han conseguido la sobriedad. También me satisface la certeza de que puedo superar mi propia confusión utilizando el programa de Al-Anon.

> «Ojalá que pueda comportarme y dirigir mi vida de tal forma que no necesite reprocharme por haber empeorado una situación difícil. Hay una cosa, por lo menos, que está a mi alcance: *mejorarla*.»

10 DE FEBRERO

Fui a Al-Anon como muchas otras personas, con un deseo abrumador de exponer lisa y llanamente mis dificultades: hablar, hablar. Era como un río contenido por un dique que de pronto rompe los muros. Y aunque esto me proporcionó cierto alivio, también me dejó un vacío y cierta insatisfacción.

Entonces, cierto día, me di cuenta de por qué ocurría esto. Cuando hablo siempre, nada nuevo se me añade, pues estoy empleando los mismos pensamientos destructivos que me han tenido estancado durante muchos años.

Para absorber nuevas ideas, cerré los labios y abrí los oídos. He descubierto que esto me permite ver mis problemas con una nueva perspectiva, y así les hallo soluciones más fácilmente.

Recordatorio para hoy

Las reuniones de Al-Anon son un manantial de pensamientos útiles; si no escucho, no los recibo. Hablar constantemente me privaría de la ayuda que busco en Al-Anon. ¿Por qué he de perjudicarme de esta forma?

> «Oro por la capacidad de recordar que Al-Anon tiene importantes regalos que ofrecerme, y que solamente puedo recibirlos si me callo y dejo hablar a los demás.»

11 DE FEBRERO

El Primer Paso es una clara y resonante declaración de nuestra verdadera posición relativa a la situación relacionada con el alcohólico. No debiera dejarnos duda alguna con respecto a nuestra actitud. La primera parte, *Admitimos que éramos incapaces de afrontar solos el alcohol,* puede provocar una resistencia inmediata en nuestro pensamiento. La respuesta automática puede ser: «No, *yo no soy* incapaz; arreglaré esto.» Pero el Paso prosigue: y *que nuestra vida se había vuelto ingobernable.* Esto pone en duda que podamos arreglar algo, porque ¿acaso no hemos demostrado sin lugar a dudas, que no hemos sido competentes para gobernar nuestra propia vida?

Recordatorio para hoy

El primer Paso no es, en manera alguna, un mensaje de desesperación. Tan sólo señala nuestra limitación humana. Nos prepara para tornarnos humildes, a fin de que podamos hallar la solución espiritual que nos colocará en un plano totalmente distinto. Nos prepara para liberarnos de las dificultades a las cuales no podemos hacer frente solos.

> «Que mi obstinada voluntad no se interponga en mi camino hacia la serenidad. Antes de poder lograr algo, debo aceptar el hecho de que necesito ayuda.»

12 DE FEBRERO

¿Qué ocurre cuando las ideas constructivas que encontré en Al-Anon sólo pasan superficialmente por mi conciencia? ¿Por qué no penetran? ¿Por qué no puedo asimilarlas para que realmente me resulten eficaces?

Uno de nuestros lemas consta de una sola palabra: PIENSA. ¿Cómo puedo lograrlo si todo lo que hago es *hablar*? Sólo puedo sacar beneficio de los Pasos y los lemas si *pienso* en ellos. Sólo logro aprender de otras personas si me ejercito en callar y *pensar* en lo que oigo. Quienes hablan constantemente son los que menos ayuda obtienen del programa de Al-Anon y los que progresan poco.

Recordatorio para hoy

Prepararé consideradamente mis conversaciones de grupo, recordando que su finalidad es tanto ayudar a otros como darme la ocasión de pensar con mayor claridad. Escucharé a los demás y sacaré ideas útiles e instructivas de lo que digan.

> «Oro para adquirir el hábito de escuchar y limitar mi conversación a lo que pueda ser útil a los demás. Señor, enséñame a usar el silencio.»

En Al-Anon empezamos por despojarnos de los escombros de nuestros propios errores. Aprendemos a reconocer cuanto hemos contribuido a la destrucción de nuestra propia vida de hogar. No vivíamos en un vacío, en que solamente el alcohólico hacía todo el daño. También nosotros reaccionamos y empeoramos las cosas. En Al-Anon se nos pide que reflexionemos acerca de nuestra propia conducta. ¿Hablamos demasiado o gritamos histéricamente, cuando debimos habernos callado? ¿Oprimimos al desdichado bebedor, mientras éste experimenta el malestar que sigue a la borrachera, con un silencio sombrío y malhumorados, cuando unas pocas palabras de aliento le hubieran instado a buscar ayuda?

Recordatorio para hoy

¡Cuán difícil es reconocer nuestros propios defectos! ¡Cuánto más fácil resulta superarlos cuando los encaramos todos juntos en Al-Anon, puesto que muchos de nosotros hemos cometido, sin saberlo, los mismos errores!

> «Señor, hazme agradecido porque se me ha mostrado una vía de escape de mis dificultades a través del programa de Al-Anon de autocomprensión. Hazme suficientemente humilde para aceptar esta nueva y más racional perspectiva de la vida.»

14 DE FEBRERO

En Al-Anon tenemos una expresión familiar: *seguir el programa*. Esto quiere decir que nos beneficia exactamente en la misma medida en que lo ponemos en práctica.

¿Qué significa *seguir el programa?* Implica asistir fielmente a las reuniones, leer cada día alguna publicación de Al-Anon, y aplicar lo que aprendemos a nuestra vida diaria. Presupone también compartir con otros lo que vamos aprendiendo y utilizando, y escuchar sin prejuicios lo que ellos desean comunicarnos. No venimos a las reuniones de Al-Anon para divertirnos, entretenernos, ni sobresaltarnos con historias de horror. Venimos a comentar las ideas de Al-Anon, a pensar reflexivamente acerca de lo que oímos, y a hablar constructivamente para ayudar a otros.

Recordatorio para hoy

He puesto mi confianza en Al-Anon. No esperaré que otros realicen mi tarea mientras estoy «ocupadísimo» o «demasiado cansado» para leer, asistir a las reuniones y mantenerme en contacto con mis compañeros de grupo. Al-Anon puede hacer mucho por mí, pero yo también debo hacer mi parte.

> «Oro para ser liberado de la *indiferencia:* Necesito una firme convicción de que también Al-Anon tiene mucho que dar a quienes realmente desean ayudarse a sí mismos.»

Una de las cosas más inspiradoras y alentadoras que suceden en las reuniones de Al-Anon es la expresión de sincera gratitud de parte de sus miembros. Para quienes se hallan abatidos y sin esperanza, un mensaje como el que se cita a continuación, revela cómo se aligeran las cargas.

«Mi vida comenzó a cobrar mayor sentido desde que llegué a Al-Anon. El mundo empieza a revelarme su belleza, la que durante mucho tiempo estuvo empañada por las preocupaciones originadas por mis propias dificultades. Ahora estoy aprendiendo a afrontarlas, lo cual se me hace más fácil porque trato acerca de mis propios problemas. Estoy aprendiendo que no puedo sobrellevar las cargas de otro, por más que le ame.»

Recordatorio para hoy

Uno de los beneficios adicionales de Al-Anon es que aumenta mis conocimientos del mundo que me rodea, a fin de verlo y disfrutar mejor de él. Esto basta para disminuir las dificultades en que me había concentrado, creando mi propio infortunio.

> «Después de algún tiempo en Al-Anon descubrimos que vamos adquiriendo un sentido de la realidad, el cual es absolutamente esencial para lograr la serenidad.»

16 DE FEBRERO

El alcoholismo es una enfermedad... He ahí una declaración que oímos una y otra vez. A la mayoría de nosotros nos resulta difícil aceptar esto, pues no podemos relacionar el alcoholismo con microbios o virus, como ocurre con otras enfermedades «respetables.» No obstante, notaremos que hacemos grandes progresos cuando reconozcamos que es una enfermedad física, mental y espiritual, que no tiene un solo origen. No podemos detenerla de forma más fácil de lo que nos resulta lograr que un enfermo se cure.

Beber compulsivamente es una manifestación exterior de la angustia del alcohólico; y si continúa, se convierte en un ciclo destructivo. A fin de prepararme para ayudar, debo reconocer, antes de nada, que el alcoholismo es una enfermedad.

Recordatorio para hoy

¿Cómo reacciono al saber que el alcohólico es un enfermo? Ello cambia mi actitud hacia él. Reemplaza mi frustración y mi ira por una serena paciencia que me permite elegir *el momento oportuno*, cuando él está desesperado y dispuesto a admitir que necesita ayuda, para sugerirle AA.

> «Oro por la capacidad de darme cuenta de que el alcohólico está enfermo y desesperado, y por la fortaleza necesaria para ayudarlo de forma adecuada y constructiva.»

Cuando ocurren disputas violentas en el hogar, es porque ambos cónyuges no se dan cuenta de que esa situación difícil puede destruir lo que debería ser una relación sagrada. Con las personas más allegadas a nosotros, somos más propensos a olvidar la mutua consideración que nos debemos. En Al-Anon aprendemos que podemos imprimir una nueva modalidad en el hogar mediante algo tan sencillo como la cortesía: una cortesía apacible y estable hacia cada miembro de la familia, inclusive el más pequeñito.

Recordatorio para hoy

Una respuesta serena y mesurada ante un ataque de ira, puede «desarmar» al atacante como por arte de encanto. ¿Qué riesgo corro al intentarlo? Por lo menos, no decir algo de lo cual luego tenga que arrepentirme, me dará altura y dignidad.

> «Acerca de la cortesía: es mucho menos que valentía o santidad. No obstante, me parece que la gracia de Dios está en la cortesía.»
>
> (Hilaire Belloc: *Courtesy*)

18 DE FEBRERO

El programa de Al-Anon dará resultados para quienquiera que se acerque a él sin prejuicios. No podemos esperar milagros de la noche a la mañana; pasaron muchos años hasta que nos vimos en la situación en que nos encontramos hoy.

Me mantendré receptivo y escucharé. No me apuraré a juzgar y decir: «Sí, pero mi caso es muy diferente.» Los detalles pueden diferir, pero mi historia es esencialmente igual a la de todos los que afrontan el problema del alcoholismo.

Debo asirme a esta idea: Al-Anon me puede cambiar la vida, si le doy una oportunidad.

Recordatorio para hoy

Progresaré si me apropio cada día de alguna nueva idea que oí en una reunión o leí en una publicación de Al-Anon. Las cosas pueden no salir como quiero pero, a medida que cambio mi punto de vista, lo que busco es distinto de lo que yo pensaba que quería. Mi contentamiento ya no depende de que todo se resuelva a mi modo.

> «Podemos creer que somos capaces de cambiar las cosas que nos rodean de acuerdo con nuestros deseos; pero, cuando ocurre el cambio, nos damos cuenta de que fueron nuestros deseos los que cambiaron.»

Cierta vez una mujer muy asustada vino a Al-Anon a contar una historia espeluznante. Su esposo, que era muy violento y a menudo le pegaba, tenía problemas con la policía, nunca tenía suficiente dinero con que comprar alimentos, y más de una vez los habían desalojado por no haber pagado el alquiler.

Probablemente ella nunca habría tenido valor para venir a Al-Anon si su esposo no hubiese estado en la cárcel.

Después que adquirió un poco de autoconfianza, se preguntaba si no sería mejor tomar una medida drástica. Un día le preguntó a su Madrina: «¿Debo divorciarme?» Esta le respondió: «Esa es una decisión que sólo tú puedes tomar. Otras esposas ya se habrían dado por vencidas. Pero ¿estás dispuesta a separarte definitivamente de él? ¿Qué te dice el corazón?»

Sin vacilación alguna, la mujer repuso: «Tengo toda la razón y el derecho de separarme permanentemente de él; pero ¿sabe usted?, lo amo.»

Ella encontró la respuesta a su propia pregunta, como lo debemos hacer todos. ¿Quién puede entender esto? ¿Quién es lo suficientemente sabio como para tomar decisiones por otros? Ninguno de nosotros en Al-Anon, por cierto, pues se nos enseña que ninguna situación es irremediable.

Al fin, ésta tampoco resultó imposible de arreglar. Así como superó el temor que le inspiraba su esposo, también dominó su autocompasión. Dejó de implicarse en las calamidades de él y de tomar parte en altercados que sólo terminaban en actos de violencia. Como consecuencia, él se vio obligado a plantearse sus propios problemas, y en AA aprendió cómo resolverlos.

20 DE FEBRERO

Vivo con un alcohólico. Se emborrache o no, la situación requiere paciencia, aceptación y valor. ¿Cómo puedo adquirir y practicar estas cualidades? No dejándome afectar emocionalmente por las dificultades que encuentre cada día; en otras palabras, no permitiendo que éstas me perturben.

Esto no resulta fácil, pero trataré de ser más objetivo y de no ofenderme por lo que diga o haga el alcohólico. Leeré cuanta publicación de Al-Anon pueda encontrar, a fin de estar mejor informado para reeducar mi forma habitual de pensar.

Recordatorio para hoy

Cada día analizaré mis progresos en el autodominio emocional. ¿Qué dije que hubiera sido mejor no haber dicho? ¿Expresé mi autocontrol con un silencio discreto y amistoso o con un malhumor reprobatorio? ¿Perdí alguna oportunidad de pronunciar una palabra de ayuda en el momento apropiado?

> «Oro por la habilidad de expresar mi autocontrol emocional en forma cariñosa, no cruel; que no levante una valla entre nosotros, sino que se convierta en un lazo de respeto mutuo.»

Nos castigamos a nosotros mismos mucho más de lo que la vida jamás nos castiga. A veces nos lleva tiempo darnos cuenta de que tenemos gran capacidad, si estamos dispuestos a usarla, para cambiar nuestra vida.

Empezaré por desarraigar las dudas y los temores que se agigantaron cuando mi cónyuge se emborrachaba. Aun después de una larga sobriedad, ¿no me pregunto de cuando en cuando si ésta persistirá? Cuando llega tarde sin avisar, ¿sospecho de «malas andanzas»? ¿Por qué me castigo de esta forma? ¿Por qué no acepto el don de la sobriedad mental que Dios me ofrece gratuitamente junto con el contentamiento y la serenidad?

Recordatorio para hoy

La sobriedad mental es un estado de racionalidad, cordura y equilibrio. Seguir con aprensiones e inquietudes cuando no tenemos razón para dudar es una enfermedad emocional.

> «Oraré hoy y día tras día por cultivar pensamientos sanos y edificantes; así no me crearé más inquietudes y complicaciones.»

22 DE FEBRERO

¿Tengo presente el hecho de que el recién llegado a Al-Anon a menudo se encuentra desesperado, solitario y confuso? Cuando veo un nuevo rostro en una sesión y me toca hacer algún comentario, ¿tengo en cuenta al visitante y digo algo que inspire esperanza? Los que están al tanto del «lenguaje» y los conceptos de Al-Anon, olvidan a veces que pueden aumentar la confusión de una persona que llega por primera vez, en lugar de indentificarse con ella para animarla a que regrese en busca de ayuda.

Debo *tomar conciencia* de las personas que me rodean; es mejor para mí también, si organizo mis pensamientos antes de hablar.

Recordatorio para hoy

Deseo recordar que la terapia de Al-Anon es un *intercambio*. Cuanta más ayuda doy, más ayuda recibo. Si aprendo a conocer a los demás y soy consciente de sus reacciones, la práctica que obtengo de esta forma me ayudará a mejorar mis relaciones en el hogar.

> «Manantial de vida es la boca del justo… y producirá sabiduría.»
>
> *(Proverbios)*

En Al-Anon se nos dice que debemos evitar que la desgracia del alcohólico nos afecte emocionalmente. Esto no implica apartarnos de él y negarle nuestro amor y nuestra compasión. Esta actitud responde, según la filosofía de Al-Anon, a que somos individuos y no estamos obligados, moral ni legalmente, a asumir las responsabilidades del alcohólico.

Al desligarnos de los engorros causados por un bebedor empedernido, comprendemos lo inútil que resulta encubrirlo como asimismo avergonzarnos o disculparnos por situaciones de las cuales no somos reponsables. Tan pronto como podamos apartarnos de tales enredos, adquiriremos un sentido de libertad y fortaleza.

Recordatorio para hoy

No permitiré que asuntos que no me conciernen me afecten emocionalmente. No interferiré en la solución de las dificultades de otra persona, por más que la quiera ni por íntimos que seamos. Esta independencia es esencial para cualquier relación saludable entre dos individuos. Cada uno de nosotros es libre sin que ninguno domine al otro.

> «¿Qué sabes tú, oh mujer, si quizá harás salvo a tu marido? ¿O qué sabes tú, oh marido, si quizá harás salvo a tu mujer? Pero cada uno como el Señor le repartió, y como Dios llamó a cada uno, así haga.»
>
> (*Primera Epístola a los Corintios*)

24 DE FEBRERO

¿He pensado alguna vez en cuál pudo haber sido la chispa que hizo estallar una reyerta familiar en la cual salieron a relucir palabras crueles y violentas recriminaciones? ¿Puedo admitir que pude haberla producido yo al reaccionar impulsivamente ante una acusación ridícula? ¿Me ofendo por todo lo que el alcohólico dice, en su ira frustrada *contra sí mismo?*

Cuando estalla la culpabilidad del alcohólico, debo darme cuenta de que siempre apunta hacia los más allegados a él, y a menudo los que más quiere. Debo recordar siempre que tales arranques sólo revelan la desdicha del propio bebedor. No empeoraré la situación al tomar en serio todo lo que él diga en semejantes ocasiones.

Recordatorio para hoy

Una canción infantil muy antigua expresa con sencillez una gran idea: «Los palos y las piedras me pueden quebrar los huesos, pero las palabras nunca pueden herirme»... a menos que yo lo permita.

> «Que yo aprenda a mantener la paz mediante el silencio, cuando no es el momento oportuno para decir lo que pienso.»

> «...todo a su tiempo... tiempo de callar y tiempo de hablar.»

> *(Eclesiastés)*

Aceptaré el hecho de que la sobriedad no trae consigo una transformación completa. Después de todo, el alcohólico es todavía básicamente la misma persona, con la misma individualidad. La diferencia más inmediata es que, por supuesto, su personalidad no está distorsionada por las borracheras. Pero si a veces se encuentra irritable y poco comunicativo, debo comprender que pasa por momentos difíciles al tratar de adaptarse a su nueva forma de ser. No olvidaré que otras veces esa misma ansiedad le arrastraba nuevamente a la botella, y me sentiré agradecida por su sobriedad. Este es el primer paso esencial para restaurar en ambos el contentamiento y la normalidad.

Recordatorio para hoy

Cuando otras cosas compliquen nuestras relaciones, recordaré con cuánto anhelo yo oraba porque el alcohólico se librase de la propensión a beber. Ahora que la sobriedad ya es un hecho, tendré paciencia con todo lo que me perturbe. Por más dificultades que se interpongan a mi serenidad, mantendré mi fe en el triunfo del bien.

> «...que la prueba de vuestra fe produzca paciencia. Mas tenga la paciencia su obra completa, para que seáis perfectos y cabales, sin que os falte cosa alguna.»
>
> (*Epístola Universal de Santiago*)

26 DE FEBRERO

Cuando un compañero de Al-Anon es víctima de crueldad, violencia y privación, a veces la compasión que inspira nos tienta a dar consejos. Puede ser que veamos con claridad que tal situación atenta contra la dignidad humana; sin embargo, debemos entender que no todos tenemos la misma fortaleza de ánimo para actuar con decisión o para hacer un cambio radical en la forma de vivir.

Si insisto en que alguien haga *lo que creo que yo haría* en una crisis similar, y se acepta mi consejo, el resultado puede ser una tragedia aún mayor, y de ello yo sería responsable.

La ayuda que *puedo* dar es expresar la idea de que nadie *necesita* sentirse atrapado, que toda situación tiene alternativas.

Recordatorio para hoy

No sé cuál forma de actuar es la indicada para otra persona. Lo único que puedo ofrecer es consuelo y compasión, además del buen ejemplo de la vida que trato de cimentar.

> «Finalmente, sed todos de un mismo sentir, compasivos, amándoos fraternalmente, misericordiosos, amigables; no devolviendo mal por mal... sino, por el contrario, bendiciendo.»
>
> (*Primera Epístola Universal de S. Pedro*)

Si escucho con suficiente atención en las reuniones y leo publicaciones de Al-Anon con verdadera concentración, con el tiempo absorberé el nuevo punto de vista que necesito. Cuando me pregunto: «¿Por qué bebe si sabe que con ello se hace daño a sí mismo y perjudica a su familia?» en realidad, lo que quiero decir es: «¿Cómo puede él *justificar* lo que está haciendo?», lo cual implica una acusación que no tengo derecho a hacer. Al-Anon me enseña que el bebedor no sabe más que yo acerca de su propensión a la bebida. Sé que él también sufre por ello. No perderé tiempo y energía tratando de explicar las acciones del alcohólico. Me concentraré en analizar por qué hago lo que hago.

Recordatorio para hoy

Tratar de analizar por qué otra persona persiste en una conducta destructiva, no me ayudará a salir de mis propias dificultades. Sólo puedo superarlas si repliego mis pensamientos sobre mí mismo para enfrentar mis propios errores y aprender a mejorarme. Mi problema no es el alcohólico. Mi problema soy yo mismo.

> «Aunque todos los hombres tienen un destino común, cada individuo también debe hacer algo por su propia salvación… Podemos ayudarnos unos a otros a descubrir el sentido de la vida… Pero, en última instancia, cada cual es responsable de 'encontrarse a sí mismo'.»
>
> (Thomas Merton: *No Man Is an Island*)*

28 DE FEBRERO

Se nos aconseja desligar la mente y las emociones de los problemas creados por el alcoholismo. Esto no quiere decir que nos apartemos del alcohólico, quien necesita nuestra cariñosa comprensión. Cuando yo aprenda a desenredarme de una dificultad, me resultará más fácil ponderarla. Tendré muy presente que debo hacer una pausa y analizar. Ello me impedirá que tome decisiones impulsivas y me dará tiempo para planear una medida constructiva. Cada vez que esto sucede, puede parecerme una conquista pequeña; pero cada una de ellas contribuye al logro de una serena estabilidad.

Recordatorio para hoy

Espero el día en que yo pueda decir confiadamente: «En Al-Anon me hice capaz de encarar las realidades de mi vida.»

Sólo adquirimos un verdadero sentido de la realidad cuando podemos colocar en la perspectiva correcta todos los elementos de nuestra vida.

> «Dios, guía mis pensamientos y haz que éstos dirijan mis acciones.»

No es sorprendente que muchos consideremos como milagros los cambios maravillosos que observamos en nuestros amigos de Al-Anon. Es una prueba viviente de que Al-Anon produce buenos resultados. Transforma a personas desesperadas y desdichadas en gente alegre y útil, a menudo mucho antes de que ocurra un cambio decisivo en la situación del alcohólico.

Al-Anon produce en nosotros un cambio de actitud; ello nos da una nueva perspectiva de nuestras dificultades y las reduce a una dimensión manejable. A medida que aprendemos a depender de nuestro Poder Superior aplicando el programa de Al-Anon en nuestra vida, el temor y la incertidumbre son reemplazados por la fe y la confianza. Ese es el milagro que podemos realizar.

Recordatorio para hoy

Hoy, y todos los días, me pondré en las manos de Dios con la certeza de que El no me defraudará, si hago mi parte.

> «El redimirá en paz mi alma de la guerra contra mí, aunque contra mí haya muchos.»
>
> (*Salmos*)

1 DE MARZO

En Al-Anon se nos dice que sin humildad es imposible lograr un progreso verdadero. Al principio esta idea confunde a muchos y casi siempre se encuentra una obstinada resistencia. Surge a menudo esta pregunta: «¿Se supone que, como un esclavo sumiso ante mi situación, debo aceptar todo lo que venga, por humillante que sea?» No. La verdadera humildad no implica rendirse dócilmente a una vida repugnante y destructiva, sino entregarse a la voluntad de Dios, lo cual es totalmente distinto. La humildad nos prepara para que se haga en nosotros la voluntad de Dios; nos muestra los beneficios que obtenemos al deponer nuestra obstinación. Finalmente entendemos cómo nuestra propia terquedad ha contribuído realmente a crear nuestra angustia.

Recordatorio para hoy

La actitud de la verdadera humildad nos confiere dignidad y gracia; también nos fortalece para adoptar una acción espiritual sensata en la solución de nuestros problemas.

> «Humillaos, pues, bajo la poderosa mano de Dios… echando toda vuestra ansiedad sobre Él, porque Él tiene cuidado de vosotros.»
>
> (*Primera Epístola Universal de S. Pedro*)

Las reuniones de Al-Anon están llenas de sorpresas. La gente que sonríe y narra con gratitud las bendiciones recibidas, quizá sea la que tenga los más tremendos problemas en el hogar. No obstante, tiene el valor de abstraerse de ellos y venir a Al-Anon para aprender más y para ayudar a otros. ¿Cómo han conseguido la serenidad estas personas? Debe de ser porque no confían sólo en sus limitados recursos, sino también en un Poder Superior. Por lo tanto, me esforzaré por adquirir el don de la serenidad y porque mis actos expresen mi fe.

Recordatorio para hoy

Lo que se nota más dramáticamente en Al-Anon es la diferencia en la *gente*, y no el la gravedad de sus desgracias. Esto debería demostrar la importancia que tiene la forma de *encarar* nuestros problemas, aunque quizá nos abrumaban antes de que aprendiéramos a enfrentarlos.

> «Con la ayuda divina, aceptaré con valor, serenidad y buen humor lo que yo no pueda cambiar.»

3 DE MARZO

Durante los espantosos días del alcoholismo activo, la ansiedad acerca de lo que ocurría en nuestra familia era lo más nos importaba en el mundo. ¿Cómo podría esto ser de otra manera? Vivíamos con ello, lo llevábamos a cuestas. Sabíamos que afuera existía un mundo en el que la gente vivía con cierta paz y orden; pero si acaso pensábamos en ello, era sólo con cierta angustia producida por la envidia y no podíamos pensar en nada más.

En Al-Anon descubrimos que hay una vía de escape aun de la situación aparentemente más desesperada. Encontramos amigos que nos ayudan y dan ánimo, como asimismo la oportunidad de ayudar a otros. Y así vamos saliendo del hoyo en que creíamos estar sepultados.

Recordatorio para hoy

Cuando de pronto empezamos a comprender que Al-Anon tiene algo que podemos utilizar, pasamos de la desesperación a la esperanza y a la confianza. Renunciamos a la desesperación, vislumbramos la esperanza, y luego *sabemos* lo que es. De nosotros depende que llegue a dar resultado en nuestra vida.

> «Que yo comprenda que el programa de Al-Anon no es una poción mágica que curará instantáneamente todos mis males, sino una norma de vida que me servirá exactamente en la medida en que yo la ponga en práctica.»

No me desalentaré si no todo marcha sobre ruedas a pesar de que ha pasado la fase del alcoholismo activo y que cada uno de nosostros se está superando mediante el programa de los Doce Pasos, mi cónyuge en AA y yo en Al-Anon. Aunque muchos de nuestros trastornos y desacuerdos puedan haber creado una brecha entre nosotros, ahora podemos aspirar a una nueva vida, como una armónica unidad familiar.

Todavía debo estar en guardia contra la impaciencia y períodos en que sienta autocompasión o en que me ofenda por las palabras y acciones de otros. Sobre todo, no debo torturarme con los amargos recuerdos del pasado. Ahora que reconozco las señales de peligro, sé que voy mejorando día a día.

Recordatorio para hoy

Empezaré cada día con oraciones de gratitud por todo lo que se ha realizado. Sé que mi poder Superior seguirá dándome la luz de su sabiduría en mi empeño por obtener serenidad.

> «Suave ciertamente es la luz, y agradable a los ojos ver el sol.»
>
> (*Eclesiastés*)

5 DE MARZO

Transcurrió mucho tiempo antes que me diera cuenta de que los Doce Pasos y la Oración de la Serenidad podían aplicarse a todos mis problemas, relacionados o no con el alcoholismo. Ahora que trato de usar esta ayuda día a día, parece que mi vida va de milagro en milagro. Conozco la alegría de empezar cada mañana con expectación, confiando en que algo bueno el nuevo día me depara. Y si surge alguna crisis o algún problema me confunde, lo acerco todo a la luz de la Oración de la Serenidad para sacarle el aguijón antes de que pueda herirme.

Recordatorio para hoy

Cuando estamos fortalecidos por la filosofía de Al-Anon, podemos mirar las cosas en su debida perspectiva. No dejamos que se nos acerquen demasiado, para que no adquieran terribles dimensiones, desproporcionadas con su verdadero carácter.

> «Oro por la capacidad de aceptar con serenidad las cosas que no puedo cambiar, pues sé que es inútil obstinarme ante lo inevitable. Quiero también ser resuelto y actuar para cambiar lo que debe cambiarse.»

Cierta vez tres esposas de alcohólicos se reunieron para estudiar el programa de Al-Anon. Pronto otras con el mismo dilema se unieron a ellas y formaron un grupo que empezó a florecer. Algunas de ellas, que siguieron fielmente el programa, tuvieron la dicha de ver a sus cónyuges unirse a AA.

Luego una se retiró de las reuniones, después otra y más tarde otra. Cuando se las llamó para averiguar por qué no asistían más, dijeron que estaban desilusionadas de Al-Anon, porque sus asuntos confidenciales se habían divulgado.

Cuando hallaron a la culpable y se lo reprocharon, ella exclamó muy sorprendida: «¡Pero si sólo se lo dije a mi marido!».

Lo que oímos en una reunión de Al-Anon y lo que nuestros amigos de Al-Anon nos confían en privado, sólo tiene como fin *ayudarnos*. Debemos guardarlo en secreto del mismo modo que deseamos que otros guarden en secreto lo que les decimos.

Fuera de nuestra hermandad, hablaré solamente de los principios de Al-Anon, nunca de las personas. Mi buen éxito en el programa depende de la discreción de cada miembro.

> «El anonimato es la base espiritual de nuestras Tradiciones, y siempre nos recuerda que debemos anteponer los principios a las personas.»
>
> (*Duodécima Tradición*)

7 DE MARZO

Muchos antiguos miembros de Al-Anon han observado que un recién llegado que posee «el don de la fe», está más capacitado para captar el programa que quienes, con inflexible determinación, tratan de actuar por su cuenta.

La fe en un Poder Superior a nosotros nos ayuda a utilizar las ideas de Al-Anon con más confianza y mejor resultado. Para los que hemos perdido la fe, o para los que siempre tuvieron que batallar sin ella, con frecuencia es útil simplemente aceptarla a ojos cerrados, sin reserva. Al principio no necesitamos creer; no es preciso que nos convenzan. Si tan sólo podemos aceptar, poco a poco descubrimos que de veras existe una fuerza benigna que siempre está dispuesta a ayudarnos.

Recordatorio para hoy

El solo hecho de entregarnos a Dios, que es más sabio y más poderoso que nosotros, puede ayudarnos a poner nuestra vida en orden. Sirve como una influencia permanente y una guía constante para tomar decisiones correctas.

> «¿Pues qué, si algunos de ellos han sido incrédulos? ¿Su incredulidad habrá hecho nula la fidelidad de Dios?»
>
> (*Epístola a los Romanos*)

8 DE MARZO

Cuando tenía el corazón y la mente llenos de desaliento, yo no podía interesarme en los demás. Diariamente me atormentaba, dando vueltas, proponiéndome tomar primero una medida desesperada y luego otra. No tenía un momento de respiro; siempre estaba presente mi problema; tenía la mente enredada y confusa. Nada veía con exactitud y claridad, nada se me revelaba en sus verdaderos colores; sólo veía el rojo vivo de la histeria y la aprensión. Haber hallado una vía de escape a esta forma de pensar es un milagro; hallé ese milagro en Al-Anon. Pude plantear mejor mis problemas al compararlos con los problemas de los demás. Cuando descubrí que podía darles algún pensamiento y mi compasión, empecé a tener paz mental.

Recordatorio para hoy

Lo que hace que sean importantes nuestras relaciones en Al-Anon es la oportunidad de compartir nuestras vivencias y esperanzas. Cada vez que leemos algo acerca de cómo funciona Al-Anon, cada vez que asistimos a una de sus reuniones o conversamos con uno de sus miembros, adquirimos más serenidad y fortaleza.

> «Que yo acepte todo el rico aliento que esta filosofía de la vida puede proporcionarme, pues sé que es capaz de ayudarme en todas las contrariedades de la vida.»

9 DE MARZO

El enojo—llámese «ataque de ira»—también puede ser una enfermedad. Aflige a muchos de nosotros antes de venir (y aun después) a Al-Anon y tratamos de curarla aplicando a nuestra forma de pensar el programa de Al-Anon. El síntoma de la enfermedad de la ira es un impulso incontrolable para juzgar y condenar a otra persona. Mediante esta explosión emocional realmente afirmo que todo lo que yo pienso y ejecuto es correcto, y todo lo que la otra persona hace está mal. Si yo no estuviera enfermo cuando denuncio y acuso, debería darme cuenta por lo menos de que el alivio momentáneo que recibo de esos arranques es de ínfimo valor comparado con las consecuencias que debo soportar.

Recordatorio para hoy

En Al-Anon, aprendo a ser bueno conmigo mismo. ¿No estoy enfermo cuando dejo que la ira destruya mi compostura y paz mental? Cuando pierdo el autocontrol, ¿no estoy cediendo el control a otro a quien trato como adversario? ¿Puede el enojo expresar amor?

> «Oro para que la quietud me cure de la inestabilidad emocional. Que yo utilice la serenidad para amortiguar el impacto de todo lo que ocurra fuera de mí.»

¿Por qué vine a Al-Anon? La mayoría de nosotros vinimos porque estábamos desesperados, abandonados, desconcertados por la conducta del alcohólico. Lo importante por considerar es esto: ¿Estoy lo suficientemente desesperado como para probar los Doce Pasos, aunque no crea que haya algo de malo en mí? Vine para averiguar cómo cambiar a mi cónyuge, y lo primero que se me dijo fue que yo podía cambiar... sólo a mí misma. Si realmente deseo superarme, deberé primero examinarme detenidamente y admitir mis propios defectos.

Recordatorio para hoy

La responsabilidad que tengo no es con respecto a la conducta del alcohólico. Mi tarea consiste en tomar medidas con respecto a mis propias faltas, mi culpa en contribuir a hacer de nuestra vida el problema en que se ha convertido. ¿Puedo admitir que mi comportamiento irracional es parcialmente responsable por la situación? Estoy seguro de que a su debido tiempo me daré cuenta de esto, con la ayuda de Al-Anon.

> «Oro por humildad para aceptar el hecho de que necesito ayuda, y además firmeza de propósito a fin de obtenerla. Pido a mi Poder Superior que coadyuve en mis esfuerzos por superarme.»

11 DE MARZO

Durante los días del alcoholismo activo, todas las contrariedades parecían tan grandes que me abrumaban. Esto se había tornado para mí en lo más importante del mundo. Mi vida era una calamidad, y fui presa de la histeria. Debía haber sabido que existía otro mundo en que era posible la cordura y la tranquilidad. Pero todo esto estaba fuera de mi alcance mientras me debatía diariamente con mis sobresaltos y zozobras. Ahora que he encontrado Al-Anon, pondero mis contratiempos con un mejor sentido de proporción y de equilibrio. Sé de dificultades peores que las mías, que mis amigos de Al-Anon han superado con aplomo y valor. Así, mis complejidades se han simplificado al punto de que puedo despejarlas.

Recordatorio para hoy

Ahora que estoy en Al-Anon, ya no me siento sola. He aprendido a consolar y a alentar a los demás, lo cual hace que yo aborde con brío mis propias dificultades. Puedo auxiliar a otros, y a su vez ellos también me asisten.

«¡Ay de aquél que está solo cuando cae, pues a nadie tiene que lo ayude a levantarse!»

(*Eclesiastés*)

Cuanto más tiempo paso en Al-Anon, mejor verifico que el alcoholismo es verdaderamente una enfermedad, una propensión, una obsesión. Pero ¿no he estado afligido yo también por una obsesión enfermiza? ¿No me había propuesto «salvar» al alcohólico y convertirlo en un abstemio? Con razón la situación se tornó insuperable con una fuerza «irresistible», *yo* tratando de mover lo inamovible: el *alcoholismo*.

Cada día debo tener presente que sólo puedo salvarme a mí mismo. Es vital para mi bienestar y el de mi familia, pues así evito la autocompasión, el resentimiento y la desesperación. Ahora sé que no puedo vivir la vida de otra persona.

Recordatorio para hoy

El que yo me dedique a corregir mis propios defectos y errores, de ningún modo afectará adversamente al alcohólico. Él tiene el mismo derecho y la misma obligación que yo de resolver sus propios problemas. El plan de no intervención sugerido por Al-Anon dará mejor resultado para fortalecer su deseo de buscar asistencia.

> «Oro para que pueda yo aprender que no me incumbe dirigir ni dominar a otra persona, por muy estrecha que sea mi relación con ella. Dejaré también de ser su bastón. No puedo vivir la vida de nadie, sino la mía.»

13 DE MARZO

Los temores de que el alcohólico sobrio no pueda mantener su sobriedad son contrarios a la forma de pensar de Al-Anon. ¿Nos permitimos dudar de que pueda «seguir el programa»? ¿Nos intranquilizamos cuando regresa más tarde que de costumbre? ¿Llegamos rápidamente a la conclusión de que ha vuelto a beber? ¡Debemos sobreponernos a esto! No podemos disimular tal actitud, y nuestra falta de confianza puede hacer un daño incalculable. La persona que trata de mantenerse sobria necesita nuestra afectuosa confianza. Aunque se produzca una recaída, los perjudicados no seremos nosotros, sino el desafortunado que, una vez más, fue vencido por la propensión a beber. Es tiempo de apoyarlo con paciencia y compasión. No lo castiguemos; tampoco nos castiguemos a nosotros mismos.

Recordatorio para hoy

Mantendré con esmero mi propia sobriedad mental. Este don de mi Poder Superior se traducirá en una actitud tranquila, razonable, independientemente de lo que ocurra.

> «Oro para no cometer el error de anticipar dificultades y para que, si éstas vienen, trate de resolverlas de forma ecuánime y afectuosa.»

Aun los que no tienen determinada fe religiosa o los que hayan perdido la fe que antes profesaban, pueden llegar a tal extremo que clamen desesperadamente por ayuda. Todos oramos o rezamos involuntariamente, pedimos a Algo, a algún Poder desconocido, que aligere nuestra carga insoportable.

Antes de hallar Al-Anon, en mi confusión y desespero, yo pedía ayuda de esta forma, pero al instante volvía a quejarme acerca de lo que iba a ocurrir la próxima vez. Si finalmente pedimos la protección de Dios, debemos hacerlo con absoluta confianza; es en vano volver a tratar de resolver solos el problema que nuestra insuficiencia nos había forzado a poner en sus manos.

Recordatorio para hoy

Nuestra propia ineptitud o falta de voluntad, nos impide pedir ayuda a un Poder Superior a nosotros. Me libraré de la prisión de la obstinación y del orgullo que yo mismo he edificado. Aceptaré la libertad.

«Con la ayuda de Dios, saltaré murallas.»

(*Libro de Oración Común*)

15 DE MARZO

Cuando empecé en Al-Anon, yo pensaba que las reuniones eran solamente una ocasión en que yo podía desahogarme de mis congojas. Pero pronto aprendí que el quejarse de la opresión y los ultrajes sólo hace que éstos parezcan más grandes y se tornen más perturbadores. Me di cuenta de esto al oír a otros miembros que solían acaparar el tiempo y la atención del grupo para hacer relatos indignantes y ruines acerca del comportamiento del alcohólico. Vi que esto no es «seguir el programa de Al-Anon.» Estoy aprendiendo a no pensar más en los defectos de otros y, por el contrario, a concentrarme constructivamente en las ideas de Al-Anon para que éstas surtan efecto en mi vida.

Recordatorio para hoy

Voy a Al-Anon para librarme de la autocompasión y el resentimiento, no para incrementar su poder para que me destruyan. Voy a aprender de qué forma otras personas han resuelto sus problemas, para que pueda aplicar esta experiencia a mi propia vida.

> «Suplico a Dios que me ayude a no magnificar mis penas al insistir continuamente sobre ellas.»

La aceptación y la entrega son dos actitudes que nos abren todas las puertas en el modo de vivir de Al-Anon. Para muchos, sin embargo, son las más difíciles de adoptar. No importa cuán arduamente la vida nos haya golpeado, todavía nos aferramos a la idea que la aceptación y la entrega son una especie de renuncia desesperada, una debilidad de carácter. ¡No! La *aceptación* significa simplemente admitir que hay cosas que no podemos cambiar. Al aceptarlas, ponemos fin a nuestros forcejeos inútiles y liberamos nuestra mente y nuestra energía para trabajar en cosas que podemos cambiar. La entrega o sumisión quiere decir que abandonamos nuestra obstinación y aceptamos la voluntad de Dios y su ayuda.

Recordatorio para hoy

No tengo que aceptar la vida miserable que va aparejada con el alcoholismo. No me entregaré a las excentricidades y maquinaciones del alcohólico. Nadie puede desviar mis pensamientos, a menos que yo lo permita.

> «Dios, ayúdame a aceptar la responsabilidad de encontrar una vida mejor mediante mi sumisión a ti.»

17 DE MARZO

Cierto grupo de Al-Anon nunca tuvo más de nueve miembros, a pesar de que había cuatro grupos de AA en un área de unos tres kilómetros. Todos, menos tres de ellas—las que organizaron el grupo—constantemente se iban y eran reemplazados por otros. Entonces las tres fundadoras se decían: «¿Qué puede hacerse? Simplemente no se dieron cuenta de cómo Al-Anon podía ayudarlos.»

En las reuniones acostumbraban a narrar historias horrendas acerca de lo que decían o hacían los alcohólicos; además, describían detalladamente sus sufrimientos. Esto era interesante, pero no permitía que los recién llegados conocieran el programa de Al-Anon ni cómo podían seguirlo. No había comunicación alguna entre los miembros fuera de las reuniones, excepto entre las tres fundadoras.

Al-Anon es un programa de autosuperación. Se nutre de la amistad y el interés recíproco de todos los miembros y del estudio a fondo de los principios de Al-Anon descritos en los Doce Pasos, las Doce Tradiciones y los lemas.

> «Si mi vida es un caos, buscaré dentro de mí mismo la causa y la curación, y usaré los Doce Pasos para corregir mis defectos. Si nuestro grupo no es una unidad viva que funciona, buscaremos la causa y la cura en las Doce Tradiciones.»

Vivir con un alcohólico distorsionó mis pensamientos de muchas formas, pero especialmente de una: yo atribuía todos mis problemas a la bebida. Ahora en Al-Anon estoy aprendiendo a afrontar honradamente las dificultades y a no tratar de echar la culpa a otros, sino descubrir cómo mi actitud contribuyó a crear o a agravar la situación.

Debo aceptar las consecuencias de mis propias acciones y palabras y corregirme a mí mismo cuando me equivoco. Aceptar reponsabilidad es esencial para alcanzar madurez. Sea que el alcohólico beba o no, me abstendré de buscar un chivo expiatorio para disculpar mis propias faltas.

Recordatorio para hoy

No obtengo ventaja, ganancia, ni adelanto alguno al engañarme a mí mismo para escapar a las consecuencias de mis propios errores. Cuando me dé cuenta de esto, sabré que estaré progresando.

> «Debemos ser sinceros con nosotros mismos antes de que podamos conocer una verdad que esté fuera de nosotros. Somos auténticos interiormente al expresar la verdad según la entendemos y sentimos.»
>
> (Thomas Merton: *No Man Is an Island*)*

19 DE MARZO

¿Quién sabe si el mañana será bueno o no? Sin embargo, quienes vivimos con alcohólicos estamos propensos a esperar lo peor.

Al-Anon es un programa de veinticuatro horas. Esto nos da el consuelo y la seguridad de que no necesitamos cargar con las miserias del pasado, ni anticipar las que puedan venir.

Siempre recordaré que *hoy* es lo único que me concierne, y que he de convertirlo en un día tan bueno como me sea posible. Esta porcioncita de tiempo me pertenece y la usaré para realizar lo que necesito hacer y, a la vez, reflexionar y disfrutar de la vida.

Recordatorio para hoy

Vivir un día a la vez, distribuyendo el tiempo conscientemente entre actividades útiles y placenteras, puede ofrecerme lo que se llama la sal de la vida. Esto tiene además la ventaja de ayudarme a olvidar mis problemas, lo cual a menudo resulta la forma más fácil y más lógica de resolverlos.

«Haré que este día sea feliz, porque sólo yo puedo determinar qué clase de día será.»

El Poder Superior sobre el cual leemos en los Doce Pasos es una *idea espiritual*. Podemos pensar en este Poder Superior como Dios: Bondad, Poder, Amor, Espíritu, Padre, Amigo o, sencillamente, el grupo de Al-Anon, en el cual por lo menos estamos encontrándonos a nosotros mismos. Se convierte en una idea espiritual, porque estamos dispuestos a admitir que hay algo o alguien más grande que nosotros. El mero hecho de nuestra entrega, nuestra humildad, lo hace espiritual. Las cosas realmente empiezan a suceder en nuestra vida cuando aceptamos la idea de que hay un poder mayor y más sabio que nosotros. Algo comienza a ocurrir cuando tornamos los ojos hacia una idea espiritual para guiar nuestra vida diaria.

Recordatorio para hoy

Mi confianza en un Poder Superior que opera en mí, es lo que me capacita para hacer que mi vida sea una experiencia más placentera y satisfactoria. No puedo realizar esto si sólo confío en mí mismo y mis propias ideas limitadas.

> «Que cada alma esté sujeta a un poder superior, puesto que no existe otro poder que no sea el de Dios.»
>
> (*Epístola a los Romanos*)

21 DE MARZO [81

Las personas a las cuales sus tribulaciones les llevaron a la desesperación, a menudo prueban Al-Anon como último recurso. Como están llenos de pensamientos acerca de su desgracia, anhelan desahogarse. Afortunado es el recién llegado que encuentra un grupo que le permite desahogarse. Esto brinda a otros la oportunidad de medir sus propios progresos, y a la vez les da la oportunidad de expresar compasión, como asimismo dar ánimo y esperanza. Más afortunado, sin embargo, es el recién llegado al cual no se le permite continuar con tales descargas, reunión tras reunión. Hay mucho por hacer y nuevas ideas que aprender; pero, para eso, hay que olvidar las penurias del ayer y los temores acerca del mañana.

Recordatorio para hoy

Al-Anon no es un tornavoz con el cual ventilamos nuestras miserias del pasado; es, por el contrario, un lugar donde aprendemos a no dejarnos afectar demasiado por ellas. Aprenderé escuchando, leyendo publicaciones de Al-Anon y tratando de vivir los Doce Pasos.

> «Cuanto más me compenetre de las enseñanzas de Al-Anon, más obtendré y mejor podré asistir a otros.»

La preocupación es una costumbre natural en los que somos nuevos en Al-Anon; ha llegado a ser un hábito del cual no podemos librarnos, aun cuando estamos convencidos de que no nos sirve para nada. Recordamos lo que sucedió ayer, y estamos seguros de que es un indicio de las cosas terribles que sucederán mañana. Los miembros de AA nos dan un buen ejemplo al vivir un día a la vez. En Al-Anon podemos, si lo ponemos en práctica, liberarnos del ayer y del mañana. Hoy es sólo un espacio de 24 horas, una porcioncita de tiempo manejable, en la cual podemos concentrarnos para usarla razonablemente.

Recordatorio para hoy

No me dejaré abrumar por recuerdos perturbadores. Tampoco me preocuparé por el día de *mañana*, hasta que se convierta en *hoy*. Cuanto mejor yo emplee el día de hoy, tanta más posibilidad tendré de encontrar placentero el día de mañana.

> «Que mis fantasías no me induzcan a prever dificultades, pues no puedo predecir lo que me depara el futuro.»

23 DE MARZO

A menudo oímos decir en las reuniones, que el alcohólico es un gran maestro en el arte de disimular para de esta manera manejarnos a su antojo, salirse con la suya y evadir dificultades. Pero, ¿nos damos cuenta de que también nosotros con frecuencia cometemos las mismas faltas? ¿No hemos probado toda clase de ardides al tratar de ser más listos que él para inducirlo a que deje de beber, a que se una a un grupo de AA, a que asista *más,* o *menos,* a las reuniones? ¿Soy honrado y justo cuando me entrometo y manipulo la situación? ¿Dejo realmente que el alcohólico viva su propia vida, o todavía trato de dominarlo?

Recordatorio para hoy

Los principios de Al-Anon me dan un patrón de conducta: tratar de mejorarme a mí mismo y no entrometerme en los asuntos ajenos. Las palabras que describen este procedimiento son: «No intervención.»

> «Ocuparme de mis propios asuntos evitará que me convierta en esclavo de una situación; por eso no me enredaré mucho. Así quedaré en libertad para lograr mi propia salvación.»

A veces me sorprenden mis propias recaídas en la antigua modalidad que dominaba mis pensamientos y sentimientos antes de que yo conociera Al-Anon. Yo estaba aplastado y derrotado por la lucha diaria al vivir con un alcohólico. Tenía miedo de todo y de todos.

Entonces, al asistir a las reuniones Al-Anon y al leer el libro *Al-Anon se enfrenta al alcoholismo*, volvía a recobrar el valor. No obstante, a veces cuando me veo ante nuevas crisis o tareas difíciles como hablar en una reunión, vuelven mis viejos temores y dudas. Por suerte, sólo vuelven por un instante, pues inmediatamente recuerdo todo lo que he aprendido en Al-Anon y la nueva dignidad y confianza que esto me ha proporcionado.

Recordatorio para hoy

Cuando puedo aceptar la ayuda de mi Poder Superior, me siento capaz de hacer cualquier cosa que se me pida que haga. Voy superando todos mis temores y adquiriendo una nueva y adecuada confianza.

> «El Valor es el mismo Temor que ha dicho sus oraciones.»

25 DE MARZO [85

Consideraré detenidamente el concepto del *silencio*. Empleado en momentos de reflexión y meditación es de gran beneficio, pero hay otras formas de usarlo que no lo son. Hemos oído en reuniones de Al-Anon: «No trate de regañar ni castigar al alcohólico. No reaccione con palabras encolerizadas a sus sentimientos de culpabilidad.» Muchas veces, este buen consejo es mal interpretado. Un miembro, pensando que ha aprendido bien esta lección, puede decir con orgullo: «Me mantuve callado. No le contesté.» Un silencio ceñudo y furioso puede ser más aplastante e hiriente que las palabras ásperas. Tal silencio es motivado por el deseo de castigar, y casi siempre es fruto del resentimiento y la amargura.

Recordatorio para hoy

El silencio puede ser un arma de doble filo: si lo uso para herir a otro, puede perjudicarme también a mí. El silencio puede ser igualmente una bendición, si lo adopto con serenidad para autoexaminarme y meditar en qué aspecto puedo mejorar.

> «Dios, ayúdame a reconocer que el silencio, como el habla, puede reflejar mis sentimientos. Ayúdame a emplearlo, no como una barrera para reprimir mi cólera, sino para expresar una saludable quietud del espíritu.»

¿Por qué es tan difícil admitir que somos incapaces de vencer el alcohol, como sugiere el Primer Paso? Todos hemos oído en las reuniones de Al-Anon acerca de la posibilidad de interpretar el objeto de esta victoria como el «alcohol» o el «alcohólico.» El caso es que no tenemos poder sobre ninguno de los dos. Nadie puede controlar los insidiosos efectos del alcohol ni su poder para destruir la gracia de la vida y el decoro. Nadie puede reprimir la obsesión del alcohólico por beber. Pero sí tenemos un poder; proviene de Dios: el de cambiar nuestra propia vida. La *aceptación* no presupone sumisión a situaciones degradantes. Más bien, implica aceptar la existencia de una situación y decidir luego qué se debe hacer con respecto a ella.

Recordatorio para hoy

El progreso empieza cuando ya no tratamos de controlar lo incontrolable, y luego corregimos lo que tenemos el derecho de cambiar. Si aceptamos una situación llena de miseria e incertidumbre, la culpa no es de los demás, sino nuestra. Podemos tomar medidas para remediarla.

> «Luchar contra la futilidad es derroche de energía. Haz algo o deja de atormentarte.»
>
> (Celebra Tueli)

27 DE MARZO [87

A veces voy a las reuniones de Al-Anon con un genio crítico y capcioso, de lo cual ni siquiera me doy cuenta. Por extraña coincidencia, ese día todo el mundo me irrita: éste, porque habla demasiado; ése, porque no es suficientemente tolerante para con los demás; aquél, porque dijo o hizo algo que considero poco amable. ¿Es posible que la actitud censurable fuera la mía? Volvamos a los principios fundamentales de Al-Anon. ¿Qué busco? Ayuda e ilustración. ¿La encontraré señalando los defectos de los demás? Debo recordar que estoy aquí con el único propósito de superarme y mejorar mi modo de vivir, y que en cada reunión hay algo bueno que aprender, no importa lo que se diga o se haga.

Recordatorio para hoy

Me abstendré de buscar defectos en los demás. Trataré de ver solamente lo bueno de cada uno. Voy a Al-Anon para aprender, y cada reunión es valiosa.

> «He aprendido el silencio del locuaz; la tolerancia del intransigente; la bondad del poco amable. No debería ser desagradecido hacia esos maestros.»
>
> (Kahlil Gibran: *Sand and Foam*)*

28 DE MARZO

Generalmente nuestras reuniones se inician con una bienvenida en que se explican los propósitos de nuestra hermandad. Se nos dice que estamos allí para compartir mutuamente experiencia, fortaleza y esperanza. Se nos pide que contemos incidentes acerca de cómo aplicamos el programa de Al-Anon en nuestra vida. La fortaleza que compartimos con los demás nos proporciona a cada uno un poco más de valor para afrontar las exigencias de la vida cotidiana. Finalmente, compartimos nuestra mutua esperanza, y así podemos confiar en que tenemos una vida mejor por delante.

Recordatorio para hoy

Al tiempo de hablar, ¿considero siempre estos tres elementos de la unidad de Al-Anon, o uso la reunión para quejarme de las faltas del alcohólico? Mis palabras, mi voz y mis modales, ¿expresan mi autocompasión y resentimiento, o trato de llevar las cosas *buenas* para compartirlas con mis amigos en Al-Anon?

> «No esperaré que todos los asistentes pongan atención a mis aflicciones. Aspiro a llevar algo que ayude e inspire a otros, o a plantear un problema con el cual podamos agudizar nuestro entendimiento.»

29 DE MARZO

Después de haber pasado por más dificultades de las que creemos merecer, algunos de nosotros volvemos la espalda a Dios, determinados a seguir nuestro propio camino, con nuestras propias fuerzas. Esto es proceder como el niño que entra en una habitación oscura y no quiere encender la luz. Cuando tropieza y se hace daño, ¿es por culpa de la oscuridad? Si pensamos ir a alguna parte y rechazamos usar un vehículo que nos lleve allí, ¿de quién es la culpa si no llegamos a tiempo? Cuando nos enfrentamos con los problemas de una situación consecuente del alcohol y la tratamos de resolver a nuestra manera, estamos tercamente empeñados en rechazar la ayuda que podríamos recibir en Al-Anon. ¿De quién es la culpa cuando las cosas empeoran en vez de mejorar?

Recordatorio para hoy

Cuando confronto un problema, buscaré con calma el medio más inteligente para resolverlo. Usaré los medios de que se han valido muchos otros en circunstancias similares a las mías. El programa de Al-Anon será la guía diaria que me conducirá de la confusión a la serenidad.

> «A menos que me guste mi martirio, no necesito estar solo para liberarme de cualquier tribulación.»

La obstinación, mi vieja enemiga, solía disfrazarse con racionalizaciones como la siguiente: «¿Por qué necesito depender de Dios y agobiarle con todos mis problemas, cuando Él me dio inteligencia para pensar por mí mismo?» La experiencia me ha demostrado, sin embargo, que no puedo avanzar en la vida si confío sólo en mis propios medios para obtener los resultados que quiero. Nada parecía dar resultados, y algunas veces las consecuencias eran desastrosas. Por supuesto, no me culpé de nada. Pensé que yo tenía mala suerte, que Dios me había abandonado, o que el alcohólico era perversamente ingobernable. Las cosas simplemenete no sucedían como yo esperaba. Ahora que reconozco mi necesidad de ser guiado y que estoy dispuesto a serlo, las cosas van mejorando a medida que yo mejoro.

Recordatorio para hoy

No soy autosuficiente. No tengo todas las soluciones, y las que obtengo, en realidad me llegan en la medida en que soy receptivo. La guía proviene del grupo, de algo que leo accidentalmente, y hasta de una palabra de alguien que providencialmente satisface mi necesidad.

> «Dios es nuestro amparo y fortaleza, nuestro pronto auxilio en las tribulaciones.»
>
> (*Salmos*)

31 DE MARZO

Aunque parezca extraño, muchas de las cosas que aprendemos en Al-Anon se resumen en lo siguiente: *«Sé bueno contigo mismo.»* Éste es el consejo que se deriva del recordatorio de Al-Anon de vivir sólo un día a la vez. Nos enseña a poner a un lado los recuerdos desdichados y a evitarnos la angustia de imaginar lo que puede suceder mañana. Nada podemos hacer acerca de ninguno de los dos. Somos buenos con nosotros mismos cuando nos negamos a ser perturbados por nada que diga o haga el alcohólico. Podemos hacerlo si recordamos que esos ataques contra nosotros sólo son un desahogo de su sentido de culpabilidad. Somos buenos con nosotros mismos cuando ayudamos a otros y cuando llenamos nuestra vida con actividades placenteras y que nos dan satisfacción.

Recordatorio para hoy

Desde hoy, desde ahora mismo, seré bueno conmigo mismo. No me hundiré en remolinos de pensamientos angustiosos acerca del alcoholismo y sus resultados. La fe y la esperanza me inmunizarán.

> «Oro por ayuda para cumplir con mi responsabilidad para conmigo mismo, sólo así podré ayudar a otros.»

La persona satisfecha y bien adaptada no necesita buscar defectos en los demás. Si pasamos de una crítica a otra, entonces el hábito de formular juicios negativos acerca de otros, puede convertirse en una falla grave de carácter. Esa tendencia a la crítica produce como resultado el desplazamiento del amor, lo cual a su vez lleva a sentir conmiseración por nosotros mismos, porque la gente no responde a nuestra actuación como queremos que lo haga.

No me es dable cambiar a otra persona, ni tengo derecho a tratar de hacerlo. Pero lo que sí puedo modificar es mi propia perspectiva de la vida, a fin de captar las características positivas y agradables de los demás. Puedo conseguirlo viviendo al estilo de Al-Anon.

Recordatorio para hoy

Con la ayuda de Al-Anon, es factible convertir mi viejo y destartalado mundo en uno nuevo y radiante. Con frecuencia he visto que esto se ha convertido en una hermosa realidad para mucha gente a quien he conocido en Al-Anon. Cuando veo tales cambios, comprendo que éstos también pueden ocurrir en mí.

> «Pido la ayuda de mi Poder Superior para convertir mis pequeñas victorias en otras mayores al vivir cada día de la mejor forma posible, para beneficio propio y de las personas con las cuales me encuentre.»

2 DE ABRIL

El programa de Al-Anon es verdaderamente eficaz porque *nos ayuda a escapar de nosotros mismos*. Cuando pensamos constantemente en nuestras aflicciones y en las «faltas» del alcohólico, quedamos demasiado confundidos como para aceptar ideas nuevas.

Abandonaré esta actitud inútil de preocupación y me concentraré en la tarea de fortalecerme a mí mismo para aceptar cada día con todo lo que éste traiga. Con la mente y las emociones renovadas y apaciguadas con la ayuda de uno de los Doce Pasos o de uno de los lemas («Suelta las riendas y entrégaselas a Dios», por ejemplo), estaré en mejore condiciones de ver mis dificultades en su verdadera perspectiva.

Recordatorio para hoy

A medida que me torne menos egocéntrico, iré teniendo mejores defensas contra mi tendencia a ofenderme por los desdenes y las injusticias. Las crisis menores no adquirirán dimensiones desmedidas, porque de ningún modo les atribuiré más importancia de la que tienen.

> «Oro para que pueda aumentar mi capacidad de encarar cada día con serenidad, sabiduría y una pizca de humor. Con la ayuda de Dios, puedo aprender a no magnificar las pequeñas dificultades.»

En realidad no resulta tan difícil creer que en Al-Anon ocurren milagros. Vemos cambios extraordinarios en personas que vinieron por primera vez llenas de conmiseración propia, resentimiento y asediadas por temores. Probablemente ni siquiera ha experimentado mejoría la situación creada por el alcohólico en el hogar, pero lo que aprenden en Al-Anon cambia por completo su punto de vista. Adquieren confianza y serenidad, abandonan su reserva y se preocupan por otras personas que pasan por tribulaciones similares.

Estos cambios positivos pueden atribuirse al enfoque espiritual de Al-Anon; pero indudablemente «milagros» es un término adecuado para describirlos.

Recordatorio para hoy

El primer regalo que recibe el recién llegado a Al-Anon es *esperanza*. Al ver como otras personas superan sus problemas, al enterarse de situaciones que son peores que las propias, al sumergirse en una atmósfera de amor y buena voluntad, regresa a su hogar con nueva confianza.

> «Señor, hazme siempre dispuesto a conducir de la mano al recién llegado y a avivar en él el ánimo y la confianza latentes que existen en todos nosotros. Permite que mediante este asesoramiento, ayude a Al-Anon a producir un milagro más.»

4 DE ABRIL

Todos hemos experimentado la exasperante frustración que sobreviene al procurar llegar hasta la conciencia del bebedor cuando éste se encuentra atrapado en la niebla del alcoholismo, en la cual no penetran las razones, las lágrimas, ni los reproches. Es una insensatez saludar con palabras airadas al alcohólico que regresa al hogar atontado por la bebida y afligido por sentimientos de culpabilidad. Su reacción no será más sensata de la que sería la nuestra en un momento como ése. En un país extranjero, ¿pretendo que la gente entiende mi idioma? Tampoco puede entendernos el bebedor cuando en una etapa aguda de su enfermedad, no podemos hablar su idioma, ni el alcohólico puede comprender el nuestro.

Recordatorio para hoy

Con el fin de mejorar mi situación aparentemente desesperada, comenzaré cuando las cosas se pongan más difíciles. Ése es el momento más importante, NO para la acción ni para discursos interminables, sino para la inacción y el silencio, sin mal humor ni conmiseración propia. Ése es verdaderamente el momento de «soltar las riendas y entregárselas a Dios.»

> «Muchas cosas debes pasar por alto sin prestarles atención; en cambio, debes pensar en las que pueden darte paz. Resulta más provechoso apartar la vista de lo que te disgusta antes que te tornes esclavo en la contienda.»
>
> (Tomás de Kempis)

Un miembro dijo una vez: «Los Doce Pasos fueron concebidos para gente desesperada como nosotros, como un atajo hacia Dios. Cuando los aceptamos y utilizamos, descubrimos que estimulan el uso de las habilidades que Dios nos ha dado y que habíamos permitido que permanecieran dormidas.»

Los Pasos son como una medicina que muchos no nos molestamos en ingerir, aunque sabemos que pueden curarnos de las enfermedades de la desesperación, la frustración, el resentimiento y la conmiseración propia. ¿Por qué ocurre eso? Quizá porque tenemos profundamente arraigado el deseo de ser mártires. Conscientemente creemos que necesitamos ayuda, pero un oscuro y oculto sentimiento de culpabilidad nos hace desear el castigo más de lo que anhelamos la liberación de nuestros males.

Recordatorio para hoy

Nadie necesita experimentar desdicha ni descontento, ni verse privado de las buenas cosas de la vida. Podemos encontrar la vía de escape estudiando diariamente los Doce Pasos. Esta sólida filosofía espiritual nos ayudará a encontrar la senda hacia una vida buena.

> «Oro para pedir decisión a fin de aceptar la difícil disciplina de los Doce Pasos. Vivir con estos principios guiadores hace que la vida sea cada vez más digna de vivirse.»

6 DE ABRIL

Por mi propio bien asistiré a las reuniones de Al-Anon con mente receptiva, dispuesto a recibir y aceptar nuevas ideas, y aplicaré esas ideas a mi propia vida.

Si voy a las reuniones con una disposición negativa, dispuesto a censurar lo que escuche, es como si con una cucharilla pretendiera sacar agua de las cataratas del Niágara para aplacar la sed.

Cada reunión de Al-Anon tiene algo importante para dar al que escucha y al que está deseoso de compartir. Yo mismo debo estar dispuesto a escuchar y a compartir.

Recordatorio para hoy

Debo recordar que voy a Al-Anon en busca de instrucción y de apoyo emocional que no puedo encontrar en otra parte. Me asistirán personas que pueden comprender mi aflicción; pediré su ayuda para superar mis defectos, los cuales pueden resultarme difíciles de reconocer. Sé muy bien que no necesito aceptar todo lo que otros digan, pero las ideas que eso genere en mí me pondrán en el sendero correcto.

> «Oro para que yo pueda llevar siempre un mensaje restaurador y útil a mis compañeros de Al-Anon, y ruego también por la disposición a encontrar lo bueno en lo que ellos me digan.»

Alguien me dijo en una reunión de Al-Anon: «Pero debo disimular el hecho de que él es un alcohólico. ¿Qué dirían mis vecinos y familiares si no lo hiciera?». Una dama sostuvo que ella debía ofrecer excusas al patrón de su esposo, para que éste no corriera el riesgo de perder su trabajo. Otra trabajaba para saldar las cueltas que debía pagar el alcohólico.

¿Podemos realmente engañarnos a nosotros mismos haciéndonos creer que esas artimañas producirán algún resultado positivo? ¿Acaso no podemos imaginar que lo único que harán será *prolongar* la agonía del alcohólico?, ya que sabemos que su enfermedad es progresiva. Debiéramos comprender que el colapso inevitable podría resultar mucho peor que si hubiéramos permitido que el alcohólico mismo hiciera frente a sus propias responsabilidades y errores sin nuestra intromisión.

Recordatorio para hoy

Si de ninguna manera protejo al alcohólico de las consecuencias de su hábito de beber, y si *permito* que le sobrevenga el desastre, entonces no es mía la responsabilidad por lo que ocurra. No *crearé* una crisis «para hacer recapacitar al alcohólico»—pero tendré valor para permitir que la crisis ocurra.

> «Oro a Dios para que me ayude a comprender que el destino del alcohólico no está en mis manos. Dejaré al arbitrio divino las decisiones que deba tomar, y tendré cuidado de no interferir en el resultado del plan de Dios para nosotros.»

8 DE ABRIL

¿Me pararía en la playa y, tal como lo hizo el rey Canuto de la antigua leyenda, trataría de someter las mareas a mi arbitrio? Es igualmente inútil tratar de controlar al alcohólico. Y eso es precisamente lo que yo estaría haciendo al intentar imponer la sobriedad por la fuerza.

Debo admitir honradamente que ni siquiera soy capaz de controlar *mis propios* pensamientos, mis palabras ni mis acciones. Todavía tengo mucho que mejorar. Mi primera obligación consiste en crear para mí mismo una vida realmente satisfactoria. Para conseguirlo, debo luchar contra mis propios defectos, y ponerme en mejores términos conmigo mismo y con los que me rodean.

Recordatorio para hoy

Me dedicaré a corregir mis defectos de carácter y a dominar mis palabras y acciones impulsivas. Esta tarea no me dejará tiempo para preocuparme de reformar al alcohólico.

Una vez que yo le retire mi interferencia y protección, el alcohólico podrá darse cuenta de que la sobriedad debe ser un problema suyo, personal, y que nadie más que él mismo podrá resolverlo.

> «Oro por sabiduría a fin de saber que no depende de mí la salvación de ninguna persona, sino de ella misma y de Dios.»

Algunas veces nos encontramos en situaciones tan difíciles que nos parecen callejones sin salida; no podemos resolverlas; no hay manera de escapar. Esos problemas ocupan continuamente nuestros pensamientos, y cuanto más pensamos en ellos tanto más insolubles nos parecen, y entonces nos embarga la desesperación.

Es conveniente entonces recordar una frase sencilla, un lema o un pensamiento filosófico, y repetirlos una y otra vez, hasta que la mente se sature de ellos y reemplacen la ansiedad creada por el problema que nos atormenta.

También podríamos repetir la Oración de la Serenidad, o un pensamiento semejante al que un miembro de Al-Anon envió al *Forum*: «Te agradezco, Dios mío, porque ahora puedo ver que las espinas tienen rosas.»

Recordatorio para hoy

Hasta en las peores adversidades hay algo de positivo. Puedo aprender el arte de buscar el bien y de concentrar la atención en él. Mucho depende de que uno encare los problemas, estimando serenamente su verdadero carácter, rehusando exagerarlos y luego ahogándolos con un pensamiento inspirador.

> «Los incidentes dolorosos vienen de las espinas que nos hieren, y nos hacen olvidar que también tienen rosas. Sin embargo, no podemos disfrutar del color de la vida, de su hermosura y fragancia, sin aceptar primero los desafíos espinosos y aprender a sobrellevarlos, tal como lo hacemos en Al-Anon.»

10 DE ABRIL [101

¿Qué busco realmente en la vida? ¿Actividades interesantes? ¿Satisfacer mis obligaciones para con mi familia y mis amigos? ¿Convertirme en la clase de persona con quien es agradable vivir? Quizás no llegue a concretar todos estos ideales, pero me resulta satisfactorio esforzarme por alcanzarlos, observando mi propio crecimiento espiritual poco a poco.

Un buen método es estudiar mi vida íntima y examinar mis motivos. Necesito comprender *por qué* hago lo que hago, y por qué digo lo que digo. Esto me ayudará a comprender qué clase de persona soy en realidad, y me proporcionará ideas constructivas para mejorar lo que no me gusta de mí.

Recordatorio para hoy

Es bastante más fácil ser honrado con otras personas que con uno mismo. Todos nos encontramos limitados hasta cierto punto porque creemos necesario justificar nuestras acciones y palabras. El hecho de admitir mis defectos, ante mí mismo, ante Dios y los demás, tal como sugiere el Quinto Paso, me proporcionará una vislumbre de cuán buena persona yo *podría* ser.

> «Oraré para pedir fuerzas con que autorrealizarme y lograr algún progreso, mediante esfuerzo consciente, hacia la obtención de la paz conmigo mismo, mi objetivo final que abarca todos los otros.»

Los recién llegados a Al-Anon con frecuencia preguntan qué motivo impulsa al alcohólico a beber. Parecen más deseosos de averiguar el *porqué* con respecto al alcohólico que enterarse de por qué *ellos* permiten que el hábito obsesivo de beber de otro les afecte tanto.

Las causas de la necesidad desesperada que el bebedor siente de escapar mediante el alcohol no son fáciles de explicar, ni siquiera para el psiquiatra. Debemos aceptar el hecho de que el alcohólico padece una enfermedad. Su familia, al cambiar su manera de pensar y de actuar, puede introducirlo a desear la sobriedad. En Al-Anon aprendemos a vencer nuestra propia actitud derrotista.

Recordatorio para hoy

Mucho alivio produce el hecho de ser capaces de hacer frente a nuestros problemas con confianza, esperanza y serenidad. Si podemos reconocer y admitir nuestros propios defectos cada vez con mayor honradez, eso nos abrirá la puerta a un nuevo mundo, y con frecuencia realizará en el alcohólico un cambio que parecería milagroso.

> «Señor, ayúdame a librarme de la ilusión de que puedo hacer algo por mí mismo para vencer la enfermedad que padece el alcohólico. No necesito sufrir a causa de la enfermedad de otro, si tan sólo estoy dispuesto a aceptar ayuda personal. Esto ayuda directamente al alcohólico.»

12 DE ABRIL

¡A cuántos de nosotros nos afecta la desesperación! Sin embargo, no nos damos cuenta de que eso se debe nada más que a la falta de fe. No podemos desesperar mientras estemos dispuestos a volvernos hacia Dios en busca de ayuda en nuestra necesidad extrema. Cuando, confundidos, no podemos ver un camino de salida, se debe a que pensamos que las soluciones dependen de *nosotros*. Debemos recordar que nuestra sabiduría humana y nuestro ingenio, con frecuencia no han producido los resultados anhelados.

Tal vez nuestras cargas demasiado pesadas nos han hecho perder la fe que una vez teníamos en un Poder Superior a nosotros. Probablemente la fe nunca formó parte de nuestra vida y tampoco estamos convencidos de que la necesitamos.

En Al-Anon descubrimos que es posible demostrar la realidad y eficacia de la fe, como una fuerza que impulsa hacia el bien. Cuando dejamos que Dios resuelva por nosotros un problema abrumador, descubrimos que ese Principio Divino verdaderamente tiene una parte en nuestra vida.

Recordatorio para hoy

La fe natural es realmente un don; sin embargo, es asequible a quienes necesitan tener algo a que aferrarse. Cuando someto conscientemente mi voluntad a la voluntad de Dios, veo que la fe obra en mi vida.

> «Me reconfortaré en una fe inconmovible, porque sin ella quedaré desvalido y solitario...»

Es perfectamente comprensible que AA y Al-Anon recalquen la importancia de vivir nada más que un día a la vez. Perdemos mucho tiempo recriminándonos a causa de errores pasados y de oportunidades perdidas, y a veces nuestros pensamientos negativos nos inducen a especular de «lo que *va* a ocurrir.»

El pasado no tiene valor, a no ser por la experiencia que nos ha dado para hacer que el día de hoy y el futuro sean más fructíferos.

Al comienzo puede resultar difícil desprenderse de estos hábitos negativos de pensar. Sin embargo, alivia saber que *podemos* desprendernos de las cargas del pasado y esperar el futuro, antes que temerlo.

Recordatorio para hoy

Un pesar válido por el pasado presupone que estamos conscientes de que hemos perjudicado a otros. Eso con frecuencia puede desaparecer si actuamos bondadosamente con ellos cada vez que eso sea posible. La pena por las oportunidades perdidas, sin embargo, puede superarse si tratamos de tomar decisiones más sabias de ahora en adelante.

> «Oro para ser librado de la propensión a preocuparme por el pasado, y para no permitir que mi pesimismo pinte cuadros oscuros acerca de lo que podría ocurrir mañana.»
> «Recordemos que podemos vivir únicamente en el presente, y que todo el resto de la vida, o es pasado o es futuro incierto.»

14 DE ABRIL

¿Por qué algunos captan mejor que otros el programa de Al-Anon y logran utilizarlo para resolver sus problemas? Los que más se benefician tienen el valor de hacer frente a sus dificultades en lugar de ocultarlas.

La mayoría *creemos* saber en qué consiste nuestro problema, ¿pero realmente lo sabemos? Una manera de descubrir su verdadera naturaleza consiste en describirlo detalladamente por escrito. El hecho de expresarlo en palabras sobre el papel, donde podemos analizarlo y corregirlo a medida que cambia nuestra actitud, puede ayudarnos a verlo claramente. Mas esto no debe constituir una larga lista de quejas contra otros, sino un esfuerzo por plantear el problema con toda honradez. Así llegaremos a darnos cuenta de que no todas las dificultades han sido creadas por alguna otra persona, sino también por *nosotros*.

Recordatorio para hoy

El hacer una lista de los elementos buenos y malos que integran mi situación me ayudará a comprenderla mejor. Comenzaré a corregir mis problemas cambiándome a mí mismo. Nunca trataré de obligar a otro a que cambie, porque eso no ayudará a ninguno de los dos.

> «Sabiendo que únicamente una completa honradez me ayudará a comprenderme, oro para que mi Poder Superior me ayude a no engañarme a mí mismo.»

¿Es justo que nos enojemos con una persona que está bajo la influencia del alcohol? No es justo, si aceptamos el hecho de que el alcoholismo es una enfermedad. Los arranques de ira, con acusaciones y reproches, ¿han contribuído a mejorar la situación? Esa acción de nuestra parte, ¿no ha servido únicamente para aumentar nuestra propia frustración? Es cierto que esas explosiones proporcionan un desahogo momentáneo para nuestras emociones reprimidas; pero cuando comprendemos que lo único que logramos con ello es empeorar las cosas, podemos persuadirnos a canalizar nuestras fuerzas hacia decisiones constructivas. Cualquier acción nuestra para *obligar* al bebedor con problemas a enmendarse, generalmente fracasa.

Recordatorio para hoy

Antes de decir algo, me detendré a pensar, no sea que mi enojo se repliegue sobre mí y acreciente mis dificultades. Recordaré que el silencio bien empleado puede darme el dominio de la situación como no podría conseguir con airados reproches.

> «Quítense de vosotros toda amargura, enojo, ira, gritería y maledicencia, y toda malicia.»
>
> (*Efesios*)
>
> «La blanda respuesta quita la ira; mas la palabra áspera hace subir el furor.»
>
> (*Proverbios*)

16 DE ABRIL

Cuando finalmente logro persuadirme a dejar de luchar desmedidamente con un problema que ha estado atormentándome, las soluciones comienzan a aparecer en formas como nunca había soñado que fuera posible. Esto debiera convencerme de que mi comprensión humana tiene límites, de que hay cosas que no puedo comprender por mí mismo. Sólo entonces «soltaré las riendas» y las entregaré a un Poder Superior.

El comprobar que ocurren cosas positivas que no he provocado, debiera demostrarme que las acciones y el destino de otra persona no están en mis manos. Cuanto antes acepte eso, tanto más pronto comenzarán a ocurrir cosas positivas en mi propia vida.

Recordatorio para hoy

Encontraremos paz mental siguiendo el lema que dice: «Suelta las riendas y entrégaselas a Dios.» Lo único que conseguirá nuestra obstinación será retardar la solución de nuestros problemas. Si realmente quiero ser libre para formar una vida satisfactoria para mí mismo, debo primero libertar al alcohólico de mis esfuerzos por dirigirlo y controlarlo.

> «Que yo recuerde siempre que no soy omnisciente ni todopoderoso. Tan sólo Dios lo es, y es en Él en quien debo confiar.»

17 DE ABRIL

Con frecuencia se ha sugerido que adoptemos una máxima o una cita favorita a fin de repetirla cuando queramos serenarnos en un momento de dificultad. Muchos empleamos la Oración de la Serenidad para conseguirlo. Otros, atrapados en un dilema desorientador o tentados a tomar una decisión impremeditada, suelen decir: «No se haga mi voluntad, sino la tuya.»

¿Qué podemos hacer cuando nos domina una terrible depresión que nos hace pensar en forma negativa acerca de nosotros mismos y de los demás? Esos pensamientos dolorosos y mezquinos con frecuencia serán rechazados por la grandeza de las siguientes palabras de los Salmos:

«¿Qué es el hombre, para que tengas de él memoria, y el hijo del hombre para que lo visites? Lo has hecho poco menor que los ángeles, y lo coronaste de gloria y de honra.»

> «Señor, ayúdame a comprender que mis semejantes y yo somos la corona de la creación de Dios, porque el que nos hizo a todos nunca se propuso que sus hijos no fueran importantes.»

18 DE ABRIL

Un bebedor obsesivo nunca podrá ser liberado de su enfermedad si se le trata con desprecio. Sin embargo, ¿no es precisamente eso lo que solemos hacer? Cuando la dignidad y la calidad del bebedor están ocultas bajo la incoherencia o la violencia, no resulta fácil verlo como un hijo de Dios, herido, sensible, enfermo de culpa, que necesita nuestra compasión.

Por muy difícil que sea, nuestro propio progreso debe comenzar corrigiendo nuestra actitud hacia el alcohólico que se encuentra en el estado agudo de su enfermedad. También hay crisis después que el alcohólico ha recuperado la sobriedad. Tenemos el deber de hacer frente a esas crisis de la misma forma que si la bebida misma la hubiera causado. No resulta nada constructivo de contestar a la ira con ira; nadie gana la batalla en la que se ha perdido el control.

Recordatorio para hoy

Es posible conseguir equilibrio y dominio propio; y esa actitud positiva produce un indudable efecto sobre el bebedor, quien, aun en medio de su niebla alcohólica, es capaz de percibir los cambios que ocurren en nosotros. Pero más importante todavía es el hecho de que la serenidad nos ahorra el desgaste producido por nuestras emociones y mantiene nuestra propia dignidad.

> «Señor, ayúdame a apartar mis pensamientos del tormento producido por un instante de dificultad y a pensar en Tu ayuda y apoyo que siempre están a mi alcance.»

19 DE ABRIL

Cierta vez el desesperado esposo de una alcohólica se unió a un grupo de Al-Anon. Cuando descubrió que los doce miembros eran mujeres, se sintió mal y pensó que su problema no podía tener nada en común con los de ellas. Por tanto, se mantuvo retirado y siguió tratando de resolverlo con los mismos viejos métodos que nunca han dado resultado.

Otro hombre que se encontraba en la misma situación, también vaciló si podría o no identificarse con los problemas de «un montón de mujeres.» Pero rápidamente comprendió que los principios básicos de Al-Anon son realmente eficaces. De modo que invitó a un amigo, y ese amigo trajo a otro, y finalmente todos comprendieron agradecidos que los miembros varones del grupo habían proporcionado a éste un vigor y una capacidad de trabajo que de otro modo nunca habría tenido.

Al-Anon es para la gente con problemas que desea resolverlos compartiendo su experiencia, fortaleza y esperanza con otras personas. Cuanto más variada sea la experiencia, tanto mayores serán la fortaleza y la esperanza.

> «Probablemente usted no alcance a comprender la intensidad de la lucha de su cónyuge por liberarse de las garras del alcoholismo. Por muy sinceros que sean los esfuerzos de su parte por combatirlo... siempre termina en el mismo fracaso inevitable...»
>
> (Folleto Al-Anon, *¿Qué puedo hacer ahora? pregunta el esposo de la alcohólica*)*

20 DE ABRIL [111

Procuro mostrarme agradecido cuando otras personas en mi grupo sugieren cambios en mi actitud hacia este o aquel problema. «Despréndase de él», aconseja uno. «Trate de mirar las cosas desde un punto de vista ventajoso», sugiere otro. «Cállese cuando esté enojado»… «Recuerde siempre el Primer Paso…»

Estos son buenos consejos, pero resulta muy difícil llevarlos a la práctica cuando uno se halla afrontando una crisis. De manera que yo mismo me daré otro consejo: «No te recrimines cuando fracases; continúa probando. Sabes que estás mejorando, porque tus amigos de Al-Anon pueden verlo, aunque tú mismo estés demasiado cerca de los problemas como para discernir tu crecimiento espiritual. Todo lo que escuchas en las reuniones y todas tus lecturas en publicaciones de Al-Anon, apoyan tus esfuerzos para hacerlo mejor la próxima vez.»

Recordatorio para hoy

Un lema muy útil en este caso es el que dice: «Hazlo con calma.» Esto seguramente me proporciona paz mental. Cuando uno cambia el paso a un ritmo más cómodo, entonces las desigualdades del camino resultan menos violentas.

> «Cuando esté demasiado ansioso por cambiar las cosas, cuando olvide soltar las riendas y entregarlas a Dios, cuando exija demasiado y demasiado pronto de mí mismo y de los demás, pediré a Dios que me ayude a recordar el lema: Hazlo con calma.»

Gradualmente llegamos a comprender el significado profundo de las enseñanzas espirituales de Al-Anon. Ya conocíamos muchas de ellas desde la infancia, aprendidas de nuestros padres o en reuniones religiosas. Sin embargo, descubrimos que existe un abismo entre lo que hemos aprendido y la forma como lo aplicamos a nuestra vida diaria.

En Al-Anon descubro dos obstáculos que me han impedido ver el valor y el consuelo del enfoque espiritual: *la justificación propia y la santurronería*. La primera me proporciona la inflexible certidumbre de que siempre tengo razón; la segunda me arrulla en la seguridad de que soy mejor («más santo») que los demás.

Recordatorio para hoy

Al-Anon nos ofrece la siguiente sugerencia admirable que nos ayudará a reparar el daño causado por la justificación propia y la santurronería: *examina tus motivos*. ¿Qué respuesta daré si me detengo en medio de mi racionalización y me pregunto a mí mismo: «¿Por qué estoy haciendo esto? ¿Es esta justificación realmente honrada? ¿Son auténticas las razones con que pretendo justificar mi acción?»

> «Oro para obtener el progreso que es posible lograr cuando soy completamente honrado conmigo mismo. Sobre ese fundamento puedo edificar una vida satisfactoria.»

> «Si fueras sabio, para ti lo serías...»
>
> (*Proverbios*)

22 DE ABRIL

En las reuniones de Al-Anon se oye a menudo esta pregunta: «¿Cómo puedo al mismo tiempo amar y odiar al alcohólico?». Ambos sentimientos constituyen una evidencia de nuestra preocupación personal por alguien; no amamos ni odiamos a las personas en quienes no tenemos interés. En cierto sentido, estos sentimientos son los dos lados de la misma moneda; el amor tiene la oportunidad de florecer en una vida compartida; el odio es el amor desfigurado por la desilusión y la desesperación.

El amor puede reemplazar al odio cuando logro alimentarlo con la esperanza y con la fe en la bondad inherente de otro ser humano.

Recordatorio para hoy

Quiero reconocer y apreciar las cualidades positivas y agradables del alcohólico, y no odiarlo a él sino a la enfermedad de la cual padece. El reconocimiento progresivo de que le aprecio como persona, puede restaurarle su confianza y estimación propias, y despertarle el deseo de alcanzar la sobriedad.

> «Con la palabra *amor* no quiero significar la ternura que existe en la gente por naturaleza. Concibo el amor como un principio más amplio del alma, basado en la razón y en la comprensión espiritual, que nos hace bondadosos y corteses con todos los seres que reconocemos como creaciones de Dios.»
>
> (William Law)

El sarcasmo se encuentra entre los muchos instrumentos que utilizamos para castigar al alcohólico o a cualquier otra persona que incurra en nuestra desaprobación. Es verdad que desahoga nuestras emociones reprimidas y, si nuestras observaciones son agudas, nos proporciona cierta satisfacción.

El sarcasmo, repugnante en sí mismo, se convierte en algo más repulsivo aún cuando descubrimos que su nombre proviene del verbo griego *scarzo*, que significa «desgarrar la carne». Es una ironía mordaz y cruel motivada por el desprecio.

Si alguna vez he empleado esta arma contra el bebedor, prometo no volver a hacerlo. No tengo derecho a despreciar a nadie, porque no sé qué le provoca la necesidad de comportarse de la forma que lo hace.

Recordatorio para hoy

Me esforzaré por poner suavidad en la firmeza y por añadir una nota de armonía en las relaciones con los demás en vez de desgarrar y destruir. Procuraré comprender que las heridas infligidas por el sarcasmo son difíciles de sanar, y pueden atrasar el tan anhelado mejoramiento de mi vida.

> «Busca el escarnecedor la sabiduría y no la halla, mas al hombre entendido la sabiduría le es fácil.»
>
> (*Proverbios*)

24 DE ABRIL

Ingresar en Al-Anon puede ser como entrar en un nuevo mundo. Comienzo a comprender que realmente puedo cambiar mi vida descartando el temor, la amargura y el resentimiento. Esto significa que no debo juzgar a otros de acuerdo con *mis* normas. Implica examinar y mejorar estas normas y vivir de acuerdo con ellas. Si me amargo, es porque culpo a otros de mi suerte: culpo al destino, o al alcohólico, o a Dios.

Sí, ingresar en Al-Anon y vivir de acuerdo con su programa puede proporcionarme un nuevo concepto de lo que es mi mundo, al ayudarme a verme a mí mismo con más claridad y al aceptar las sugerencias de Al-Anon destinadas a cambiarme a mí mismo en vez de querer cambiar a los demás.

Recordatorio para hoy

Nunca había admitido ante mí mismo que yo estuviera equivocado o que tuviera la culpa de algunas cosas que ocurrían. Me resultó violento enterarme de que en el programa de Al-Anon se espera que yo descubra mis propios defectos. Debo ser honrado conmigo mismo, para llegar a conseguir la serenidad.

> «Por el hecho de que una cosa te parezca difícil, no pienses que es imposible para otros. Pero todo lo que es posible para otros, piensa que tú también lo puedes realizar.»
>
> (Marco Aurelio)

El alcohólico es el único capaz de liberarse de la propensión a beber. El no alcohólico no puede forzarlo a desear la sobriedad, aunque muchos nos consideramos competentes para corregir una situación que provoca mucho sufrimiento.

Sin embargo, cuanto más trato de forzar esta situación, con lágrimas, reproches y amenazas, tanto peor se torna.

Al-Anon puede ayudarme a resolver este problema de una forma completamente distinta: enseñándome a reconocer y corregir mis intentos *equivocados* de forzar una solución.

La misma filosofía se aplica a los problemas que debemos afrontar después de que ha ocurrido la tan deseada sobriedad.

Recordatorio para hoy

Carezco de poder frente al alcohol y los efectos que ejerce sobre otra persona; no puedo llevar a nadie a la sobriedad, y tampoco soy responsable de la afición de otros a la bebida. El Primer Paso declara esto, y también me dice que debo reconocer que mi vida se ha hecho ingobernable. Mi primera tarea consiste en dirigir mi propia vida, ya sea que el alcohólico siga bebiendo o no.

> «Señor, ayúdame a encontrar paz mental dentro de mí mismo al unirme a tu poder y al seguir la dirección que me das. Este es el camino espiritual que me ayudará a escapar de mis dificultades, y es el único camino seguro.»

26 DE ABRIL

¿Qué es lo maravilloso de Al-Anon? Que nos ayuda a vernos como realmente somos. Al-Anon resulta admirable para los que desean conocerse a sí mismos, para los que son suficientemente íntegros como para reconocer sus propias faltas. Nos ayuda a examinar con valor y honradez nuestras buenas y malas cualidades. Al-Anon da buenos resultados a los que desean edificar sobre lo bueno y alejarse de lo malo, hasta que consigan desprenderse, uno por uno, de los engaños que les han impedido crecer hasta convertirse en la clase de personas que desean ser.

¿Qué deseo que Al-Anon haga por mí?

Recordatorio para hoy

Los Doce Pasos, los lemas, la Oración de la Serenidad y la afectuosa preocupación por otros miembros de Al-Anon... todo esto me ayudará si estoy dispuesto a colaborar. Mi parte en la tarea de rehabilitarme a mí mismo consiste en estudiar y practicar el programa, en meditar y orar, en asistir a las reuniones y en ayudar a otros a comprender el método de Al-Anon y a vivir de acuerdo con él.

> «El pueblo que andaba en tinieblas vio gran luz; los que moraban en tierra de sombra de muerte, luz resplandeció sobre ellos.»
>
> (*Isaías*)

27 DE ABRIL

Ciertamente hay un motivo de gozo cuando finalmente el alcohólico se hace sobrio. Sin embargo, muchos suponemos que esto significa que la felicidad ha llegado a nuestro hogar en forma permanente. La forma en que me afecte su sobriedad depende mayormente de cómo me adapte a ella. ¿Estoy listo para abandonar el papel dominante que mantenía mientras el alcohólico no era capaz de hacer frente a sus responsabilidades familiares? ¿Daré la bienvenida a su dedicación a AA, y su frecuente asistencia a las reuniones? ¿Cooperaré de verdad con este milagro al continuar resolviendo mis propios problemas emocionales en Al-Anon?

Recordatorio para hoy

Sé que el alcohólico va venciendo la propensión a beber y está creciendo espiritual y emocionalmente. Mi papel en nuestra relación mutua debe ser corregir mis propios errores de modo que, juntos, podamos crecer espiritualmente.

> «Al hacer nuevamente un inventario de mi personalidad, encuentro que ya no puedo seguir culpando a mi familiar alcohólico de mi debilidad espiritual, mi desasosiego y mi insuficiencia. Aceptaré mi parte de culpa al crear nuestras dificultades, porque he aprendido en Al-Anon que muchas de ellas se debían a mis propias imperfecciones.»

28 DE ABRIL

¿Tengo el valor de hacer frente a los problemas que el alcoholismo ha introducido en mi vida? ¿Puedo creer que mi situación realmente *no* es desesperada, y que soy capaz de mejorarla? ¿Logro permanecer gozoso cuando todas las cosas parecen empujarme hacia la desesperación?

Las respuestas *podrían* ser afirmativas si me niego a aceptar las responsabilidades que pertenecen al alcohólico y si en cambio se las dejo a él, sean cuales fueren las consecuencias. *Podría* vencer mi desesperanza al abrir los ojos ante los problemas de otras personas, los cuales a menudo son bastante peores que los míos. *Podría* contemplar el lado más alegre de la vida, si no estuviera siempre compadeciéndome de mí mismo. Con frecuencia la desesperación no es más que una máscara con que se disfraza la autocompasión.

Recordatorio para hoy

De ahora en adelante, todos los días practicaré lo siguiente:

1) Dejaré de ser una muleta para el alcohólico.
2) No me permitiré fijar mi atención en las características perturbadoras de mi existencia actual; trataré más bien de buscar lo bueno y positivo que haya en ella.
3) Recordaré que mi autorrespeto puede suprimir la necesidad de la autocompasión y de tener lástima de otros.

«... en quietud y en confianza encontraremos nuestra fortaleza...»

(*Libro de la oración común*)

Un poco de meditación en la palabra *perdonar* puede ampliar y profundizar grandemente nuestra comprensión de este término.

Se nos pide que perdonemos a los que nos perjudican. A menos que primero hayamos juzgado y condenado a esas personas por lo que han hecho, no habrá razón para que las perdonemos. Más bien tendremos que perdonarnos a nosotros mismos por haberlas juzgado.

La Biblia dice: «No juzguéis para que no seáis juzgados.» Erramos, pues, si juzgamos, no importa cuán grave haya sido el perjuicio o con cuánta premeditación haya sido hecho. Si seguimos esta línea de pensamiento hasta su conclusión lógica, vemos que podemos perdonarnos únicamente a nosotros mismos. Al hacerlo, también perdonamos a la persona cuya acción nos ha provocado resentimiento.

Recordatorio para hoy

La expresión «amarás a tu prójimo como a ti mismo» me dice que debo hacer las paces conmigo mismo antes de estar en condiciones de aprender a amar a otros. Debo tener presente siempre que no puedo conocer los motivos ni todas las circunstancias de otras personas; por eso debo aceptarlas, por mi propio bien, tales como son. Un ingrediente importante de esa aceptación es la tolerancia motivada por el afecto.

> «Padre, perdónalos, porque no saben lo que hacen.»
>
> (*Lukas*)

> «Y perdóname por juzgar y por vengarme. Ayúdame a perdonarme a mí mismo; sé que éste es el primer paso hacia la seguridad espiritual.»

30 DE ABRIL

Se dice que todo lo que la gente hace tiene un motivo egoísta. Los miembros de AA admiten abiertamente que su programa es egoísta. Y también lo es el nuestro.

Sabemos que al ofrecer Al-Anon a los que lo necesitan, a los que carecen de la confianza, el consuelo y la dedicación personal que nuestra hermandad proporciona, estamos contribuyendo a mejorar a la gente y hacerla feliz. Esto estimula en realidad un egoísmo *constructivo*.

Ya es hora de que abandonemos la connotación tan negativa que damos a esa palabra. La forma más elevada de egoísmo es darnos a nosotros mismos para que a la vez podamos ampliar nuestra comprensión y confianza. Las mejores recompensas proceden de ayudar a otros sin pensar en ninguna recompensa.

Recordatorio para hoy

Lo más importante que aprendemos en el programa de Al-Anon es que no podemos obtener nada a menos que demos. Y esto se aplica igualmente a todas las fases de la vida.

Los que no están dispuestos a servir al grupo, que no comparten su experiencia con quienes necesitan ayuda, es probable que terminen frustrados en sus intentos de resolver sus problemas.

> «Hay quienes tienen poco y lo dan todo. Estos son los creyentes en la vida y en la gracia de la vida; como resultado, sus cofres nunca están vacíos.»
>
> (Kahlil Gibran: *The Prophet*)*

Al-Anon, lo mismo que AA, está fundado sobre una base espiritual: el reconocimiento de nuestra dependencia de un Poder Superior a nosotros. Los miles de miembros de Al-Anon que hay en el mundo profesan diversos credos religiosos; pero, como grupo, no nos adherimos a ninguna religión en particular.

Tan sólo aceptamos la idea de que existe un Poder que es más importante que la individualidad de cada uno. Creemos que no podemos progresar sin confiar en un Poder Superior, y que debemos observar las normas éticas de conducta que son fundamentales en todas las filosofías espirituales. Podemos encontrar paz espiritual y un sentido de autorrealización únicamente si somos devotos a algo que esté por encima y más allá de nosotros.

Recordatorio para hoy

La comprensión de mi relación con Dios me mostrará que la humildad es un elemento esencial de la fe, y la verdadera humildad me recordará que el lema dice: «Vive y deja vivir.»

La fe en un Poder Superior también me puede ayudar a corregir mis errores. Si creo en un Poder Superior al mío, sería irrazonable que me comportara como si yo fuera omnisapiente.

> «Oro para pedir la dirección de mi Poder Superior en todo lo que haga. Sé que muchas de mis decisiones habrían podido ser más sabias si yo hubiera sido más receptivo a Su Dirección.»

2 DE MAYO [123

La mayor parte de los miembros de Al-Anon comprendemos la importancia de la oración. Tal vez «pensamos» una oración muchas veces al día: (Te agradezco, Señor, porque me ayudaste a realizar este trabajo. Te ruego que me enseñes a captar la belleza de las cosas comunes y usuales: un árbol, un niño, un amanecer. Asísteme para que no me perturbe la ofensa que he recibido, y muéstrame en qué estoy equivocado). Podemos orar en la mañana y en la noche a fin de pedir la dirección divina para realizar los cambios necesarios en nuestra vida; o bien podemos pedir luz para orientarnos en una situación comprometedora. La oración es la acción de dirigirnos afuera de nosotros mismos a fin de establecer contacto con un Poder Superior. Es reconocer nuestras limitaciones que hemos comprobado en nuestros esfuerzos fallidos por encontrar paz y seguridad.

Recordatorio para hoy

La oración es el contacto que establezco con Dios mediante mis pensamientos. Es una poderosa medicina para el espíritu. Las oraciones que se elevan para pedir el socorro divino son probablemente las más poderosas de todas, siempre y cuando yo mantenga una actitud receptiva y esté dispuesto a obrar de acuerdo con la inspiración que el Poder Superior me proporcione.

> «La oración genuina de alguna manera confiesa nuestra absoluta dependencia de Dios. Por lo tanto, es un contacto profundo y vital con Él... Al orar es cuando realmente somos.»
>
> (Thomas Merton: *No Man Is an Island*)*

3 DE MAYO

El siguiente relato se refiere a un hombre que se dedicaba a ayudar a familiares de alcohólicos. En una ocasión se le invitó a hablar en una importante reunión de Al-Anon, que distaba mil kilómetros de su hogar. Pero poco antes de ese acto, había perdido a su amada esposa. Quienes le habían pedido que les dirigiera la palabra pensaron que él no estaría dispuesto a hacerlo después de haber experimentado una pérdida tan grande. Pero él fue de todos modos.

A uno de los miembros de Al-Anon que le presentó su condolencia, le dijo: «Permítame contarle la historia de una dama inglesa que vivió en el tiempo de los bombardeos de la Segunda Guerra Mundial. Su esposo había muerto repentinamente, y su consejero espiritual había ido a participarle esta mala noticia. Después de saludarlo, ella le preguntó: '¿Me trae Ud. malas noticias, puesto que viene en este momento desacostumbrado del día?' Contestó el clérigo: 'Así es'. Volvió a inquirir ella: '¿Es acerca de mi esposo? ¿Ha muerto?' Repuso el pastor: 'Sí, y lamento traerle tan malas noticias…' Ella lo interrumpió para decirle: 'Tenga la bondad de pasar; le prepararé una taza de té.' Cuando él la miró asombrado, ella explicó: 'Mi madre me enseñó, cuando yo era una niñita, que cuando me ocurriera algo terrible, yo debería pensar en *lo que estaría haciendo si eso no hubiera pasado, y lo llevara a cabo*'.»

Nuestro orador presentó una plática inspiradora que además conmovió a los miembros de Al-Anon. Todos quedaron admirados de su capacidad para sobreponerse a su gran tristeza, pero pocos advirtieron que él la había destilado hasta convertirla en inspiración para ellos.

4 DE MAYO [125

En cierto sentido, todo lo que me ocurre es un don de Dios. Puedo resentirme a causa de los chascos, y rebelarme contra una serie de infortunios que considero castigo inmerecido. Pero con el tiempo llegaré a comprender que aun los infortunios pueden ser dones instructivos. Me enseñan que muchos de mis castigos provienen de mí mismo. Por alguna razón que no alcanzo a comprender, mi sufrimiento *podría ser* el resultado de mis propias actividades, de mis acciones o de mis descuidos.

Este enfoque espiritual de mi problema puede elevar mis pensamientos a un nivel en que yo logre obtener nuevas perspectivas y encontrar soluciones que imaginaba no eran posibles.

Recordatorio para hoy

Todos tendemos a rebelarnos contra nuestra infelicidad; tratamos de comprender, pero nos ofendemos por lo que no entendemos. La rebeldía tan sólo amontonará una frustración sobre otra hasta tanto soltemos las riendas y las entreguemos a Dios para que él dirija nuestros asuntos.

> «Cuando un hombre de buena voluntad se siente perturbado o tentado, o afligido por malos pensamientos, entonces es cuando mejor puede comprender cuán grande es su necesidad de tener fe en Dios.»
>
> (Tomás de Kempis)

Tengo más razones para estar agradecido de las que reconozco. Con frecuencia olvido pensar en todo lo que podría apreciar y de lo cual podría disfrutar.

Probablemente no dedico tiempo a esta importante meditación porque estoy muy preocupado en analizar mis infortunios. Permito que se me ofusque la mente con las ofensas y los agravios recibidos, y cuanto más pienso en ellos, tanto más grandes me parecen. Me dejo dominar por pensamientos negativos que pueden extraviarme a menos que cambie su dirección y los encauce por senderos más luminosos.

Recordatorio para hoy

El crecimiento espiritual requiere cada día un período dedicado a la meditación. Controlo «los momentos de reflexión.» Si pienso en lo que hay de bueno en mi vida, las ideas positivas aumentarán cada día y echarán fuera la conmiseración y el resentimiento por lo que me falta y por lo que me perjudica. Repentinamente descubriré que soy capaz de utilizar la ayuda de Dios en la dirección de mi vida a fin de alcanzar la serenidad.

> «Dios nos ha dado los medios con que soportar las cosas que nos sobrevienen sin dejarnos deprimir ni aplastar. Entonces, ¿por qué nos sentamos a quejarnos, ciegos ante el Dador, sin reconocer sus bondades?»
>
> (Epicteto)

6 DE MAYO

Aunque no se acude a Al-Anon para conseguir que el alcohólico deje de beber, es verdad que la afiliación de algún familiar a Al-Anon ha sido un factor importante en la recuperación de muchos alcohólicos.

Sin embargo, nuestra preocupación es el mejoramiento propio. Por este motivo no comentamos las acciones y faltas de nuestros cónyuges, sino que nos limitamos a dominar las tensiones y ansiedades que surgen en nuestra propia situación. Los que formamos parte de la familia de un alcohólico, experimentamos temores y frustraciones; nos sentimos derrotados, sin esperanza y airados, y todo eso teñido por *un sentido de culpabilidad.*

Cuando comprendemos que el alcoholismo es una enfermedad, y que *no somos responsables de ella*, podemos dominar nuestros propios sentimientos de culpa y hostilidad. Esto con frecuencia mejora la situación familiar.

Recordatorio para hoy

Durante los análisis realizados en nuestro grupo, evitamos expresar largas quejas acerca del mal comportamiento del alcohólico, porque ello no fomenta nuestro crecimiento. Estamos en Al-Anon para desprendernos de nuestros sentimientos de culpa y hostilidad. Podemos encarar mejor los problemas cuando el corazón y la mente no están recargados con emociones negativas.

> «... entonces desaparecerán todas las vanas fantasías, las confusiones y las perturbaciones superfluas.»

El propósito más importante de Al-Anon consiste en socorrer a los que viven en un ambiente alcohólico. Para conseguirlo, compartimos entre nosotros nuestra experiencia, nuestra fortaleza y nuestra esperanza.

Lo que no hacemos, y lo que nunca debiéramos hacer, es compartir las cargas mutuas, sean éstas financieras o emocionales. A veces ocurre que un miembro, impulsado por sentimientos de amistad y simpatía, asume las responsabilidades de otra persona: satisface necesidades, presta dinero o aconseja acciones decisivas o irrevocables.

Esto no es ayudar. Asistimos mejor a otros cuando los inspiramos a *plantearse sus propios problemas y a resolverlos*. De otro modo, los privamos de la oportunidad de adquirir experiencia y fortaleza mientras superan ellos mismos sus dificultades.

Recordatorio para hoy

Necesito y deseo la inspiración y el apoyo emocional de los que forman parte de mi grupo, pero no me *apoyaré* en ninguno para recibir ayuda. Quiero hacer frente a mis propios problemas, y no pasarlos a otros. Tampoco *interferiré* en la vida de nadie más, aunque esté motivado únicamente por el deseo de ayudar.

> «Hay peligro en cumplir el deber de otro: el riesgo de descuidar nuestro propio deber, y de privar a los demás de lo que podrían aprender al tratar de encontrar sus propias soluciones.»

8 DE MAYO

La libertad es uno de los diversos dones que se nos ofrecen en Al-Anon. Cuando ingresamos en Al-Anon, somos prisioneros de nuestra propia confusión y desaliento. Aplicar el programa nos ofrece liberación a medida que aprendemos a comprender la verdadera naturaleza de nuestra situación. Los dones de Al-Anon tienen un precio; la libertad, por ejemplo, puede alcanzarse únicamente al costo de lo que llamamos *aceptación*. Si podemos aceptar el Primer Paso, somos liberados de la necesidad de controlar al alcohólico. Si nos sometemos a la dirección de Dios, tenemos que renunciar a la terquedad, tan valiosa para nosotros que pensábamos que siempre podíamos dominar. Nos toca decidir si librarnos de nuestra desesperación vale todo esto. La mayoría creemos que sí.

Recordatorio para hoy

El éxito con el programa de Al-Anon exige que pensemos, honrada y profundamente, acerca de nuestra actitud, y que evaluemos nuestras palabras y acciones. Cuando la actitud cambia de la hostilidad al perdón, de la violencia a la tranquila aceptación, nuestras palabras y acciones cambian igualmente.

> «La libertad tiene diversas facetas, pero principalmente nos libra de muchas cosas que nos han estado perturbando y derrotando. Oramos para obtener esta libertad.»

Cuando una esposa, miembro de Al-Anon, ventila sus agravios y resentimientos en una reunión, y explica «lo que *ella* hizo por lo que *él* hizo», es muy posible que podamos reconocer sus motivos más claramente que ella misma. Captamos la amargura, la autocompasión y el autoengaño que han levantado una barrera entre ella y la realidad. El sufrimiento es real; pero nos preguntamos cuánto de ese padecimiento ha sido causado por ella misma. Puede haber sido provocado por su terca resistencia a dejar de dominar al bebedor. O bien, sin quererlo, ella quizá tergiversa y exagera lo que el alcohólico dice y hace.

Recordatorio para hoy

Examinaré con honradez y minuciosidad mis motivos personales, porque necesito pensar profundamente en mis actitudes y acciones.

Si estoy confundido, preocupado, exasperado o frustrado, ¿racionalizo la situación y le echo la culpa a otros? ¿O bien puedo admitir honradamente que se trata de mi propia culpa? Mi paz mental depende de que yo venza mi actitud negativa. Debo tratar, día tras día, de ser honrado conmigo mismo.

> «Culpamos a los demás de cosas insignificantes, pero pasamos por alto nuestros grandes defectos. No vacilamos en captar y en sopesar los sufrimientos que otros nos causan, pero no nos importa lo que los demás puedan sufrir por culpa de nosotros.»
>
> (Tomás de Kempis)

10 DE MAYO

Cuando oímos que un miembro de Al-Anon dice: «Apártese de su problema», reaccionamos de diversas formas. Podemos pensar con rebeldía: «¿Cómo pueden ellos esperar que yo me disocie de mi cónyuge? Estamos unidos, y por ello me encuentro comprometido, lo quiera o no.»

Eso es verdad, pero hay compromisos que únicamente pueden empeorar nuestras dificultades. Nos creamos dificultades cuando obstaculizamos las actividades del alcohólico y tratamos de averiguar dónde está, qué está haciendo, en qué gastó su dinero. La sospecha, la búsqueda y el acecho tan sólo nos mantendrán en estado de agitación, y empeorarán la situación en vez de mejorarla.

Recordatorio para hoy

Lo que deseamos saber lo sabremos sin realizar ninguna acción inquisitiva. Ésta es una verdad espiritual básica, implícita en nuestro lema que dice: «Suelta las riendas y entrégaselas a Dios.» Cuando realmente haya necesidad de realizar alguna acción, como cuando ocurra una crisis, entonces estaremos mejor preparados para la emergencia.

> «El que disfruta de perfecta paz no sospecha de nadie; pero el que vive con descontento y desasosiego, abriga toda clase de sospechas; no vive tranquilo él mismo, ni tampoco deja que otros vivan en paz.»
>
> (Tomás de Kempis)

¿Cuál es el mayor obstáculo que me impide alcanzar la serenidad? La *determinación*—la inflexible resolución de que *soy capaz* de hacer algo acerca de cualquier cosa. Esos mismos sentimientos que me impulsan a prepararme para la batalla, pueden derrotar mis mejores propósitos antes de haber tenido oportunidad de realizarlos. Una vez tras otra, de cien formas diferentes, aprendo en Al-Anon que debo «soltar las riendas.» Nada constructivo haré para mí mismo al vengarme por las ofensas recibidas del alcohólico. Dios no me ha dado la facultad de tomarme el desquite ni de hacer que otros «paguen» por lo que me han hecho. Aprenderé a aflojar mi terca preocupación por los detalles de mis sufrimientos, y permitiré que las soluciones vayan apareciendo por sí mismas.

Recordatorio para hoy

Soy tan sólo una pieza insignificante en la maquinaria del universo; por lo tanto, mi intento de hacer que las cosas funcionen de acuerdo con mi propia voluntad está condenado al fracaso. Me espera un éxito magnífico y sereno cuando aprenda a «soltar las riendas.» Entonces tendré tiempo para considerar mis propias bendiciones, para tratar de corregir mis defectos y disfrutar de cada minuto de cada día.

> «¿Qué daño podría causarte si tú lo dejas pasar y no te preocupas de ello? ¿Podría siquiera arrancarte un solo cabello de la cabeza?»
>
> (Tomás de Kempis)

12 DE MAYO

Probablemente lo primero que esperamos aprender en Al-Anon es cómo conseguir que el alcohólico deje de beber. Ésta es una idea difícil de desarraigar; pero el éxito que tengamos en Al-Anon depende completamente de que comprendamos que la sobriedad de nuestro cónyuge no es asunto nuestro, por más que su ebriedad afecte nuestra vida.

El personaje principal con el cual tengo que relacionarme en mi actuación en Al-Anon soy yo mismo. En mí es donde los cambios deben ocurrir a fin de que el panorama se transforme de oscuro en rosado. Nuestra actuación en Al-Anon en relación con *nosotros mismos,* con frecuencia hace que el alcohólico *desee* alcanzar la sobriedad y que la consiga. Eso es tan sólo una magnífica prima por nuestra dedicación al programa de Al-Anon.

Recordatorio para hoy

Dejaré de preocuparme por lo que debo hacer con el alcohólico, y comenzaré a pensar en mí mismo. ¿Qué puedo hacer para mejorar mi vida, para restaurar mi plena participación en las actividades de la vida? Me preguntaré cuáles son los defectos que me impiden progresar y qué puedo hacer para librarme de ellos. En esto consiste la parte central del programa de Al-Anon, y produce resultados satisfactorios.

> «Señor, ayúdame a aceptar el hecho de que carezco de poder sobre el alcohol y sus efectos. Dirigiré mis esfuerzos a mejorar la única vida sobre la que tengo dominio: la mía propia.»

¿Qué hace que finalmente el cónyuge de un alcohólico vaya a Al-Anon en busca de ayuda? Una razón importante es su necesidad de seguridad, de *saber* que no tiene la culpa del hábito del alcohólico. Sabemos que estamos siendo «despedazados», generalmente por los sentimientos de culpabilidad y por el autorreproche del bebedor. Esto nos ha dejado sin un ápice de estimación propia. Llegamos a Al-Anon como personas insignificantes, pero con el deseo de llegar a ser alguien. No se trata de que andemos buscando aprobación y alabanza de los demás, sino de que necesitamos tener la seguridad íntima de que somos adecuados y dignos de respeto. Nos es preciso saber que tenemos derechos como individuos, por mala que sea la situación de nuestro hogar.

Recordatorio para hoy

La restauración de la estimación propia es una de las funciones más importantes de Al-Anon. No recomienda que tengamos un concepto exageradamente elevado de nosotros mismos; no obstante, al ayudarnos a vernos tales como realmente somos, nos enseña a ordenar nuestras buenas cualidades para edificar sobre ellas una personalidad más fuerte y mejor.

> «Estoy agradecido por lo que Al-Anon está realizando por mí. Me siento aliviado al saber que puedo tener una imagen más clara de mí mismo que la que tenía cuando llegué, y que debo respetarme y apreciarme como persona antes de poder comenzar a crecer espiritualmente.»

14 DE MAYO

Un antiguo amigo de AA, el Dr. Harry M. Tiebout, explicó magistralmente la diferencia entre *sumisión* y la idea de *entrega* que se encuentra implícita en el primero de los Doce Pasos.

«En la sumisión—dijo él— una persona acepta la realidad de forma consciente, pero no inconscientemente. Acepta como un hecho práctico que en el presente no puede dominar la realidad, pero en su inconsciente permanece este sentir: 'Ya llegará el día...'. Esta no es una aceptación genuina, porque la lucha continúa en un nivel subconsciente. Esta entrega temporal hace que persistan las tensiones. Pero cuando la capacidad de *aceptar* funciona a nivel inconsciente como una *entrega*, entonces no queda ningún vestigio de lucha; en cambio, hay relajación y liberación de las tensiones y conflictos.»

Recordatorio para hoy

Al-Anon me dice que la aceptación total de mi incapacidad para cambiar al alcohólico, en realidad puede crear una nueva vida para mí. Cuando suelto las riendas y dejo de ocupar el lugar de Dios, entonces comienzan a ocurrir milagros, porque en ese momento mi Poder Superior tiene la oportunidad de corregir lo que me había parecido irremediable.

> «La aceptación parece ser un estado mental en el que el individuo está dispuesto a recibir más bien que a rechazar y resistir; es capaz de aceptar las cosas, de colaborar y de mostrarse receptivo.»
>
> (Dr. Harry M. Tiebout)

«Lo que me resulta más difícil de aprender—dijo un miembro en una reunión de Al-Anon— es dejar de pensar en que soy capaz de descubrir por qué mi cónyuge obra de la forma como lo hace. Casi automáticamente llego a conclusiones falsas en relación con sus actividades y motivos. Sé perfectamente que no puedo leer sus pensamientos y que lo que le atribuyo, probablemente es erróneo. Hasta sus peores momentos, las ocasiones en que me siento exasperado hasta la furia, podrían ser para él tan sólo los menos felices. ¿Pero cómo puedo saber? ¿Cómo juzgo?

«Nadie, fuera de Dios, es capaz de comprender lo que ocurre en otra persona. No tratemos de ponernos en el lugar de Dios, ¡y ni siquiera en el de un psiquiatra!, en nuestra relación con nuestros cónyuges afligidos. No los examinemos como lo haríamos con un insecto bajo un lente de aumento. Quiero recordar siempre que cada ser humano debe ser respetado por su propia individualidad, no importa cuán derrotado parezca estar en algunas ocasiones.»

Recordatorio para hoy

Desde hoy en adelante examinaré el papel que desempeño en mi confusión y desesperación. Si lo hago honradamente, llegaré a comprender que no estoy libre de culpa, y que en mí hay mucho que debe cambiarse.

> «¿Cómo podría él pensar como yo, o actuar como yo actúo? Recordaré día tras día, amor mío, que yo soy yo y tú eres tú.»

16 DE MAYO

En Al-Anon se nos insta a mantenernos en contacto con los demás miembros entre una reunión y otra. Cuando me siento deprimido y receloso me resulta de mucha ayuda conversar con mi Padrino, o con otro miembro. Pero debo exponer con toda claridad lo que deseo. ¿Busco consuelo y rectificación de mis pensamientos, o espero consejos para superar una grave crisis personal? No puedo echar sobre otro la responsabilidad de decirme qué debo hacer. Nadie puede tomar las decisiones por mí. Si éstas me parecen demasiado difíciles, acudiré a mi Poder Superior en busca de dirección. Meditaré, oraré y me mantendré receptivo en espera de la respuesta.

Recordatorio para hoy

Cuando crea que debo dar un paso radical e irrevocable, ¿no debiera cerciorarme de que mi motivo no es el resentimiento, ni el odio, ni el enojo? Recordaré que cuando haya adoptado una decisión radical, no habrá modo de retroceder. ¿No debiera tratar nuevamente, con la ayuda de Dios y de Al-Anon, de mejorar mi propia capacidad para resolver mis problemas?

> «Sea cual fuere mi aflicción presente, sé que Dios me ha dado la capacidad de poner orden en mi propio mundo.»

17 DE MAYO

Cuando estoy enfermo, tomo la medicina recetada por el médico. Cuando me encuentro apenado y afligido, necesito un tratamiento aún con mayor urgencia. Para vivir con un alcohólico y con mi propia respuesta neurótica a esa situación, se requieren remedios espirituales y emocionales que Al-Anon puede proporcionarme. Al comienzo no comprendo cuánto necesito el programa de Al-Anon, pero al ver que otros han sido curados de su desesperación, me siento dispuesto a aceptarlo.

La gente se priva de un gran beneficio cuando rechaza ciegamente la orientación continua de Al-Anon. Aun cuando el alcohólico haya alcanzado la sobriedad, a su cónyuge todavía le hace falta apoyo espiritual. Se beneficiará notablemente si toma la «medicina» hasta que pueda experimentar sus efectos benéficos.

Recordatorio para hoy

Si llego a sentir alivio de mi tormento y si sigo disfrutando de momentos de inspiración al ver cuánto mejor me siento después de haber sido guiado por este camino espiritual de la recuperación, no abandonaré fácilmente a Al-Anon. Todos aprendemos, tarde o temprano, que su programa puede aplicarse a todos los aspectos de la vida, ahora y en el futuro.

> «Es consolador saber que no necesitaré enfrentar mis problemas sin la ayuda de Al-Anon.»

18 DE MAYO [139

Cierta vez una dama llegó a Al-Anon en busca de la fórmula para conseguir que su esposo dejara de beber. Sabía mucho acerca del alcoholismo, pues había leído muchos libros al respecto. Ahora quería probar a Al-Anon.

Después de asistir a las reuniones durante seis meses y tras leer todas las publicaciones de Al-Anon, ella hablaba con mucha soltura acerca del programa; pero estaba convencida de que podía aplicarlo a su manera.

También asistía a las reuniones generales de AA y se hizo amigos, que presentó a su esposo (cuando él estaba en condición de acompañarla a las reuniones). Con el tiempo, consiguió una cantidad de Padrinos para su marido. Cada día llamaba a alguno de ellos para recordarle que a su vez llamara a su esposo, para que fuera a conversar con él o que lo llevara a una reunión privada de AA.

Entre todos, arrastraban a este pobre hombre a siete reuniones por semana, y él convenía con todo el mundo en que AA era algo maravilloso. Quedó convertido en un títere mecanizado, accionado por la terca voluntad de su esposa. Pero los Padrinos se retiraron cuando descubrieron que ella había organizado con ellos una gran operación de Padrinos.

A ella no le faltaba ingenio. ¡Todo lo contrario! Pero su esposo seguía bebiendo. Esa era la única forma en que ese pobre hombre podía escapar del terrible control doméstico de su esposa.

19 DE MAYO

El recién llegado a Al-Anon busca soluciones para su problema. Sus preguntas con frecuencia comienzan con estas tres palabras: «QUÉ PASARÍA SI…» *¿Qué pasaría si* perdiéramos la casa? *¿Qué pasaría si* llegara a tener un accidente? *¿Qué pasaría si* quedara fuera de la casa toda la noche, si perdiera su trabajo, si se enredara en peleas, si fuera a la cárcel? ¿Qué pasaría si…?

En Al-Anon llamamos a esto «proyectar», es decir, tratar de imaginar lo que podría suceder. El futuro, aun tan cercano como el día de mañana, es un libro cerrado. No podemos saber lo que nos depara, y cuanto más tememos el desastre, tanto más lo atraemos. El hecho de que el pasado haya sido infeliz, no es razón para que el futuro también lo sea. Esto es algo que sólo Dios sabe, y haríamos bien en confiar en su amante sabiduría y en desarraigar todos nuestros pensamientos que indican que «las cosas no pueden mejorar.»

Recordatorio para hoy

El hecho de contemplar el futuro con confianza constituye una garantía de salud mental y física. Cuando cultivamos emociones positivas, nos preparamos para enfrentar chascos cuando éstos se presenten. El anticiparse en forma negativa tan sólo aumenta el impacto de los incidentes desagradables. ¡Mejoremos nuestra perspectiva!

> «'Me ha acontecido precisamente lo que más temía', dice la Biblia. No consideraré como reales, problemas que tal vez nunca se presenten.»

20 DE MAYO [141

En AA se dice que el alcohólico que se concentra en el estudio y la aplicación de los Doce Pasos progresará notablemente en el programa.

Esto es igualmente cierto en Al-Anon. También nos es preciso pasar cierto tiempo cada día contemplando la luz maravillosa con que los Pasos iluminan todos nuestros problemas. El alcohólico y el no alcohólico no limitan sus aspiraciones tan sólo al anhelado estado de sobriedad. Ésta constituye sólo el comienzo. Los Pasos son una guía hacia una vida satisfactoria total. Al no comprender lo que los Pasos pueden hacer por nosotros, nos privamos de un notable beneficio.

Recordatorio para hoy

Cuando leo uno de los Pasos, y pienso profundamente en su contenido, descubro que es una avenida hacia un nuevo conocimiento. Cuando vuelvo a leer ese mismo Paso, de nuevo me proporciona renovadas ideas espirituales. Pareciera como si los Pasos escarbaran en nuestra conciencia y desenterraran un prodigioso potencial para el bien en nuestra relación con la vida.

> «Si yo dispusiera cada día de tan sólo media hora para estar a solas conmigo mismo, la dedicaría al estudio de los Doce Pasos hasta que finalmente éstos se convirtieran en una parte integral de mi pensamiento.»

Algunas veces un impaciente recién llegado a Al-Anon, pide consejos a una cantidad de personas y, para obtener distintos puntos de vista acerca de sus dificultades, consulta una vez tras otra a diversos miembros. A esta clase de personas aconsejamos lo siguiente: «Consígase *un* Padrino, y deje de confundirse tratando de coordinar demasiadas opiniones.»

Esta persona quiere aprender todo de una vez, porque le urge poner en acción la magia de Al-Anon. Supone, por cierto, que tendrá suficiente sabiduría como para elegir, entre muchas opiniones, la que mejor se aplica a *su caso;* pero su forma misma de proceder demuestra que es incapaz de tomar una decisión acertada. Necesita avanzar con calma, «soltar las riendas» y no complicar las cosas.

Recordatorio para hoy

Aun cuando un miembro de Al-Anon encara el programa de forma confusa o negativa, puedo extraer de ello una lección. Uno solo de los Doce Pasos, un solo lema o la Oración de la Serenidad, usados constantemente, pueden aclarar mi pensamiento y ayudarme a resolver mi problema de la forma más conveniente.

> «Que no se me confunda el pensamiento al escuchar demasiadas opiniones; que yo pueda considerar cada una por separado para ver si puede servirme.»

22 DE MAYO [143

«Para aprovechar bien el programa de Al-Anon—dijo cierta vez un orador—*Manténgalo simple.*» No hay nada de complicado en la obra de Al-Anon, porque su único propósito consiste en ayudarnos a eliminar los puntos ásperos de nuestra vida; y eso puede conseguirse únicamente practicando el lema que dice: *Un día a la vez.*

«¿Comprenden lo que deseo decirles?»—continuó el orador. Los dos lemas repetidos anteriormente—*Manténgalo simple* y *Un día a la vez*—forman parte de nuestra terapia practicada en Al-Anon.

«Repasemos los otros lemas y veamos cómo ayudan a producir una actitud sosegada. 'Hay que desechar toda actitud porfiada, el apresuramiento y la irritación', dice Al-Anon a sus miembros confundidos y cansados de luchar.

«Éstos son los grandes principios que ayudan a aflojar las tensiones: *Suelta las riendas y entrégaselas a Dios; Hazlo con calma; Vive y deja vivir; Primero, las cosas más importantes.*»

Recordatorio para hoy

Cada día, y especialmente en momentos de tensión, recordaré que debo soltar las riendas y actuar con calma. Comprenderé que aun cuando no haga nada con respecto a mis problemas, estaré practicando de forma activa la idea de Al-Anon.

«La marcha lenta te hará llegar primero.»

(Hoagy Carmichael)

El enunciado sencillo del Primer Paso abarca toda una filosofía de la vida. Podrían escribirse libros enteros acerca del tema de la entrega personal sugerida por las primeras nueve palabras: «Admitimos que éramos incapaces de afrontar solos el alcohol.» El resto representa nuestro reconocimiento de que todavía no hemos aprendido a ocuparnos sabiamente de nuestros asuntos: «...y que nuestra vida se había vuelto ingobernable.» El Primer Paso nos prepara para una nueva vida, la cual podemos realizar únicamente si soltamos las riendas de lo que no podemos controlar y si decidimos vivir un solo día a la vez, a fin de emprender la tarea monumental de ordenar nuestro mundo, cambiando nuestra propia manera de pensar.

Recordatorio para hoy

Aplicaré la sabiduría del Primer Paso, no solamente a mis relaciones con el alcohólico, sino a mi trato con todas las personas y a todos los acontecimientos de mi vida. No intentaré dirigir ni controlar lo que claramente escape a mis posibilidades. En cambio, me dedicaré a gobernar mi propia vida, y únicamente la mía.

> «Hay un solo rincón del mundo que usted puede tener la seguridad de mejorar, y es su propio yo.»

24 DE MAYO [145

El Primer Paso me dice que carezco de poder sobre el alcohol, puesto que fui incapaz de mantener al bebedor alejado de la bebida. También sugiere que la confusión que surge de esta incapacidad ha introducido en mi vida situaciones que no son fáciles de soportar. Luego, en el Segundo Paso, encuentro que los Doce Pasos son una cadena de eslabones muy estrechamente unidos que me dará una comprensión clara de mi situación.

Dice: «Llegamos a creer que un Poder Superior a nosotros podría devolvernos el sano juicio.» Esto significa que, aunque no seamos capaces de ayudarnos a nosotros mismos, de todos modos hay una ayuda a nuestro alcance. También debo admitir que mi propia conducta no era juiciosa. Esto constituye una invitación a la humildad, sin la cual no podría haber progreso.

Recordatorio para hoy

La entrega a un Poder Superior, y la humildad que permite realizar esa entrega completa, constituyen el primer movimiento que debemos realizar para encontrar alivio de una condición intolerable. Si estoy dispuesto a hacer mi parte, puedo confiar en mi Poder Superior para hacerme ver las soluciones y para restaurar en mí la paz y el orden.

> «El consuelo y un espíritu sereno son las recompensas de los que confían en Su ayuda.»

¿Por qué hago lo que hago? ¿Por qué digo lo que digo? ¿Por qué postergo la realización de una tarea urgente? Preguntas como éstas que puedo formular acerca de mí mismo en un momento de tranquila reflexión, exigen respuestas honradas. Puede ser que deba pensar profundamente antes de contestarlas. Debo pasar por alto la tentación a la autojustificación, las «razones» que no están de acuerdo con la verdad. Me digo a mí mismo que el autoengaño únicamente puede perjudicarme al presentarme una imagen brumosa e irreal de la persona que realmente soy.

Cuando me haya formulado las respuestas, entonces habré iniciado un buen comienzo en la tarea de desarraigar algunos de los defectos que bloquean mi camino en la búsqueda de serenidad.

Recordatorio para hoy

Sólo si tengo una idea clara de la clase de persona que soy, si llego a conocerme a mí mismo, puedo prepararme para poner en práctica mis determinaciones. Sé que debo reconocer mis defectos, pero también he de aceptar mis buenas cualidades, porque éstas constituyen el fundamento del crecimiento espiritual.

> «Para decidir bien, debo desarrollar una comprensión madura y prudente de mí mismo, a fin de reconocer mis verdaderos motivos e intenciones.»
>
> (Thomas Merton: *No Man Is an Island*)*

26 DE MAYO

Oímos hablar de los alcohólicos que «tienen un desliz» y repentinamente vuelven a la bebida después de un período de sobriedad. Lo deploramos cuando esto ocurre en nuestra familia, y la mayoría de nosotros debemos confesar que culpamos con enojo al alcohólico por haber recaído. Sin embargo, si pienso en esto en términos de una «recaída», recordaré que el alcoholismo es una enfermedad que no queda curada cuando se establece la sobriedad. No puedo culpar al alcohólico por recaer en el hábito de la bebida, más de lo que podría culpar a otro enfermo por una recaída.

Yo también tengo recaídas con respecto a las normas de Al-Anon que he tratado con esfuerzo de aplicar a mi vida. Cuando caigo en mis hábitos antiguos de autocompasión y de crítica, mi recaída es tan involuntaria y digna de perdón como la del alcohólico.

Recordatorio para hoy

Los malos momentos pasarán, si no los magnifico hasta convertirlos en tragedias. Un antiguo canto popular dice: «Levántate, sacúdete el polvo y comienza de nuevo.» La forma de pensar de Al-Anon puede ayudarme a aceptar estas frustraciones con ecuanimidad y a ponerme en camino hacia un mañana mejor.

> «Me pregunto si los no alcohólicos nos hemos dado cuenta de que una recaída es mucho más dolorosa para el alcohólico que para nosotros. ¡No la empeoremos!»

A veces nos parece que nuestros problemas son más de lo que podemos soportar. Estamos tan sumergidos en ellos que nos resulta imposible imaginar una solución. Querer apartar nuestro pensamiento de esta condición frenética, sería lo mismo que si tratáramos de levantarnos tirándonos de las correas de los zapatos.

Sin embargo, es posible escapar de cualquier condición difícil si aprendemos a utilizar la palanca provista por la ayuda de Dios. Ésta siempre está a nuestro alcance, lista para darnos el impulso que necesitamos. Cuando decidimos utilizarla, entonces alcanzamos *a ver más allá de las apariencias.* En Al-Anon decimos que esto es mirar en *perspectiva* a nuestras dificultades en lugar de fijar en éstas nuestros pensamientos.

Recordatorio para hoy

No importa qué ocurra hoy, pensaré en ello como si fuera un desafío que soy perfectamente capaz de enfrentar. Si se trata de algo bueno lo recibiré, agradecido, como un don especial. Pero si no es bueno, lo encararé lo mejor que pueda, sabiendo que pasará si no le permito abrumarme. No dejaré que lo bueno me tome complaciente, pero tampoco dejaré que lo que no es bueno me ahogue en la desesperación.

> «Las cosas no siempre salen como uno quiere. Aceptemos el chasco con serenidad; cultivemos el don del silencio cuando hablar podría agravar la dificultad.»

28 DE MAYO [149

El gran peligro de admitir el resentimiento consiste en que a menudo nos conduce a la venganza. Nos sentimos justificados cuando nos tomamos el desquite y pagamos con la misma moneda a los que nos han ofendido.

Pero, ¿cómo podría yo castigar con justicia a alguien por lo que me ha hecho, cuando no puedo comprender sus intenciones ni motivos? Tal vez el daño causado no era intencional; probablemente somos demasiado quisquillosos, o bien, como en el caso del alcohólico, la mayoría de nosotros hemos sufrido a causa de la falta de bondad de otros. En Al-Anon se nos ha dicho con frecuencia que la conducta del alcohólico hacia su familia es en realidad el contragolpe de su propio sentido de culpabilidad y del aborrecimiento de sí mismo.

Recordatorio para hoy

Nadie me ha dado el derecho a castigar a otra persona, por ningún motivo; nuestro Poder Superior se ha reservado ese derecho: «Mía es la venganza, dice el Señor.» Por lo tanto, cualquier intento que yo realice para desquitarme por una ofensa recibida, sólo me acarreará infelicidad.

> «En la naturaleza no hay recompensas ni castigos: hay consecuencias.»
>
> (Robert G. Ingersoll)

No resulta fácil captar la idea del «desprendimiento emocional» enseñado por Al-Anon. Se nos dice que debemos desprendernos del problema, pero no del alcohólico que sufre. Sin embargo, cuando nos sobreviene un desastre tras otro, resulta difícil distinguir entre ambos.

Algunos procuran apartarse resolviendo estoicamente no hablar. Pero su silencio lleno de amargura y enojo, grita más fuerte que las palabras. Nos produce daño; le proporciona al alcohólico un motivo para quejarse, y no sirve para comunicar nuestro amor y compasión.

Otros buscan las distracciones con tanto ahínco que descuidan sus deberes importantes: hacia la familia y el hogar, incluyendo al alcohólico.

Recordatorio para hoy

Desprender la mente del problema. Puede promover nuestro crecimiento espiritual y disminuir el sentido de culpabilidad no reconocida que llevamos constantemente. Puede desviar la mente de lo que hace el cónyuge alcohólico. Tal desprendimiento nos hace concebir cada día como una oportunidad para liberarnos del recuerdo constante de haber sido heridos, lo cual es una mezcla de resentimiento y autocompasión.

> «Cuando aparto la mente de lo que me preocupa, mis problemas con frecuencia se resuelven solos. O tal vez, al dejarlos en las manos de Dios, le doy la oportunidad de ayudarme a resolver mis asuntos.»

30 DE MAYO [151

A veces, en una reunión de Al-Anon, una persona hace de paso una observación que, sin embargo, me impresiona profundamente. Después, la recuerdo siempre porque me ayuda a ver las cosas desde otro ángulo.

Puede ser una frase corriente, y hasta una expresión trillada que carece de significado *hasta que aparece en un nuevo contexto*. Entonces se llena de vida y se convierte en un instrumento esencial para la comprensión del programa de Al-Anon.

Un miembro, al explicar de qué forma se había compenetrado finalmente de la idea de Al-Anon, dijo: «Llegué a la conclusión de que todo se reducía a sólo cinco palabras: *No meterse en asuntos ajenos.*»

Tal como se la usa corrientemente, ésta es una expresión de mal genio; pero como se la aplica en Al-Anon, resulta sumamente significativa.

Recordatorio para hoy

Me concentraré en lo que me concierne: y me cercioraré muy bien de que en realidad me compete. No me meteré en asuntos ajenos: no obstaculizaré las actividades del alcohólico, ni asumiré sus responsabilidades, ni lo protegeré de las consecuencias de lo que él haga.

> «Cuando te sientas ofendido por las faltas de otro, vuélvete hacia ti mismo y estudia las tuyas. Al pensar en ellas, olvidarás tu enojo y aprenderás a vivir sabiamente.»
>
> (Marco Aurelio)

La frase «crear una crisis para hacer recapacitar al alcohólico», con frecuencia se entiende mal y se aplica erróneamente. *No* significa que debamos obstaculizar las actividades del bebedor, ni que tengamos que armarle trampa, ni que debamos hacer algo que sea un *castigo* para la desesperada enfermedad del alcohólico. Tales acciones no pueden excusarse diciendo que son «para su propio bien». Dios no nos ha dado el derecho de decidir qué es lo mejor para los demás. Necesitaríamos su propia sabiduría divina para saber qué impulsa al alcohólico a su escape frenético de la realidad.

Recordatorio para hoy

Nadie necesita crear una crisis para el alcohólico. Él mismo avanza hacia la crisis final cada vez que se deja dominar por el alcohol. Nuestra función consiste en permitir que las consecuencias inevitables recaigan sobre el infeliz bebedor, como efectivamente recaerán sobre él *si no hacemos nada para impedirlo*. Las dificultades que finalmente lo asediarán serán el resultado de sus propias acciones.

> «Las maquinaciones realizadas para demostrar que somos más listos que el alcohólico, están destinadas al fracaso. Examinemos nuestros propios motivos para cerciorarnos de que no estamos empeñados en juegos contraproducentes. Tendremos que cavar profundamente para conseguir esta clase de honradez, pero vale la pena hacerlo.»

1 DE JUNIO

Cierta noche, uno de los miembros recordó al grupo una historia referida en uno de nuestros libros: el caso de una señora que conversaba con desconocidos con quienes se encontraba en sus viajes en tren para ir a su trabajo. A menudo descubría a alguien con el problema del alcoholismo: un joven padre que llevaba a su hijo a la casa de su madre para que ésta lo cuidara; un hombre maduro cuyo negocio, una vez floreciente, se había arruinado a causa de un socio alcohólico; una mujer que a la edad de sesenta años había tenido que cuidar a su nieto porque tanto su hijo como la esposa de éste eran alcohólicos.

«Estos casos me prueban una cosa»—dijo la señora que hablaba—. «Cuando comprendemos cuán extendido está este problema, debemos mantenernos alertas para relacionar a esa gente con Al-Anon. Cada uno de nosotros podría ayudar a otra persona: un vecino, un pariente, un amigo, y hasta un desconocido. Necesitamos prestar esta clase de asistencia: contribuye mucho a nuestro propio crecimiento espiritual.»

Recordatorio para hoy

El programa de Al-Anon es un don precioso; por eso, deseo compartirlo con otros. No me privaré de la oportunidad de socorrer a quienes lo necesitan.

> «Lo que puedo dar, nunca será tanto como lo que recibo al dar.»

2 DE JUNIO

En Al-Anon escuchamos muchas veces que no debemos abrigar resentimientos. Es muy raro encontrar a una persona que no se ofenda cuando lo han herido. Hasta nos enfadamos a causa de nuestro destino, nuestra mala suerte o lo arduo de la vida.

Ningún esfuerzo por autodisciplinarnos puede curarnos del resentimiento. Algunas veces parece que cuanto más luchamos contra él, tanto más se afirma en nosotros, y aparece como una enfermedad mental que desorganiza nuestras emociones. Es destructivo, y ardientemente deseamos liberarnos de él. ¿Cómo podemos conseguirlo? Primero, pensando en nuestro bien. ¿Perjudica nuestro resentimiento a la persona que lo provoca? ¿Nos perjudicamos nosotros mismos? Luego debemos reflexionar en que esta emoción perjudicial surge porque *no comprendemos su causa*. Disequémosla y descubramos qué hay en nosotros que nos hace reaccionar de la forma que lo hacemos.

Recordatorio para hoy

Mi nuevo estilo de vida conseguido con ayuda de Al-Anon no tiene cabida para el resentimiento. No lucharé contra él con inflexible determinación; antes, lo desecharé de forma racional, analizando calmadamente las causas que lo provocan.

Un miembro de Al-Anon escribió: «El mejor antídoto contra el resentimiento es la práctica continua de la gratitud.»

«Nada consume más completamente a un hombre que la pasión del resentimiento.»

(Federico Nietzsche)

3 DE JUNIO

Los filósofos, desde la antigüedad más remota, han insistido en la idea de corregir los malos hábitos practicando diariamente hábitos buenos. En Al-Anon también hacemos mucho de esto. Aprendemos que, si deseamos mejorar nuestra vida, no podemos seguir funcionando en la forma acostumbrada, impulsiva y automática.

Si realmente anhelamos tener paz mental, lo primero que debemos comprender es que *esa paz no depende de condiciones exteriores*, sino de cualidades interiores. Una búsqueda honrada de nuestros motivos podría mostrar que nos complacemos en nuestro propio martirio, o que inconscientemente pensamos que lo merecemos.

Cuando descubrimos las causas de nuestra aflicción y frustración, entonces podemos establecer hábitos correctivos que nos ayuden a vencerlas.

Recordatorio para hoy

Un programa de autoexamen y de cambio en el modo de vivir resulta agradable en el papel, pero es difícil de practicar. Muchos fracasos se deben a que una persona trata de conseguir mucho demasiado rápidamente, y a que espera resultados instantáneos. Buscaré una sola falta, un solo mal hábito, y entonces me dedicaré a eliminarlo. Al ver los cambios que este esfuerzo realiza en mis circunstancias, encontraré el valor necesario para seguir cambiando mi propia personalidad en sentido positivo.

> «No es cosa fácil integrar un principio en la vida de una persona, a menos que cada día ésta lo cultive y afirme en su conducta.»
>
> (Epicteto)

En Al-Anon, poco a poco llegamos a comprender cuán importante influencia ejerce la oración en nuestra vida. La idea de la oración (cómo, cuándo, dónde) exige reflexión de nuestra parte.

Si tuviera que orar: «Sea hecha *mi* voluntad», ¿no sería exactamente lo que digo cuando pido a Dios que haga lo que yo quiero? Si recibiera lo que pido, ¿me satisfaría y me haría realmente feliz? ¿Sé en todo momento lo que más me conviene? La oración, entonces, no es el acto de dar instrucciones a Dios, sino de pedirle que nos revele su voluntad.

Recordatorio para hoy

No debiera resultarnos difícil aceptar el hecho obvio de que pocos de nosotros sabemos lo que realmente deseamos, y ninguno de nosotros sabemos qué es lo mejor para nosotros. Ese conocimiento permanece en el dominio de Dios. Ésta es la mejor razón para limitar nuestras oraciones a pedidos de dirección, a solicitar una mente receptiva a esa dirección y a pedir valor y confianza para usarla.

> «Oro por la capacidad de esperar pacientemente saber cúal es la voluntad de Dios para mí.»

5 DE JUNIO [157

Un miembro de Al-Anon dijo: «nadie parece reconocer el valor que necesitamos para vivir con un alcohólico.»

Por supuesto que para eso se requiere valor, como se lo necesita también para hacer frente a la vida bajo cualquier circunstancia.

Nos hace falta valor para creer que ninguna situación carece de esperanza, para mantenernos alegres cuando tenemos motivos para desesperarnos, para resistir el impulso a quejarnos a causa de nuestra mala suerte. Se requiere mucho valor para resistir la tentación a asumir las responsabilidades del alcohólico, y para aceptar el hecho de que al hacerlo tan sólo estorbamos su recuperación.

Sobre todo, implica valor el no *aparentar* que somos valerosos, como hacen muchos, esperando recibir simpatía de los parientes, amigos y vecinos. Las expresiones de simpatía como «¡pobre mujercita valiente!» pueden alentar al ya afectado de autocompasión, pero debilita el carácter y destruye la dignidad.

Recordatorio para hoy

¿Me faltan la confianza y el valor para hacer lo que mejorará mi situación? ¿Tengo miedo de dejar de asumir las obligaciones de otros? ¿Puedo abstenerme de hacer lo que tan sólo estorbará el progreso del alcohólico? Tal vez yo no tenga la fortaleza ni la confianza necesarias, pero puedo encontrarlas volviéndome a Dios y pidiendo su dirección.

> «Las oraciones que piden valor y dirección nunca quedarán sin respuesta. Pero debo estar preparado para obrar de acuerdo con la dirección que reciba.»

«Ahora ha venido la salvación y el poder...» Esta frase de la Biblia fue utilizada como tema por un grupo de Al-Anon. Cada uno de los miembros contó cómo había sido «salvado» de errores irreflexivos y hasta trágicos, al hacer frente a un problema de alcoholismo, y cómo la inspiración de Al-Anon le había proporcionado la fuerza para enfrentarse a la situación con buen tino y serenidad, teniendo confianza en el resultado.

La mayoría de los que hemos tomado en serio el programa y lo hemos aplicado a nuestra vida, hemos experimentado algo parecido. Pero debemos actuar con iniciativa propia y leer, meditar y orar constantemente; además, debemos dedicarnos a ayudar a otros.

Recordatorio para hoy

Los milagros de que oigo hablar en Al-Anon sólo ocurren a personas que aplican la mente y corazón a producirlos. La experiencia, la fortaleza y la esperanza compartidas están a mi alcance para salvarme del desánimo y la confusión. ¿Quiero esta ayuda? Si la deseo, utilizaré un enfoque espiritual al tratar de resolver mis problemas.

> «Pronto aprendí, después de muchos fracasos, que Al-Anon no significaba solamente una noche fuera de casa, escuchando a un orador, y olvidándolo todo hasta la próxima reunión. Es un programa diario que nadie puede llevar a cabo en mi lugar.»

7 DE JUNIO [159

Supongamos que al tratar de escapar del torbellino de mis pensamientos, me pongo a pensar serenamente en el significado de la palabra *cortesía*. Quiere decir mucho más que la mera urbanidad; es posible tratar a otros con urbanidad, pero sin la más leve muestra de amor. La cortesía, por otra parte, es una expresión de amor, de cálida preocupación por el bienestar, la paz mental y la comodidad de otra persona. Hasta la acción de dar la información pedida por un desconocido puede convertirse en un acto de cortesía, si me tomo el trabajo de ser explícito y tranquilizador.

La práctica de la cortesía en el hogar nos da muchas oportunidades de expresar nuestro amor de modo sencillo. Sin embargo, con frecuencia lo descuidamos en nuestro trato cotidiano con nuestros seres amados.

Recordatorio para hoy

Aprovecharé toda oportunidad posible para ser cortés con los que me rodean, así como con los desconocidos. El calor y la bondad de la cortesía neutralizarán el aguijón del resentimiento, y darán dignidad e importancia a los miembros de mi familia, haciéndolos sentirse seguros y amados.

> «La cortesía hace que la vida resulte menos problemática. Los malos entendimientos desaparecen; elimina las obstrucciones evitables.»

¿Qué me llevó, en primer lugar, a Al-Anon? La promesa de alivio de una carga intolerable. En otras palabras, vine para *obtener* algo, tal como hacemos todos. Con el tiempo descubrí que «obtener» depende mayormente de mi disposición para dar—para prestar servicio a otros, ya sea que me dedique a ordenar las cosas y a limpiar la sala después de las reuniones, o a consolar y dar seguridad a otros que pasan por dificultades. El mismo espíritu de dar debe manifestarse en todos los aspectos de mi vida, particularmente en relación con quienes me rodean. Esta forma de dar se llama *amor*.

Recordatorio para hoy

Dar amor es una satisfacción en sí. No debe importarnos si es retribuido o no. Si lo doy tan sólo para ser correspondido en mis propios términos, mi amor queda eliminado. Si tengo la capacidad de dar amor, cualquier gratificación que reciba se convierte en un don adicional. Nos encontramos a nosotros mismos y nos edificamos espiritualmente cuando damos amor en forma abundante y sin esperar recompensa.

> «¿Ha ganado algo el hombre que ha recibido cien favores y no ha prestado ninguno? Es más grande el que confiere más beneficios.»
>
> (Ralph Waldo Emerson, *Essay on Compensation*)

9 DE JUNIO

¡Cuántas cosas admirables podrían ocurrir en mi vida si pudiera desprenderme de mi impulso natural a justificar mis acciones! ¿Está la honradez tan profundamente reprimida bajo capas de culpabilidad que me resulta imposible recurrir a ella para comprender mis propios motivos? No es fácil ser honrado con uno mismo. Es difícil investigar por qué tengo este o aquel impulso que rige mis acciones. Nada nos hace más vulnerables que soltar la muleta de las excusas.

Sin embargo, sé que el autoengaño multiplica mis problemas. ¿Cómo puedo corregir esto?

Recordatorio para hoy

Eligiré nada más que un defecto de carácter que yo pueda reconocer sin ambages, y lo desecharé de mi personalidad con ayuda del razonamiento. Digamos que analizo mi impulso al *resentimiento*. Si me convenzo de su inutilidad, observaré en mi experiencia cambios inesperados y bienvenidos.

Examinaré los motivos reales que impulsan cada una de mis decisiones que *implican tomar una decisión*. Si esto me muestra que me estoy engañando a mí mismo en cuanto a mis verdaderos móviles, procuraré corregir este autoengaño en su origen.

> «Sabemos muy bien cómo excusar y teñir nuestras propias acciones, pero encontramos difícil aceptar las de otros.»

10 DE JUNIO

Cuando un recién llegado a Al-Anon cuenta a su Padrino sus conflictos hogareños relacionados con el alcoholismo, debemos comprender que esto es tan sólo un lado de la historia.

Al principio estos informes están inflados y dramatizados por nuestra confusión. Un incidente sin importancia puede adquirir dimensiones irreales; la tensión constante, el enojo y la frustración nos han privado de la capacidad de ver las cosas en su debida perspectiva.

El crecimiento espiritual personal que se alcanza en Al-Anon nos lleva a comprender llenos de compasión el profundo sentido de culpabilidad del alcohólico y toda su infelicidad. Al aplicar diariamente el programa, nos sentimos dispuestos a reconocer que también nosotros compartimos la responsabilidad de las dificultades familiares.

Recordatorio para hoy

Éste es el desafío que me ofrece Al-Anon: eliminar deliberadamente mi resentimiento hacia otros, especialmente hacia el alcohólico; hacer frente a la causa real de gran parte de mis padecimientos, y creer que puedo mejorar mucho de mi vida corrigiendo mis propios errores.

> «Si las cosas externas te causan dolor, vuélvete hacia ti mismo para liberarte de ellas. Cuando las circunstancias te perturben, repliégate rápidamente sobre ti mismo, pero consérvate en armonía con el bien universal.»

11 DE JUNIO [163

Nuestros lemas inspiradores tienen significados diferentes para las distintas personas. Un miembro puede decir confiadamente en un momento de crisis: «Suelto las riendas y se las entrego a Dios.» En este caso, se trata de una valerosa declaración de fe en que prevalecerá el bien y en que cualquier decisión que él hubiera podido hacer basada solamente en el juicio humano, habría podido ser imprudente. Por lo tanto, deja el problema en las manos de Dios, y espera su dirección para saber qué hacer.

En otro caso, la misma expresión «suelto las riendas y se las entrego a Dios» podría denotar derrota, apatía, renuncia a desempeñar el papel que a uno le corresponde.

Los que dan la espalda a sus problemas no están «soltando las riendas y entregándoselas a Dios», sino abandonando su compromiso de actuar bajo la inspiración y la dirección divinas. No piden ayuda ni la esperan: desean que otros actúen en su lugar.

Recordatorio para hoy

No puedo limitarme a desentenderme de la responsabilidad de hacer frente a mis problemas, por grandes que éstos sean. Es verdad que necesito la dirección divina, pero debo dejarme guiar por ella. No puedo evadir esta responsabilidad sin dar la espalda a la vida misma.

> «Señor, no permitas que me entregue a la apatía ni al derrotismo, cuando en mí y alrededor de mí encuentro evidencias de un Dios amante que suplirá todas mis necesidades.»

Es realmente lamentable que no podamos comprar trozos de buen humor, así como compramos un paquete de levadura. Ambos ejercen la misma acción: la levadura hace que el pan sea liviano y agradable; el buen humor aligera la austeridad del diario vivir y suaviza los aspectos ásperos de nuestra comunicación con los demás.

Recordatorio para hoy

Cada vez que me vea tentado a considerar negativamente un acontecimiento, quisiera recordar que quizá no sea tan malo. Si lo considero más de cerca, tal vez le encuentre un elemento divertido: algo de fantasía, un ángulo absurdo, o hasta una tontería refrescante. Mi disposición de ánimo hace que las cosas parezcan negras cuando podría pintarlas color de rosa.

Procuraré encontrar lo que pueda añadir gozo a mi vida, y trataré de evitar los asuntos solemnes o perturbadores. Cultivaré el don de reconocer y disfrutar de las situaciones humorísticas. Esto podría llegar a ser una forma constructiva de apartar la mente de mis dificultades diarias.

> «Generalmente la ansiedad es lo que nos impide contemplar las cosas más ligeras y alegres de la vida. Aunque la ansiedad existe en nosotros, podemos rechazar su influencia al reaccionar frente a cuanto nos acontece.»

13 DE JUNIO [165

Una dama, antiguo miembro de Al-Anon, escribe acerca de un distanciamiento trágico entre su amada hija y ella. Había tratado de impedir que la joven realizara lo que ella, como madre, consideraba una decisión equivocada, del mismo modo que antes había tratado de obligar a su esposo a dejar de beber.

«Aunque temía que nunca nos reconciliaríamos—dijo esta dama— esperaba poder encontrar una sugerencia útil en nuestro programa. Me concentré en el Primer Paso: *Admitimos que éramos incapaces de afrontar solos...* ¡Cuánta paciencia necesité! Me sentía constantemente tentada a actuar antes que a dejar el problema en las manos de Dios. Pero lo conseguí, y resultó eficaz. Se deshizo la barrera de silencio y de odio que parecía inconmovible. Nuevamente hemos aprendido a amarnos mutuamente, aceptándonos tales como somos.»

Recordatorio para hoy

Con cuánta frecuencia, en una crisis, resulta mejor esperar pacientemente que un problema se resuelva de forma natural, como proceso inevitable, antes que tratar constantemente de resolverlo por nuestra propia cuenta, tal vez utilizando métodos equivocados.

> «El comienzo del amor consiste en dejar que las personas a quienes amamos sean absolutamente ellas mismas, y en no presionarlas para que se amolden a nuestra propia imagen. De otra forma, tan sólo amaríamos el reflejo de nosotros mismos reproducido en ellas.»
>
> (Thomas Merton: *No Man Is an Island*)*

Si alguien me dijera: «Aquí tienes una medicina que puede cambiar toda tu vida para bien; te pondrá en una condición de tranquila serenidad, te ayudará a vencer los molestos sentimientos de culpabilidad a causa de tus errores pasados; te ayudará a conocerte mejor a ti mismo y a ponderar tus valores espirituales, y te permitirá enfrentar los retos de la vida con valor y confianza», ¿estaría yo dispuesto a probar esa medicina?

Tal es la promesa de los Doce Pasos de AA y Al-Anon, si no nos aferramos a nuestras cargas, a nuestros trastornos emocionales, a nuestras pendencias familiares ni a nuestras desdichas.

Recordatorio para hoy

Cada día dedicaré tiempo a concentrar mis pensamientos en los Doce Pasos. Los repasaré uno por uno y observaré cómo su estudio constante cambia mi punto de vista.

No es una tarea fácil, pero tampoco lo es la vida sin ellos. Por elección propia, tomaré esta medicina benéfica y dejaré que su virtud obre en mí.

> «No es fácil practicar estos Doce Pasos de AA. Al principio, nos parecerá que algunos de ellos están de más en nuestro caso, pero si examinamos nuestro yo con sinceridad absoluta, reconoceremos que todos, sin excepción, se aplican a nuestro caso…»
>
> (Bienvenida Sugerida de Al-Anon)*

15 DE JUNIO

Cuando ingresamos en Al-Anon, nuestra preocupación principal es el alcoholismo de alguna persona importante en nuestra vida. El Primer Paso dice... «admitimos que éramos incapaces de afrontar solos el alcohol.» Tarde o temprano tenemos que aceptar el hecho de que no poseemos medio alguno para dominar la propensión a beber. El deseo de sobriedad puede provenir únicamente del alcohólico.

Podemos guiar o inspirar mediante nuestro ejemplo, pero no nos es dable meter a otra persona, por allegada que sea, en el molde que hayamos elegido para ella.

La segunda parte del Primer Paso es más fácil de aceptar: «... nuestra vida se había vuelto ingobernable.» Esto lo sabemos, pero lo que tal vez ignoramos es cómo resolver este problema.

Recordatorio para hoy

El Primer Paso exige que yo entregue las riendas con que he dirigido a otro ser humano. Me recuerda que mi vida se ha tornado ingobernable; mi primera tarea consiste en ponerla en orden. Si sinceramente anhelo gobernar mi vida, no tendré tiempo para regir la de otros.

> «El Primer Paso sugiere un cambio radical en mí: en mi manera de pensar acerca del alcohólico y en mi actitud hacia él y su enfermedad. Tengo que reemplazar mis antiguos hábitos destructivos.»

16 DE JUNIO

Los nuevos miembros de Al-Anon reaccionan de forma diferente ante el significado del Primer Paso. La mayoría acepta la idea de su «incapacidad», pero tan sólo con reservas. Les resulta difícil creer que no pueden hacer nada para obligar al alcohólico a dejar de beber.

El Segundo Paso de inmediato hace resonar una nota de esperanza. Asegura que hay ayuda disponible, la de un Poder que escapa a nuestra comprensión o imaginación.

¿Qué puede hacer por mí este Poder? Es capaz de «devolverme el sano juicio». Le es dable poner mis pies sobre tierra firme y mostrarme el camino que me conducirá a la renovación de mi vida, la cual ahora puede estar demasiado perturbada para permitirme pensar correctamente.

Mi desesperación puede haber sido tan grande que yo haya perdido mi fe, una fe total y subyugadora en algo que está más allá de mí mismo.

Recordatorio para hoy

En mi gran necesidad de aliento y tranquilidad, el Segundo Paso sugiere que para encontrar un método de vida sensato y razonable, entregue mi voluntad a la sabiduría de un Dios amante.

> «Un poco de consideración de lo que ocurre cada día a nuestro alrededor, nos mostrará que existe una ley superior a nuestra voluntad que regula los acontecimientos; y nos revelará que nuestros incidentes dolorosos son innecesarios. Un amor excelso nos aliviará de un cúmulo de preocupaciones. ¡Oh, hermanos míos, Dios existe!»
>
> (Ralph Waldo Emerson)

17 DE JUNIO

Al comenzar nuestro estudio del Tercer Paso empezamos a experimentar la sensación de que estamos siendo conducidos suave y gradualmente hacia verdades que nunca antes habíamos comprendido ni empleado.

Este Paso es un desafío para nosotros. Sugiere una decisión: soltar las riendas para permitir que Dios nos dirija, lo cual él podrá hacer únicamente si le entregamos nuestra voluntad y sometemos nuestra vida a su cuidado. El Tercer Paso es una condensación del pensamiento central de filósofos de todos los siglos. ¿No sería sensato aceptar su sabiduría como superior a la nuestra?

Recordatorio para hoy

Las palabras «Resolvimos confiar nuestra voluntad y nuestra vida al cuidado de Dios, según nuestro propio entendimiento de Él», podrían hacernos la vida muy fácil, si tan sólo pudiéramos subordinar nuestra voluntad a la suya. Esto constituye un obstáculo para quienes se sienten obligados a aplicar sólo la fuerza de su propia voluntad a la solución de sus problemas. Pero de esa forma resulta imposible resolver nada.

> «Hay dirección para cada uno de nosotros, y al escuchar con humildad oiremos la palabra apropiada. Ciertamente hay un lugar correcto para usted que no necesita ninguna elección de su parte. Ubíquese en el centro de la corriente del poder y la sabiduría que fluye hacia su vida. Luego, sin esfuerzo alguno, usted se verá empujado hacia la verdad y un contentamiento perfecto.»
>
> (Ralph Waldo Emerson)

El filósofo griego Sócrates dijo: «Conócete a ti mismo.» El Cuarto Paso nos revela cómo conseguirlo, y cómo «hacer sin temor, un sincero y minucioso examen de conciencia.» Debemos vernos tales como somos: nuestro carácter, como asimismo nuestros motivos y nuestras acciones.

Un hábito de autojustificación que esté profundamente arraigado puede tentarme a racionalizar cada falta a medida que la descubra. ¿Culparé a otros de lo que hago, alegando que me veo obligado a reaccionar ante su mal proceder?

Se ha dicho que ni siquiera un psiquiatra es capaz de analizarse a sí mismo, debido a este tropiezo. Esto debe incitarme a probar que la honradez personal y la humildad pueden obtener lo que el conocimiento superior con frecuencia no logra conseguir.

Recordatorio para hoy

Un examen completo de mis buenas y malas cualidades puede resultar interesante y útil como comienzo de mi práctica del Cuarto Paso. Pero cuando esté listo para analizarme y corregir mis errores, examinaré únicamente uno o dos defectos al mismo tiempo, y durante tanto tiempo como sea necesario para satisfacerme con la sensación de que he realizado un progreso real en la tarea de eliminarlos.

> «La perfección dista mucho todavía, pero el mejoramiento puede ocurrir diariamente.»

19 DE JUNIO [171

El autoexamen sugerido por el Cuarto Paso, es una empresa incesante. Debe continuar mientras yo permanezca ciego a los defectos que me crean muchas dificultades.

Debo aplicarme diariamente a la tarea de reconocerme tal como soy y de corregir todo lo que me impida crecer espiritualmente hasta convertirme en la persona que deseo llegar a ser.

Al repasar mi actuación diaria y al meditar acerca de los resultados de lo que he dicho y hecho, puedo avanzar hasta el Quinto Paso, el cual *me sugiere que admita mis faltas ante Dios y ante mí mismo en una especie de confesión privada.* Cuando lo haya hecho, necesitaré el valor de completar el Paso confiando mis faltas a otro ser humano. Este reconocimiento exige humildad y honradez.

Recordatorio para hoy

A medida que vaya comprendiendo la difícil tarea de enfrentarme conmigo mismo y con mis errores, me cuidaré de la autojustificación y santurronería. Sé muy bien cuán fácil es presentar excusas para justificar mis acciones y en cambio culpar a otros de mis infortunios, y sobre todo al alcohólico.

> «Si quiero corregir mis errores, en primer lugar debo saber en qué consisten. Luego tengo que reconocerlos, y finalmente he de eliminarlos con paciente autocorrección, aunque no pueda liberarme de forma completa.»

El Sexto Paso constituye un estímulo a someternos a la dirección de nuestro Poder Superior. Leeré esta hermosa declaración de entrega a la voluntad de Dios con tanta frecuencia como sea necesario: «estuvimos enteramente dispuestos a que Dios eliminase estos defectos de carácter.»

Mi blanco será «estar enteramente dispuesto» a abandonar los hábitos negativos de pensar que se han reflejado en los acontecimientos de mi vida. Dios está igualmente listo a aceptar la humilde ofrenda de mis faltas y a ayudarme a cambiar mi modo de pensar y de actuar a fin de obtener serenidad y hasta, probablemente, felicidad.

Recordatorio para hoy

Los «defectos de carácter» que deseo corregir están profundamente arraigados en forma de hábitos. Mi colaboración consciente prestada diariamente será necesaria al aceptar la ayuda de Dios para la eliminación de esos defectos. Procuraré encararlos con paciencia, uno por uno. Si realmente lo deseo, veré que gradualmente irán siendo reemplazados por impulsos de una calidad diferente, que me permitirán vivir sin reproches hacia mí mismo.

> «Dios, prepárame para la completa remoción de mis faltas, a fin de recibir luz que ilumine mis problemas y sus causas verdaderas.»

21 DE JUNIO

Cuando mis meditaciones acerca del Cuarto, Quinto y Sexto Pasos me han convencido de que estoy listo para librarme de un defecto de carácter que me limita, el Séptimo Paso sugiere que pida a Dios que me ayude a eliminarlo.

El Séptimo Paso, tal como se ha dicho, implica la remoción de *todos* mis defectos, pero he de *hacer frente a cada uno por separado* a medida que se presenten en mis actividades diarias. Debo pedir a Dios una vez tras otra que me libre de esos defectos.

Recordatorio para hoy

No esperaré demasiado de mí mismo, ni aspiraré a llevar a cabo el mejoramiento de mi vida de una sola vez, sin la ayuda de mi Poder Superior. Debo seguir recordándome que me es preciso aceptar su ayuda en todo lo que trato de llevar a cabo.

Por ejemplo, si me concentro en la necesidad de ser siempre tolerante y bondadoso con mis semejantes, pronto reaccionaré así espontáneamente, por difíciles que sean las circunstancias que me rodeen. Esta nueva actitud influirá en todo lo que yo haga y me hará aceptable a mí mismo y a los demás.

> «Humildemente pedimos a Dios que nos librase de nuestras culpas.» La primera palabra es la clave del Séptimo Paso.

Hoy día consideraré de forma tranquila y profunda el Octavo Paso: *«Hicimos una lista de todas las personas a quienes habíamos perjudicado, y estuvimos dispuestos a reparar el mal que les ocasionamos.»*

El pensamiento central es la *disposición* a admitir nuestros errores y a limpiar nuestra conciencia del sentimiento de culpabilidad. La única acción exigida por este Paso consiste en *hacer una lista*. Lo consigo cuando permito que mis culpas opresivas y perturbadoras entren en el campo de mi conciencia, listas para ser eliminadas, de modo que no puedan seguir angustiándome.

Recordatorio para hoy

¿A quiénes he perjudicado? Ciertamente a los que viven más cerca de mí: a mi familia. Sé que mi reacción hostil contra el alcohólico ha resultado dolorosa para él. ¿He dañado también a mis hijos al adoctrinarlos sutilmente para que desprecien a su progenitor alcohólico? ¿Les he comunicado mi ansiedad y resentimiento? ¿He descargado mis frustraciones contra ellos?

> «El Octavo Paso nos coloca en el umbral de la libertad del odio contra nosotros mismos. Abre la puerta a una nueva paz mental que, después de disfrutarla, jamás desearemos perder.»

¿Qué habrá que hacer con las personas a quienes hemos perjudicado, de las cuales «hicimos una lista», según lo sugiere el Octavo Paso? El Noveno Paso dice que debemos reparar directamente el mal que les hayamos causado, «cuando nos sea posible, excepto en los casos en que el hacerlo les hubiese inflingido más daño, o perjudicado a un tercero.»

Será preciso hacer una investigación de la vida personal de forma prudente y honrada.

Una disculpa casual, por ejemplo, rara vez basta para desprenderse uno de la culpa por haber hecho una censura perjudicial. Podría más bien volver a abrir una vieja herida. Un cambio de actitud podría reparar mejor la falta de bondad manifestada en el pasado.

Si he privado a alguien de sus necesidades básicas o posesiones, reconoceré la deuda y la pagaré íntegramente.

Las separaciones entre mí y mis parientes o mis antiguos amigos, pueden subsanarse si domino el amor propio y doy los primeros pasos hacia la reconciliación. Aunque yo tenga sólo una partecita de la culpa, este gesto generoso me beneficiará.

Recordatorio para hoy

El Noveno Paso, tomado con cuidado y prudencia, me aliviará de una carga que no necesito llevar.

> «El amor y la paciencia pueden enmendar con creces los daños causados en el pasado; nos devuelven la cordura y recuperamos la serenidad.»

En los Pasos anteriores al Décimo, hemos estado tratando con el pasado: limpiando nuestra casa, por así decirlo. Hemos rebuscado en los rincones del recuerdo los agravios que debemos remediar mediante nuestra nueva concepción del papel que desempeñamos en la vida. Ahora, con el Décimo Paso, este procedimiento se convierte en un ritual diario, en una limpieza que se efectúa mediante un repaso nocturno de las actividades del día.

«Proseguimos con nuestro examen de conciencia, admitiendo espontáneamente nuestras faltas, al momento de reconocerlas.»

Si este Paso se convierte en parte integral de nuestra vida diaria, no quedará saldo alguno de culpabilidad por la cual preocuparnos, porque guardaremos orden a medida que avanzamos.

Recordatorio para hoy

El Décimo Paso es indispensable para el cumplimiento de la promesa que me he hecho a mí mismo en Al-Anon, de vivir un día a la vez. Aunque no alcanzaré la perfección, puedo observar mi progreso y disfrutar de las profundas satisfacciones que éste me proporciona. Al principio quizá sólo tenga un efecto mínimo sobre mis circunstancias exteriores; pero, si me mantengo receptivo a las soluciones, éstas se presentarán.

«Mírate a ti mismo, porque es ahí donde se encuentran todas las respuestas que buscas.»

25 DE JUNIO [177

En el Undécimo Paso encuentro la receta espiritualmente activa que me ayudará a poner en práctica el programa de Al-Anon:

«Mediante la oración y la meditación, tratamos de mejorar nuestro contacto consciente con Dios, según nuestro propio entendimiento de Él, y le pedimos tan sólo la capacidad para reconocer Su voluntad y las fuerzas para cumplirla.»

Si aplicamos a nuestra vida el consejo de Al-Anon que dice: *Primero, las cosas más importantes,* entonces veremos que la oración y la meditación vienen antes que ninguna otra cosa, puesto que es mediante esos recursos como recibimos dirección para tomar nuestras decisiones.

Recordatorio para hoy

¿Estoy demasiado ocupado para orar? ¿Carezco de tiempo para la meditación? Si es así, entonces debo preguntarme si he podido resolver mis problemas sin ayuda. Al hacerles frente día a día, debo reconocer que necesito dirección. No dejaré pasar este día, y ningún día de ahora en adelante, sin reconocer conscientemente a Dios.

> «Dios es el que me ciñe de poder, y quien hace perfecto mi camino.»
>
> *(Salmos)*

La triunfante declaración de espiritualidad que se anuncia en el Duodécimo Paso, puede llegar a ser una realidad en el caso de cualquiera de nosotros si vivimos de acuerdo con Al-Anon: *«Habiendo logrado un despertar espiritual como resultado de estos Pasos, tratamos de llevar este mensaje a otras personas, y practicar estos principios en todas nuestras acciones.»*

El despertar espiritual es una comprensión de que no estamos solos ni desvalidos; hemos aprendido ciertas verdades que ahora podemos compartir con otros a fin de ayudarlos.

Recordatorio para hoy

Estaré listo para experimentar el despertar espiritual que con toda seguridad me sobrevendrá cuando haya sometido mi voluntad a la de Dios. Ello aclarará muchas situaciones, y me proporcionará la habilidad de analizarlas y decidir a un nivel espiritual en el que estaré regido por la bondad y la sabiduría de Dios.

> «Estamos dormidos; andamos en tinieblas, hasta que encontramos la mano de Dios que nos guía por su camino, el camino del esclarecimiento espiritual.»

27 DE JUNIO

Los que tratamos seriamente de utilizar el programa de Al-Anon, tenemos diversas razones para estar agradecidos al obtener resultados positivos. Así ocurrió con una dama, quien relató su caso en una de las reuniones.

Su peor dificultad era con sus hijos. «Yo no sabía qué hacer con ellos cuando mi esposo llegaba ebrio y nos trataba con brusquedad. Me parecía que ellos debían ser protegidos contra la violencia; sin embargo, sabía que la protección excesiva sería perjudicial para ellos. No quería influir en ellos contra su padre, porque él los amaba y ellos lo querían a él.»

«En Al-Anon encontré todas las sugerencias. Di a mis hijos explicaciones sensatas acerca de la enfermedad de su padre, y vi que ellos manifestaban una compasión natural. Evité escenas desagradables al no permitir que mi frustración se desbordara en ira. Me esforcé por tratarlos de forma justa y agradable. Los resultados han satisfecho mis mejores expectativas, y por eso me siento profundamente agradecida de Al-Anon.»

Recordatorio para hoy

Nuestros hijos son *la cosa más importante* que debemos considerar *primero*. Nuestra actitud es la clave del éxito en nuestras relaciones familiares.

> «Y sobre todo, nunca uso a mis hijos como prendas en mis conflictos. Ellos corresponden de forma excelente al respeto con que los trato.»

28 DE JUNIO

Entre lo mucho que aprendemos en nuestro contacto con los miembros de Al-Anon, se encuentra lo siguiente: *Sé bueno contigo mismo*. Esto es sorprendentemente difícil para muchos. Algunos disfrutan tanto de sus propios sufrimientos, que exageran enormemente todo cuanto les ocurre cuando lo reviven y lo cuentan a los demás. Los que sienten autocompasión, difícilmente pueden ser rescatados de su martirio hasta tanto los gozos de la serenidad y el contentamiento se infiltren en ellos en Al-Anon.

Otros cultivan sus agravios, se resienten por la suerte que les ha tocado, buscan víctimas expiatorias, entre ellas especialmente el alcohólico, sobre quienes echar la culpa de todo lo que les ocurre. Todavía no han logrado la experiencia gozosa de «soltar las riendas» de un problema ni la aventura encantadora de no dar importancia a las «ofensas».

Recordatorio para hoy

Muy poco de lo que me ocurre diariamente es digno de mi preocupación, mi resentimiento o mi autocompasión. Si soy muy propenso a ofenderme y a sentirme perjudicado, perderé por insignificancias mi contentamiento. ¡He de recordar que debo ser bueno conmigo mismo!

> «Cuán feliz y útil podría ser yo si no acarreara conmigo semejante carga de desagradable confusión emocional. Nadie me ha pedido que la lleve. Entonces, ¿por qué lo hago?»

29 DE JUNIO

Compartimos un enemigo común con el alcohólico: el *autoengaño*. La exposición hecha por un miembro en perspectiva de Al-Anon puede estar llena de horribles detalles referentes a los sufrimientos soportados. La misma historia contada por el cónyuge alcohólico puede ser igualmente desgarradora, y quienes escuchan ambos lados, podrían pensar que se les refieren dos casos completamente distintos.

Cada uno de los cónyuges reacciona a su manera ante lo ocurrido, y suprime inconscientemente los hechos que podrían afectarlo de forma negativa; al mismo tiempo exagera las faltas del otro. Aunque la situación pueda parecer insoportable, al parecer ninguno de los dos pretende alejarse de ella. Ambos se encuentran en un estado mental que no les permite contemplar la situación de forma racional, y seguirán así hasta que cambien de actitud.

Recordatorio para hoy

Me abstendré de formular juicios en mis discusiones privadas; en ambos lados hay un autoengaño que no puedo evaluar. A nadie aconsejaré que dé un paso radical cuando no se encuentre preparado emocionalmente para darlo.

> «'Suelta las riendas y entrégaselas a Dios', es una buena regla que se puede seguir cuando se nos pide que demos consejo en una situación comprometedora.»

30 DE JUNIO

El tiempo que paso recordando el pasado y afligiéndome a causa de mis errores y fracasos, son momentos perdidos. Por esto se insiste tanto en AA y en Al-Anon en el concepto de las veinticuatro horas.

Nuestro ayer carece de importancia, a no ser como fuente de experiencia para hacer más fructífero nuestro día de hoy. La pesadumbre y la autocondenación por lo que se ha hecho y por lo que se ha dejado de hacer, tan sólo destruyen la autoestima que podríamos derivar de un modo *equilibrado* de vernos a nosotros mismos.

Recordatorio para hoy

El remordimiento causado por los daños infligidos a otros puede desaparecer si enmiendo y hago restitución de la mejor manera posible. El remordimiento que procede de las oportunidades perdidas se desvanecerá si trato de hacer elecciones sabias ahora. Quiero llenar este día con pensamientos y acciones de los cuales no tendré que arrepentirme. Deseo emprender tan sólo lo que pueda realizar acertadamente, sin apresuramiento ni tensiones.

> «Hoy viviré este solo día y no encararé todos mis problemas al mismo tiempo. Los del pasado no necesitan preocuparme hoy; y los del futuro se afrontarán cuando surjan.»*
>
> (Sólo por Hoy - Al-Anon)

1 DE JULIO

«En Al-Anon he aprendido —dijo una miembro en una reunión— que el hombre con quien me he casado no puede ser la fuente de mi felicidad ni de mis penas. El don de la vida es personalmente mío, así como su vida le pertenece a él, y cada cual puede disfrutarla o destruirla de acuerdo con sus deseos.

«Cuando lo veo enojado, ¿debo yo también estarlo? Cuando lo veo hostil, ¿debo yo también serlo? ¿Soy acaso infiel a mis votos del matrimonio cuando logro un poco más de confianza en mí misma mientras él continúa sufriendo el dolor de sus propias dudas?

«No soy su guía, ni su maestra, ni su guardián. Somos individuos, y cada cual debe encontrar el camino hacia sus propios fines. El se niega a compartir conmigo la fuente de mi consuelo y de mi fuerza; he aprendido, después de una amarga experiencia, que es inútil ofrecérsela.»

Recordatorio para hoy

Adaptarme a las cosas como son y ser capaz de amar sin tratar de dominar a los que me rodean; eso es lo que busco y lo que encuentro en Al-Anon. El aprendizaje es algunas veces doloroso; la recompensa es la vida misma: rica, plena, serena.

> «Si cuidas de ti mismo y tienes en cuenta a Dios, no te impresionarás por lo que puedas percibir fuera de ti.»
>
> (Tomás de Kempis)

Algunas personas que he conocido en Al-Anon parecen tener una manera especial de disfrutar de la vida. Su optimismo nos dice que ellas saben que algo especialmente bueno les espera. Su esperanzada confianza llega a cada una de las personas afligidas con las cuales hablan. Esta gente hace que cada reunión sea una aventura especial para los que concurren a ella.

Los nuevos miembros se asombran al saber que muchas de esas personas, cuando comenzaron a concurrir a Al-Anon, se encontraban consumidas en negras desesperanzas. Fue en Al-Anon, donde recuperaron el gozo de vivir, la esperanza y la confianza, que luego pusieron al servicio de otros.

Recordatorio para hoy

Tan pronto como me sienta capaz de comenzar a investigar el programa y poner en práctica los Doce Pasos y los lemas de Al-Anon, leyéndolos y aplicándolos constantemente, dejaré de enojarme con la gente y de sentir autocompasión. Así ganaré muchísimo tiempo para pensar y encontrar la serenidad, la aceptación y la gratitud hacia las cosas buenas de todos los días.

> «Solamente podré ayudar a otros cuando permita que Al-Anon aclare mis propios puntos de vista acerca de mis problemas. Hasta que no sienta la necesidad de compartir con otros lo que he aprendido de este programa, mi progreso será limitado.»

3 DE JULIO [185

Alguien dijo: «Los escollos del camino pueden verse en dos formas: como obstáculos o como peldaños de ascenso.» Es reconfortante pensar que nadie puede ponerme obstáculos porque estoy aprendiendo a convertirlos en escalones para elevarme a una mejor manera de vivir.

Esto sin descontar los problemas causados por el alcoholismo, que son enormes y aterradores. Pero puedo impedir que bloqueen mi camino. Me es dable imaginar que cada uno es uno de los Doce Pasos. Al menos tengo el don de Dios de la sobriedad, contrariamente a lo que sucede al alcohólico que constantemente tropieza con los obstáculos de su propio problema.

Recordatorio para hoy

Los obstáculos no impedirán que yo descubra lo bueno que hay en mí y lo siga cultivando en mi vida diaria. Nada podrá impedir esto, a menos que yo lo permita.

Al-Anon me invita a tomar la decisión de cambiar la opinión que tengo de mí mismo y del mundo que estoy creando a mi alrededor.

> «Los hombres pueden elevarse sobre los escollos de sus propios fracasos.»
>
> (Tennyson: *In Memoriam*)

El poeta inglés William Ernest Henley, en su desafiante poema titulado Invictas dice: «Soy el artífice de mi destino, soy el capitán de mi alma.»

Lo primero que observo es que él dice *«mi* destino», *«mi* alma.» Si me hubiera comportado como si creyera ser el capitán y el amo de alguna otra persona, ¿no habría sido una buena idea tratar de concentrar mi atención en la dirección de mí mismo?

Debo reconocer, sin embargo, que mi destino y el estado de mi alma no dependen solamente de mí; necesito la ayuda de Dios para afrontar los desafíos de la vida. La sabiduría humana es inadecuada para hacer la vida completamente satisfactoria y exitosa.

Recordatorio para hoy

Dios me ayudará en mi vida si pido su ayuda y su dirección y me mantengo receptivo a las indicaciones de su voluntad para mí. Antes de conocer Al-Anon, yo perdía mucho tiempo tratando de encontrar soluciones. Ahora sé que sólo puedo tomar la correcta decisión si le presento a Él mis problemas. Dios debe ser parte de mi vida; «lo reconoceré en todos mis caminos.» De esa manera, podré sobrellevar mis dificultades.

«Dios habita dondequiera que el hombre lo deje entrar.»

(Martín Buber)

5 DE JULIO [187

Un conferenciante de AA expresó en una de las reuniones de Al-Anon, un concepto revelador desde el otro lado de la barrera:

«La persona no alcohólica de la familia parece no darse cuenta de que el alcohólico se encuentra en una posición terriblemente vulnerable. Debe vivir constantemente en guardia, porque en lo más profundo de su pensamiento es consciente de los tremendos problemas que él representa para su familia. No ignora que es objeto de toda clase de censura.

¿No se les ha ocurrido a Uds. pensar que todos los exabruptos y las palabras ásperas son como si apaleáramos a un ser enfermo? Recuerden que él se atormenta constantemente a sí mismo. Si Uds. lo atormentan aún más, lo provocarán a que les transfiera a Uds. parte de su culpabilidad. Esto puede impedir que se dé cuenta de la magnitud de su problema y de la necesidad que tiene de buscar ayuda.»

Recordatorio para hoy

Trataré de comprender cuán desesperadamente sufre el alcohólico por su sentimiento de culpabilidad. Me esforzaré por contener el impulso de hundirlo aún más, cuando lo veo caído. Los dos sufrimos de manera diferente por causa del alcoholismo. Yo, que tengo el don de la sobriedad, debo ser el que se da cuenta de la insatisfacción que él siente de sí mismo, por desafiante y defensivo que parezca.

> «Si yo fuera suficientemente desafortunado como para ser alcohólico, ¿cómo esperaría ser tratado por la persona que vive conmigo? La Regla de Oro es un instrumento sumamente útil en nuestras relaciones personales.»

El cambio del alcoholismo a la sobriedad trastorna grandemente nuestra vida. Es un desafío para ambos cónyuges. Para hacer esta adaptación se requiere una forma de pensar enteramente nueva.

En los peores años de alcoholismo, los esposos de las alcohólicas tienen que hacerse cargo de muchas responsabilidades extras. Además de ganar el sustento de la familia, tienen que hacerse cargo de los niños, de todas las tareas domésticas y de las comidas. Las esposas de los alcohólicos, por otra parte, tienen muchas veces que salir a trabajar para suplementar el escaso presupuesto, o sufrir muchas privaciones, además de hacer en la casa tareas que normalmente hacen los hombres.

Obtenida la sobriedad, muchos de estos papeles deben invertirse nuevamente, y algunos hábitos deben ser abandonados. El programa de Al-Anon, aplicado cada día, nos ayudará a hacer las adaptaciones necesarias para continuar una vida normal.

Recordatorio para hoy

Trataré de aprender a no esperar demasiado ni demasiado pronto; sobre todo, no esperaré que la sobriedad transforme a mi cónyuge en un ser humano super perfecto, hecho para mí y según mi descripción.

Al-Anon me ayudará también a restaurar un sano y razonable modo de pensar, para que de esa forma pueda yo encarar mis relaciones familiares con amor y comprensión.

> «No son posibles las grandes mejoras en la raza humana hasta que ocurra un cambio en su modo de pensar.»

¿Por qué es tan importante estar en lo cierto? ¿Por qué nos complicamos la vida y agravamos nuestras dificultades tratando de que acepten nuestros puntos de vista?

En medio de las tensiones que presupone vivir con un alcohólico, esta actitud puede crearnos muchas dificultades. ¿Qué daño nos puede producir aceptar lo que un alcohólico dice, tenga o no tenga sentido? ¿Por qué no «suelto las riendas y se las entrego a Dios»?

Trataré de adoptar el lema «Hazlo con calma» ante cada incidente que pueda aumentar la tensión y causar un estallido. Pensaré que un intercambio de palabras hostiles no me ayudará a encontrar la serenidad que necesito y busco.

Recordatorio para hoy

¿Por qué debo reaccionar a la censura y la acusación, sean éstas justificadas o no? ¿Qué puedo ganar con acaloradas e irracionales discusiones? En un ambiente neurótico *cualquier cosa* puede ser el comienzo de una camorra. No necesito tomar parte en ella; trataré de ignorarla... si puedo, alegremente. Esta es una excelente técnica para eludir el desacuerdo. Nuestra calma puede hacer que el alcohólico se sienta tan incómodo que comience a pensar seriamente en conseguir la sobriedad.

> «Retirarse de una discusión puede no hacerle a uno el ganador; en cambio, puede salvar vuestra propia dignidad y gracia.»

Sin duda es un experimento interesante e ilustrativo escuchar las *voces* en una de las reuniones de Al-Anon, no tanto por *lo que* dicen sino por *la forma* en que lo dicen. El sonido y la inflexión pueden revelar intenciones o actitudes ocultas.

¿Qué puede discernir el oyente perspicaz, mediante dicho experimento?

El tono y la manera de hablar de los que disfrutan al estudiar y *practicar* el programa, muestran confianza, humildad y compasión hacia quienes pasan por dificultades, además de un honrado reconocimiento de que no son personas superiores capaces de resolver todos los problemas.

De los que aún no han superado las barreras de la infelicidad, se oyen, más allá de sus palabras, duros juicios acerca del alcohólico, autocompasión y una determinada resolución de «ganar la batalla» de cualquier manera.

Recordatorio para hoy

La forma en que hablo revela a menudo más de lo que digo.

Para hacer que el programa me dé buenos resultados, es importante *vivirlo*. Esto se revelará en todo lo que haga y diga.

> «Escuchando más que meras palabras, puedo aprender mucho más de lo que meras palabras pueden enseñar.»

9 DE JULIO

¿De qué está hecha la autocompasión que puede invadir mi mente y mantenerme infeliz? Puede ser envidia de quienes tienen más bienes materiales: una mejor casa, un mejor automóvil... puede ser mi resentimiento por la monotonía al no experimentar suficiente alivio de mis penas diarias. Puede ser porque censuro demasiado a los demás: «¿Por qué no puede hacer él esto a mi manera?; ¿por qué no dice ella esto o aquello?» O amargura por la soledad porque el cónyuge ha cambiado las largas noches en el bar por las reuniones nocturnas de AA.

La autocompasión proviene de la concentración en todos los aspectos negativos de la vida.

Encontraré la manera de hacer que mi vida sea más interesante si miro con un optimista punto de vista todo lo placentero que sucede cada día. Me esforzaré por adoptar una actitud más *madura,* y me sabré conformar con un poco menos de lo que mis románticos sueños me dicen que debería tener.

Recordatorio para hoy

Una reunión de Al-Anon es un lugar propicio donde observar cómo la gente reacciona ante sus propias circunstancias. Quienes más tienen por lo cual estar agradecidos, son a menudo los que más rezongan y protestan. Otros, sin embargo, que llevan una desesperada y trágica vida, encuentran la forma de conservar la alegría y tratar de obtener el mayor gozo posible con lo poquito que tienen.

> «Esperar que la vida se adapte a nuestras normas es una invitación a la frustración.»

Cuando paso por más dificultades, a menudo me parece que el consejo del alegre optimista sólo agranda mi exasperación. Pienso que mis sufrimientos no son correctamente entendidos y que la gente no se da cuenta que soy un mártir. Y me digo a mí mismo: «Es fácil hablar, pero ¿cómo puedo sonreír cuando no tengo nada por lo cual estar contento?»

Por extraño que parezca, he descubierto que al encontrar el lado gracioso de mis penas, éstas se reducen a una forma más fácil de sobrellevar.

Esta es la sugerencia práctica que expresa nuestro folleto *«Sólo por Hoy.»*

Recordatorio para hoy

«Sólo por hoy seré feliz.» Esto parece confirmar lo que dijo Abraham Lincoln: 'La mayoría de los individuos son tan felices como se proponen serlo'.

«Ninguna vida es totalmente oscura y nublada. Busquemos el aspecto más alegre y feliz de las cosas. Esto a menudo hace que las nubes desaparezcan.»*

> «Pensar constantemente en nuestras dificultades sólo hace que éstas nos hieran más. Trataré de mirar el lado alegre de las cosas.»

11 DE JULIO

«Qué pasará si...» Muy a menudo escuchamos estas palabras provenientes de las personas que viven con un alcohólico. Solamente tres palabritas, pero impregnadas de temor, espanto y ansiedad.

«¿Qué pasará si él no regresa a casa?» *«¿Qué pasará si* ella no cuida de los niños mientras yo estoy en el trabajo?» *«¿Qué pasará si* él gasta todo el sueldo en bebidas?» *Qué pasará si...* y aquí podemos añadir todo lo que una mente desesperada suele imaginar.

Admitimos que todas estas cosas pueden suceder; pero cuando no suceden, al imaginarlas nos habremos puesto en una situación de sufrimiento innecesario y nos encontraremos aún menos preparados para encarar y resolver la situación si ésta realmente se presenta.

Recordatorio para hoy

En Al-Anon, la contestación a la pregunta *«Qué pasará si...»*, es: «No proyecte sus dificultades actuales, ni se imagine lo peor; encárelas en el momento en que se presenten. Viva un día a la vez.»

Nada puedo hacer acerca de cosas que aún no han sucedido; no permitiré que mis pasadas experiencias me hagan temeroso del futuro que aún no conozco.

> «Es vano y sin provecho concebir la idea de sufrimiento o gozo por cosas que quizá nunca sucederán.»

Supongamos que resuelvo concentrarme en el Primer Paso, cerrando la mente a todo otro pensamiento por sólo unos pocos minutos. ¿Cómo traduciría yo esto a diferentes palabras que pudieran imprimir su sentido en mí y guiar mi actitud?

La expresión «incapaces de afrontar solos el alcohol» me dice también: «Si carezco de poder sobre él, ¿por qué sigo tratando de imponer mi voluntad sobre la persona que bebe en exceso?» También quiere decir: «Deja de aferrarte al problema. Suéltalo y deja al Divino Poder, que ayuda en todas las cosas, que te ayude en esto también.»

Si soy incapaz de resolver el problema del alcohol, la única actitud razonable es tratar de vivir y dejar vivir, aprender a vivir mi propia vida plenamente y dejar que los demás vivan la suya. O, dicho más sencillamente, preocuparme solamente de mis propios asuntos.

Recordatorio para hoy

En este mismo instante, trataré de aligerar mi carga abandonando la parte de ella que no me pertenece. Hoy examinaré mejor mis pensamientos y mis impulsos, y haré solamente lo que se espera de mí.

> «Consérvate primero tú mismo en paz y luego podrás llevar la paz a otros. Sé celoso en primer lugar contigo mismo…»
>
> (Tomás de Kempis)

13 DE JULIO

No fue mera casualidad lo que me trajo a Al-Anon. Fui guiado como por una fuerza desconocida, debido a mi necesidad de compartir y de alentar a otros como yo. Como expresión de gratitud por este don que he recibido, asumiré ciertas responsabilidades:

—Estudiar y poner en práctica las ideas de Al-Anon, no solamente para mi propio beneficio, sino también para el de mis amigos del grupo.

—Preocuparme acerca de sus dificultades y tratar de ayudarlos espiritualmente a resolver sus problemas.

—No usar el tiempo del grupo para hablar de mis dificultades, sino tratar de que cada cosa que yo diga refleje alguna de las enseñanzas de Al-Anon, a fin de que tenga significado para quienes me escuchen.

Recordatorio para hoy

Concurrir a una buena reunión de Al-Anon es una experiencia satisfactoria. El propósito de estas reuniones es mucho más que «una oportunidad de salir». En consecuencia, me prepararé para estas reuniones leyendo publicaciones de Al-Anon, y así poder transmitir algo de valor. El resultado neto de esa activa participación podrá ser una mejor forma de vida para mí.

> «No nos podremos desentender de la participación en la sociedad sin poner en peligro nuestra salud espiritual.»

Sabias palabras fueron éstas de un consejero de AA a familiares de alcohólicos: «Sí, el alcohólico *puede* ser obligado a hacerse sobrio.»

La esposa: «Pero he probado de todo. Él no atiende a razones. Le he gritado, he protestado, he pagado las cuentas, he amenazado con dejarlo…, pero nada ha dado resultado.»

«Naturalmente que no, porque *Ud.* es la que ha tratado de forzarlo, y eso nunca da resultado. Le sugiero que deje de actuar. La única fuerza que puede obligar a un alcohólico a cambiar, es la presión que él siente cuando su familia deja de reaccionar. Cuando él ya no pueda contar con su ayuda, cuando Ud. ya no mitigue el sentido de culpa que él tiene riñendo con él, cuando Ud. se niegue a ayudarlo a salir de sus dificultades, entonces él se sentirá obligado a afrontar las cosas. En otras palabras, pruebe la *inacción* en lugar de estar constantemente imaginando *qué puede hacer* por él.»

Recordatorio para hoy

No es fácil abstenernos de reaccionar ante lo que otros hacen que parece afectarnos. Un sensato desprendimiento hace a veces que se efectúen los cambios que fuimos incapaces de producir al luchar continuamente con el problema.

> «Dios ayuda a quienes no tratan de tomar Su lugar.»

15 DE JULIO

La complacencia es un enemigo fácil de reconocer en otros, pero es muy difícil de admitirlo en nosotros mismos. Raramente se la enumera entre los mayores defectos humanos; sin embargo, puede impedir nuestro crecimiento espiritual.

La complacencia significa simplemente la seguridad de estar siempre en lo cierto, dando por sentado que nuestros puntos de vista no pueden ser erróneos. Esto implica juzgar a los demás por lo que creemos que es correcto. Ello impide nuestra comprensión y bondad, y justifica en nosotros cualidades que no podríamos tolerar en otras personas. La complacencia presumida es a menudo la raíz de los problemas familiares.

Recordatorio para hoy

Trataré de no estar tan seguro de que mi pensamiento es siempre correcto. Empezaré por ser más crítico con mi voluntad férrea de que las cosas se hagan a mi manera. Trataré de mantener la mente y los oídos abiertos a las ideas de otras personas, aun cuando no estén de acuerdo con las mías. Estaré abriendo así las puertas hacia mi propio crecimiento espiritual.

> «Mi serenidad no depende de que yo gane cada batalla en la lucha con la vida. Depende de que yo acepte a otros tales como son. Que Dios me conceda esa serenidad.»

Frecuentemente oímos a algún miembro de Al-Anon decir que ciertas acciones de los alcohólicos solamente demuestran su *falta de madurez*. Esta es la frase favorita para denominarlos y de acuerdo con los expertos casi siempre es la verdad.

No venimos a Al-Anon, sin embargo, para hacer un examen de la vida ajena, sino de la nuestra. Porque a nosotros también nos faltaba madurez, nos sentimos atraídos hacia un alcohólico como cónyuge, así como un niño que llama a otro niño.

Si la falta de madurez es la causa de mis dificultades, examinaré seriamente mis propias reacciones y trataré de corregirlas.

Discutir con un alcohólico acerca de asuntos sin importancia demuestra falta de madurez. Lo mismo puede decirse del mal humor, las lágrimas y todas las torturosas tretas a que podamos recurrir para ganarle de mano, o a cualquier otra de las cosas que *algunos* hacemos *algunas veces*.

Recordatorio para hoy

Mi tarea es clara: tratar de poner mis cosas en orden; vencer mi tentación a maniobrar con juegos pueriles en relación con un problema humano de gran seriedad. Al corregir mis deficiencias, mejoraré las cosas para todos los implicados.

> «La madurez es la capacidad de resistir las experiencias destructoras del yo y no perder la perspectiva en las experiencias constructivas del yo.»
>
> (Robert K. Greenleaf)*

17 DE JULIO [199

Pocas personas están enteramente libres del sentido de culpabilidad. Quizá podemos sentir remordimientos por nuestras palabras o nuestras acciones, o por cosas que hemos dejado de hacer. Podremos aun sentir cargo de conciencia por las irracionales y falsas acusaciones que nos hace el alcohólico.

Cuando me aflige el sentido de culpabilidad, no puedo hacer durante todo el día lo que soy capaz de hacer. Debo desembarazarme de ese sentimiento, no dejándolo de lado, sino identificando y corrigiendo su causa.

Libre de ese peso, podré dedicarme por entero a las actividades del día y a mi crecimiento espiritual. Entonces tendré algo positivo que dar a los demás, en vez de concentrarme en mis propias frustraciones.

Recordatorio para hoy

Me negaré a dejarme perturbar por un molesto sentido de culpabilidad. Lo rastrearé hasta su origen y trataré de resarcir el daño que yo haya podido causar. No lo encubriré con autojustificación ni santurronería. Esto podría destruir todo lo que estoy tratando de lograr.

> «Una persona se siente reconfortada y feliz cuando pone el corazón en su trabajo y hace lo mejor que puede; pero lo que diga o haga de otro modo no le dará paz.»
>
> (Ralph Waldo Emerson: *Essay on Self-Reliance*)

Otra de las frases que se pronuncian a menudo en las reuniones de Al-Anon es ésta: «Sí, pero....»

Un miembro a quien llamaremos A explica cómo puede aplicarse una de las ideas de Al-Anon al problema del miembro B. Pero B lo interrumpe, y dice, «Sí, pero...» y procede a explicar cuán diferente es su caso, y cuánto más difícil que el de otros, y que sería imposible resolverlo tratando de aplicar uno de los Pasos o de los lemas, por ejemplo.

«Sí, pero...» significa que B no está listo a escuchar, porque no quiere que se subestime su problema. B, quien tiene el problema, cree que es la única persona que puede saber cuán terrible es. No se da cuenta de que todos estamos allí por las mismas razones.

Recordatorio para hoy

Si alguna vez me siento tentado a decir «Sí, pero...», trataré de recordarme a mí mismo que debo concentrarme cuando hable un amigo de Al-Anon. Si es cierto que quiero hacer mi vida más llevadera, trataré de escuchar de forma receptiva y de aplicar luego lo que escuche.

La clave de Al-Anon es *aceptar y aplicar el programa* sin decir «sí, pero», porque eso sólo revelará mi resistencia e incertidumbre.

> «No resistiré el impacto de una idea nueva. Ésta puede ser la que he estado necesitando sin haberme dado cuenta de ello. Seré más flexible y receptivo a todo nuevo punto de vista.»

19 DE JULIO

Como miembros de uno de los grupos de Al-Anon, concurrimos a las reuniones, como miembros nos mantenemos en contacto unos con otros, leemos, meditamos y oramos. Es maravilloso observar cómo esta participación nos hace sentir parte de una cadena mundial de grupos que persiguen el mismo fin: construir una vida mejor para nosotros y para cuantos nos rodean. Imaginémonos el inmenso poder para hacer el bien que puede generarse en una hermandad como la nuestra.

Los miembros de Al-Anon desparramados por todos los continentes, en lugares tan remotos como Australia, Japón, Finlandia, Uruguay y las islas de los mares del Sur, son todos mis hermanos. Lo que hago los ayuda a ellos; lo que ellos hagan me ayuda a mí.

Nacionalidad, raza, color, religión, riqueza, pobreza: nada de eso nos importa como miembros de esta gran confraternidad unida por el amor.

Recordatorio para hoy

Cuando converso con mis amigos de Al-Anon del grupo de mi ciudad, me doy cuenta de que todos pertenecemos a algo mucho más grande que nuestro solo grupo. Recordaré, y enviaré cariñosos pensamientos a los miles que existen por todo el mundo. Este intercambio nos enriquecerá a todos.

> «Éste es realmente un movimiento del espíritu, y creo firmemente que la unidad del mundo, en entendimiento y paz, podrá resultar de estos esfuerzos…»

Querer averiguar las razones por las que un alcohólico bebe, o por qué hace lo que hace cuando está sobrio, es «una urticaria para la cual no hay ungüento.»

Algunos nunca dejamos de interrogarnos al respecto. Puesto que no somos psiquiatras, nuestra investigación está condenada al fracaso; por lo tanto, aceptemos esto como un imposible, y además, sin importancia.

Lo que sí es importante, y podemos explicar con las facultades que Dios nos ha otorgado, es lo que estamos haciendo nosotros que nos confunde y complica la vida. Cuando descubramos eso y hagamos algo para solucionarlo, desaparecerán muchas de nuestras dificultades.

Recordatorio para hoy

Cada vez que yo trate de suponer los motivos de la gente, me detendré para preguntarme: «¿Qué dije o hice que provocó esa acción? ¿Por qué reaccioné como lo hice? ¿Realmente tiene importancia para mí, o estoy haciendo un mundo de la nada?»

> «Abandona ese excesivo deseo de saber; en esa actitud se encuentra mucha distracción. Hay muchas cosas cuyo conocimiento es de poco o ningún provecho para el alma.»
>
> (Tomás de Kempis)

21 DE JULIO

Puedo fortalecerme y consolarme al saber que pertenezco a Al-Anon, una hermandad de ramificaciones mundiales, cuyos miembros persiguen juntos el mismo propósito. Nuestro grupito es uno solo entre miles.

¿Qué nos mantiene juntos, a gente de diferentes nacionalidades y credos? No hay reglas ni regulaciones, ni controles de administración; nadie dice: «Usted debe hacer esto» o «usted no debe hacer lo otro». Existe, sin embargo, un gobierno, pero es un gobierno de principios especificados en las Doce Tradiciones, que cada miembro y cada grupo acepta.

Cada uno trabaja a su manera para el bien de los demás. Lo que nos une es un problema común que es preciso resolver mediante la comprensión y el servicio mutuos. Al-Anon funciona como la ruedecita de la vieja canción, por la gracia de Dios.

Recordatorio para hoy

Pertenezco a Al-Anon. Esta hermandad es una parte importante de mi vida, porque me mantiene unido, en pensamiento y acción, a miembros de todo el mundo que comparten el mismo deseo: dar sentido y significado a la vida. No los conozco, pero son mis amigos, y yo, amigo de ellos. Cuanto más vivamos cada uno de acuerdo con los principios espirituales de Al-Anon, tanto más podremos ayudarnos mutuamente, sin importar cuán grande sea la distancia que nos separe.

> «Doy gracias a Dios por haberme ayudado a encontrar a Al-Anon que me ha mostrado el camino hacia una nueva vida.»

Un miembro de Al-Anon podrá dedicar mucho tiempo a leer libros científicos acerca del alcoholismo, pensando que así se preparará mejor para resolver «el problema». Pero a menos que se quiera convertir en profesional en el campo del alcoholismo, un estudio intenso de la enfermedad no le servirá de mucho.

Tampoco le ayudará explorar las razones del comportamiento del alcohólico; ciertamente no mientras su propia conducta muestre que todavía no es enteramente racional. Así, nuevamente tenemos que todo cambio debe comenzar *en nosotros.*

La búsqueda debe ser la de nuestra propia serenidad, la cual sí podrá tener un increíble poder para inspirar a otros en nuestro hogar.

Recordatorio para hoy

¿Leo todo lo que puedo acerca del alcoholismo porque tengo aún la esperanza de encontrar la manera de hacer que mi esposo o mi esposa dejen de beber? ¿Echo toda la culpa de las adversidades familiares al alcohólico, esté sobrio o no? ¿Tengo el valor de enfrentar mis propios errores y defectos de carácter? ¿Justifico mi resentimiento y busco una explicación racional a mi autocompasión?

> «Cuántas dificultades evita quien no trata de ver lo que otros hacen o dicen, sino solamente lo que él mismo hace, para cerciorarse de que es justo y puro.»
>
> (Marco Aurelio: *Meditaciones*)

23 DE JULIO [205

Cuando mi espíritu atormentado y mis confusos pensamientos no hagan más que dar vueltas sobre sí mismos y trate de persuadirme de la irracionalidad de este estado de ánimo, quizá me convenga dejar de razonar y aferrarme a una sola idea, que me produzca sosiego y serenidad. Esa idea es: *Mantenlo simple*.

Probablemente yo no pueda hacer nada en este instante, en este minuto, en esta hora, en este día, para resolver el problema que me perturba. Entonces, ¿por qué me atormento?

Dejaré de imaginarme distintos modos y métodos. No reconstruiré, una y otra vez, los mismos pensamientos tan amargos que sólo me pueden enfermar físicamente. Me vaciaré la mente de toda esta perplejidad y me aferraré sólo a una idea sencilla mientras espero la orientación de Dios.

Recordatorio para hoy

Lo que me causa dificultades a menudo es demasiado complejo para el razonamiento humano. Lo cierto es que su realidad solamente es producto de mis confusos pensamientos. Si me detengo por un instante y me recuerdo a mí mismo que debo *mantenerlo simple*, me encontraré volviendo a la cordura.

> «La sombra de tus alas será mi refugio hasta que desaparezca la tiranía.»
>
> (*Libro de las Oraciones Comunes*)

Los recién llegados a Al-Anon usualmente se sienten solos en un mundo hostil, inmersos en un mar de dificultades. Algunas de éstas quizá han sido creadas por ellos mismos, pero todos tenemos mucho que aprender a fin de poder vivir con un alcohólico antes de crear dentro de nosotros mismos un mundo de orden y serenidad.

No nos mostremos demasiado ansiosos de atosigar con consejos a estas personas confusas. Una cálida bienvenida, unas palabras de esperanza y expresiones tranquilizadoras constituyen la única terapia que pueden resistir al comienzo. Alguno de los miembros debería ofrecerle su protección y buena voluntad para escuchar el relato de sus dificultades, si el recién llegado necesita desahogarse después de la reunión.

Recordatorio para hoy

Cada uno de nosotros deberá pensar en el recién llegado. Su venida a Al-Anon puede enriquecer nuestra vida, a la vez que beneficiarlo a él. El recién llegado nos da la oportunidad para iniciarlo en el programa de Al-Anon. Nos beneficiamos de esa manera, porque al compartir lo que hemos aprendido se aclaran nuestros pensamientos al ver en ellos nuevos aspectos. Esto también nos permite advertir cuánto hemos aprendido desde que ingresamos a la hermandad.

> «Oro para ser guiado en mis esfuerzos por asistir al recién llegado, para ser selectivo en el compartimiento de mi experiencia, mi fortaleza y mi esperanza, para cerciorarme de que se satisfacen sus necesidades.»

25 DE JULIO

Solemos escuchar y leer, una y otra vez, que somos incapaces ante el alcohol y que la sobriedad del alcohólico no es asunto nuestro ni somos responsables de ella. Puede ser una paradoja, entonces, afirmar que los cónyuges pueden tener una tremenda influencia en lograr y mantener la sobriedad del alcohólico.

Cuando continuamos rezongando y dominando, asumiremos en una mayor medida la responsabilidad por haber *diferido* la sobriedad y por las recaídas del alcohólico.

Al-Anon nos enseña cómo cambiar ese tipo de actitud destructiva. Cuando abandonemos el papel de acusadores, jueces y administradores, se notará una gran mejora en el clima del hogar. Un ambiente agradable y alegre, que podemos crear, a menudo estimula en el alcohólico el deseo de volverse sobrio.

Recordatorio para hoy

El hecho de ser incapaces ante el alcohol y el alcohólico, simplemente significa que no podemos forzar las cosas. Por otro lado, un cambio en nuestra actitud tendrá un poder ilimitado para producir serenidad y orden en el hogar.

> «No carezco de la facultad para conducirme a mí mismo ni de corregir la forma en que actúo y reacciono. Esta capacidad en sí es un poder que puede obrar milagros también al cambiar la actitud de otros.»

El más sencillo y a la vez el más dificil de todos nuestros lemas es la palabra PIENSA. Parece que no hacemos más que pensar, pero es mayormente acerca de nuestras dificultades, y a quién le podemos echar la culpa de ellas. En lo que aparentemente no somos capaces de pensar es en que estamos haciendo nosotros mismos lo que nos perjudica. Otra palabra para pensar en ella es *venganza*.

¿He pensado alguna vez, de una forma u otra, decir: «¡Le ajustaré las cuentas por eso!», «Ya me las pagará por lo que hizo.»? ¿Busco alivio a mi resentimiento mediante la venganza en lugar del perdón?

Recordatorio para hoy

Antes de actuar, o de decir palabras rudas y desconsideradas, pensaré primero en lo que provocó en mí ese impulso. Si me puedo persuadir de no actuar ni hablar, podré regocijarme sosegada e interiormente de que mi Poder Superior me concedió la gracia del silencio. Este constructivo pensamiento es uno de los muchos buenos estímulos para el yo.

> «¿Qué gana una persona con estar en lo cierto
> si por ello se crea un enemigo?»

27 DE JULIO

¿Qué pasaría si no existiera el problema del alcoholismo en el mundo? Por ende, ¿serían perfectos los matrimonios y todo tipo de relaciones humanas? Naturalmente que no. Así podemos darnos cuenta de que la sobriedad no es la solución de todos los problemas.

Cierto, el alcoholismo puede destruir los matrimonios que sin este problema podrían haber tenido éxito. Pero también es verdad que hay ciertas adaptaciones básicas de uno al otro, que de cualquier forma deben hacerse.

El principal propósito de Al-Anon es tratar de enseñarnos cómo sobrellevar... problemas que el alcoholismo *ha agravado*. Pero también es importante su utilidad al ayudarnos a adaptarnos a nuestros cónyuges y a otras personas.

Recordatorio para hoy

Si realmente quiero aprender cómo adaptarme fácil y felizmente a mi ambiente y a mis relaciones con otras personas, Al-Anon tiene mucho para ofrecerme. Una vez que he reconocido el problema del alcoholismo que me trajo a este programa, espero continuar usándolo por el resto de mi vida.

> «Todos necesitamos regirnos por alguna filosofía—comentó un orador de AA—; por lo tanto, he aceptado la de los Doce Pasos.»

Uno de los beneficios de Al-Anon que raramente alguien menciona—o siquiera advierte—es que hace que nuestra vida sea mucho más llevadera. Cuando se nos habla de la ventaja de estudiar los Doce Pasos, leer las publicaciones y asistir a las reuniones, podemos pensar: «Ellos siempre me están dando cosas para hacer.» Pero todo lo que se sugiere en Al-Anon es para *nuestro* beneficio, precisamente para hacer la vida más agradable y llevadera. ¿Nos encontramos llenos de problemas? Al-Anon nos indica cómo resolverlos. Los otros miembros de Al-Anon nos conducen como de la mano y nos muestran la forma en que ellos han aplicado a sí mismos las maravillosas y *consoladoras* ideas que estamos aprendiendo.

Recordatorio para hoy

Los efectos del programa de Al-Anon me serán revelados en una serie de pequeños milagros, como el hecho de que cada día me aligera de una nueva carga, porque voy cambiando mi modo de pensar. Seguiré este programa como si mi vida dependiera de él, si por vida entiendo una existencia real... alegre y adecuada.

> «Resistir a la guía espiritual es derrotarnos a nosotros mismos. El programa de Al-Anon es un modo espiritual de vivir.»

29 DE JULIO

Comenzaré hoy a incluir un Tiempo de Quietud en cada día como se sugiere en Al-Anon, y lo recordaré sobre todo en momentos de trastornos y discusiones familiares. Si puedo proporcionar este elemento de tranquilidad a mi hogar, al menos no estaré agregando nada a la agitación.

La quietud puede lograrse con el silencio completo, pero si el silencio tiene aunque sea un pequeño atisbo de hostilidad o enojo, pierde toda su eficacia. Un silencio ceñudo es aún más provocativo para una persona combativa que hablar. La verdadera quietud presupone serenidad, aceptación y paz.

Debo recordármelo a mí mismo constantemente en los momentos de tensión.

Recordatorio para hoy

Puedo persuadirme a callarme al darme cuenta de que las palabras airadas solamente pueden afectarme si lo permito. Después de todo, la mayoría de las palabras airadas no se basan en la lógica ni en la razón. Entonces, ¿por qué han de herirme? Si una explosión temperamental del alcohólico parece estar destinada a mí, comprenderé que quizás ése sea el modo en que el alcohólico expresa su propio sentido de culpabilidad; no permitiré, pues, que eso se descargue sobre mis hombros.

> «En la quietud y el silencio la verdad se hace clara....»

¿Cuántas horas para estar despierto tengo hoy? ¿Qué haré con ellas? Hoy, este día, es todo el tiempo de que dispongo para hacer algo; por lo tanto, lo usaré con cuidado. No desperdiciaré un solo instante preocupándome acerca del ayer; tampoco permitiré que por mi mente cruce un pensamiento de temor por el mañana.

Usaré este tiempo para cumplir con mis deberes esenciales, encarando quizá primero los más difíciles, para no ser tentado a «dejarlos para mañana». Planearé un poco de tiempo para disfrutar y descansar, y otro poco, aunque sean sólo 10 minutos, para meditar y orar a solas.

Recordatorio para hoy

Este día me pertenece. Puedo en él hacer cosas maravillosas, crear algo, incluso el orden a mi alrededor y en mi mente. Nadie más es el propietario de mi segmento especial de tiempo; por tanto, sólo depende de mí cómo llenar cada instante para mi propia satisfacción.

Al-Anon me enseña a vivir un día a la vez. Este es ese día.

> «Sólo por hoy, no tendré miedo. Especialmente, no temeré disfrutar de lo que es bello, ni creer que lo que doy al mundo, éste me lo devolverá en la misma proporción.»
>
> (Al-Anon: *Sólo por hoy*)

31 DE JULIO

Me gustaría recordar todo lo realizado este mes para ver qué progreso he hecho y qué cambios se han producido en mi vida como resultado de haber puesto en práctica el programa de Al-Anon.

¿He prestado suficiente atención a los Doce Pasos? ¿He leído al menos un poquito cada día? ¿Son mis relaciones familiares más serenas y felices de lo que eran hace un mes? ¿He reanudado una amistad que se había entorpecido, restañado una herida que produje en alguien, tratado de eludir un chisme e intentado aprender algo nuevo?

Recordatorio para hoy

Éste será mi día de repaso y preparación para el mes que viene, en el cual renovaré mis esfuerzos para progresar en mi desarrollo personal.

Si no pudiera ver ninguna mejora en el mes que acaba hoy, no me desanimaré por ello, entre otras cosas, porque debo aprender a aceptarme a mí mismo tal cual soy. Cualquier cosa buena que yo pueda hacer, debe comenzar con esto.

> «De vez en cuando, una recapitulación de mi progreso es un ejercicio alentador, porque me demuestra que gradualmente voy aprendiendo a vivir equilibradamente y con serenidad.»

Quizá muchos de nosotros hayamos pensado alguna vez: «¡Oh, si yo pudiera alejarme de todo esto y comenzar de nuevo!» Creemos que un nuevo comienzo lo resolvería todo; que no cometeríamos los mismos errores nuevamente, y así tendríamos una oportunidad de ser felices.

Naturalmente, sabemos que esto es una fantasía pueril. El solo hecho de que se nos cruce esta idea por la mente pone en duda nuestra madurez. Porque sabemos perfectamente—admitámoslo o no—que no nos desprenderemos de nuestras dificultades. No podremos escapar de nosotros mismos.

¿No es esto una prueba clara de que muchas de nuestras dificultades son creadas por nosotros mismos, como así también muchas de nuestras agonías?

Recordatorio para hoy

Un gran paso hacia la madurez es darme cuenta de que no podré cambiar las condiciones eludiéndolas. Solamente podré cambiar mi punto de vista acerca de ellas y su relación conmigo, y esto sólo será posible si yo mismo cambio.

> «Poco a poco podré cambiar mi mundo, no tratando de escapar hacia uno nuevo con mi viejo yo, sino haciendo un *nuevo yo* de mi vieja persona.»

2 DE AGOSTO

Los lemas de Al-Anon son pequeños consejos. Si somos capaces de poner todos ellos en práctica, llegaremos cerca de la meta de la perfección como seres humanos espirituales.

Pensemos en éste, por ejemplo: *Vive y deja vivir*. Estas cuatro palabras condensan toda una filosofía de la vida. Primero, se nos aconseja vivir, vivir rica y felizmente, y cumplir nuestro destino con el gozo que proviene de hacer las cosas lo mejor que podemos. Luego viene el consejo más difícil. *Deja vivir*. Esto significa reconocer el derecho que cada ser humano tiene a vivir en la forma que quiera, sin censuras ni juicios de parte de nosotros. Esto excluye el desprecio por quienes no piensan como nosotros. También nos advierte contra el resentimiento, y nos dice que nos abstengamos de suponer que las acciones de otras personas están destinadas intencionalmente a herirnos.

Recordatorio para hoy

Cuanto más piense yo acerca de la vida y en dejar vivir a otros, más aprenderé de ella. Trataré de adoptar esto como regla con que medir todo lo que yo haga, especialmente en lo que se relaciona con otras personas.

> «Cuando mis pensamientos se concentren en aprender a vivir, estaré menos tentado a llenarme la mente con pensamientos acerca de cómo viven otros.»

A veces me encuentro tan ocupado preguntándome qué estará haciendo otra persona, dónde y por qué, que mis propios pensamientos crean un tumulto dentro de mí. Cuando esto ocurre, sé que soy candidato para una nueva y honrada apreciación de mí mismo. Si eludo esta confrontación conmigo mismo, seré candidato a un rudo despertar.

No debo olvidar que mi primera obligación es tratar de producir un cambio en mi modo de pensar. El progreso que yo logre para convertirme en un ser humano digno, como asimismo las mejoras a que aspiro en las circunstancias de mi vida, dependen de que yo haga estos cambios.

Recordatorio para hoy

No puedo cambiar nada excepto a mí mismo. ¿Necesito un cambio? Si las cosas van mal, o parecen ir mal, quizás es por la forma en que reacciono ante ellas. Si acepto el hecho de que la razón principal de mi infelicidad está en mí, me estaré dando a mí mismo una buena razón para tomar alguna medida acerca de mí. Esto no es fácil, pero la recompensa irá más allá de lo imaginado.

> «Mi felicidad no puede depender de que yo obligue a cambiar a otra persona, ni mis angustias podrán provenir de ningún otro que no sea yo mismo.»

4 DE AGOSTO

Una de las fuentes de nuestras frustraciones que raras veces reconocemos, es *esperar* demasiado de los demás, o *esperar* demasiado específicamente lo que pensamos que ellos deben ser, decir, dar o hacer.

Si *espero* que otra persona reaccione de determinada manera ante una situación dada, y él o ella no satisfacen mi expectativa, ¿tengo derecho a sentirme defraudado o a enojarme?

Cada ser humano tiene sus propios impulsos y motivaciones más allá de lo que yo pueda entender o controlar. Puedo quizá decir: «Pero él *sabía* lo que yo *esperaba*», sin darme cuenta de que esa fue precisamente la razón por la cual él se rebeló y actuó de otra manera.

Mi búsqueda de paz mental fructificará más pronto si dejo de *esperar* y reposo en la aceptación.

Recordatorio para hoy

No estableceré una norma basada en mis experiencias y deseos personales, para esperar luego que otra persona viva conforme a ella. Este tipo de interferencia es sutil y perjudicial; daña mi paz mental y mi dignidad, como asimismo la de aquéllos a quienes estoy abrumando con mis expectativas.

> «Muy a menudo, yo tampoco vivo de acuerdo con las expectativas de otros.»

Lo que recibimos de nuestra asociación con Al-Anon depende en gran parte de lo que demos. Ciertamente el programa de Al-Anon me ayudará a desembarazarme de mis desesperaciones y frustraciones, pero el mayor esfuerzo para escuchar, observar y concentrarme lo debo hacer yo. Al-Anon nos señala el camino, pero nosotros debemos seguirlo. Al-Anon nos provee instrumentos, pero nosotros debemos emplearlos.

Recordatorio para hoy

Si pongo en práctica el programa de Al-Anon, leo todos los días algo de un libro de Al-Anon, considero las reuniones suficientemente importantes como para no perderlas y aplico lo que aprendo, estaré en el camino debido. Mientras avanzo, podré asistir a otros a resolver sus problemas, y de esta manera obtendré más ayuda de mi disposición a compartir lo que voy recibiendo de Al-Anon.

Quiero estar constantemente consciente del papel que juego como miembro de esta hermandad, experimentar conscientemente el intercambio de consuelo que es posible en Al-Anon. Es como si yo hubiera descubierto una isla segura, habitada solamente por amigos cariñosos que se interesan por mí.

> «La razón por la cual me siento tan satisfecho de ser miembro de Al-Anon es que Al-Anon ha sido el medio para que yo me convirtiera en una mejor persona.»

6 DE AGOSTO

Éste es un día que Dios me ha puesto en las manos. Si solamente yo pudiera darme cuenta de cuán importante es este don, usaría cada instante de él para lograr que mi vida fuese más serena y más llena de satisfacciones. No me concentraré en las desilusiones del pasado, ni contemplaré ansiosamente el futuro. Viviré sólo por hoy, tan bien como lo pueda hacer. Dejaré de lado toda censura hacia otras personas. Advertiré las cosas interesantes: las expresiones en el rostro de la gente, una planta que crece en el antepecho de mi ventana, la gracia y el encanto de un niño, las formas de las nubes. Hoy hay maravillas alrededor de mí, si sólo abro los ojos y estoy dispuesto a disfrutarlas.

Recordatorio para hoy

No estaré tan preocupado con pensamientos acerca de mis agravios y dificultades, que no vea las cosas buenas de hoy. Hoy puedo comenzar una nueva forma de usar los minutos y las horas, una nueva manera de mirar a mi alrededor y a las circunstancias de mi vida. Haré que este día merezca ser recordado con placer y satisfacción y que sea también una preparación para los días que vengan.

> «Hoy es todo el tiempo que tengo. Nadie puede impedirme que lo use bien. Si lo convierto en un día bueno, el de mañana podrá ser mejor aún.»

Alguien sugirió en una de las reuniones: «Usemos un lema. Tengámoslo siempre presente y no permitamos que nuestras dificultades nos hagan olvidarlo. Actuemos según él.»

Tomemos, por ejemplo, *Suelta las riendas y entrégaselas a Dios*.

Cuanto más me aferro a mis problemas, menos oportunidad le doy a Dios para que me ayude. Cuanto más ansiosa y desesperadamente trate de resolverlos, menos veré las soluciones.

Soltaré las riendas y se las entregaré a Dios. Si no soy capaz de allanar mis dificultades, quizá Dios lo haga, si tan sólo suelto las riendas y se las entrego.

Recordatorio para hoy

Repetir una y otra vez esta breve frase me produce tal sensación de alivio que ya nada parece tan difícil como antes. El pensamiento de soltar las riendas parece quitarme un tremendo peso de encima y permitirme respirar libremente otra vez. ¿Por qué me ha sido tan difícil soltar las riendas? ¿Es porque creo que solamente yo soy capaz de resolver los grandes problemas? Sé que esto no es verdad, así que soltaré las riendas y se las entregaré a Dios.

> La ayuda de Dios está siempre disponible; lo único que debemos hacer es un lugar para que él tome parte en nuestra vida y mantenernos dispuestos a aceptar su dirección.

8 DE AGOSTO [221

Oímos decir que los miembros de Al-Anon no se aconsejan unos a otros. Esto se refiere específicamente a la clase de consejos que sugieren decisiones drásticas que pueden producir cambios radicales en las relaciones matrimoniales. Esto no lo hacemos, y no lo debemos hacer.

En otros aspectos, en Al-Anon damos muchos consejos. Sugerimos que nos autoexaminemos en busca de la causa de nuestros problemas; aconsejamos depender de la dirección de Dios. Recomendamos mucha lectura de publicaciones de Al-Anon y el estudio de los Doce Pasos y de los lemas. Sugerimos formas de vida espiritual, para encontrar una nueva perspectiva y una nueva fortaleza, como asimismo compartir nuestra experiencia personal al aplicar los Pasos y los lemas a nuestra propia vida.

Recordatorio para hoy

Cuando me sienta perturbado ante un problema insoluble, aceptaré con gusto el consejo de los otros miembros, de concentrarme en uno de los lemas o de los Pasos para encontrar la solución. Sé también que solamente podré tomar una medida constructiva después de haber librado mis pensamientos y emociones de su estado de confusión.

> El uso de los lemas y de los Doce Pasos me fortalecerá para tomar decisiones acertadas.

Sé ahora cuán fácil es dejarse invadir por la ira al pensar en alguien que me ha perjudicado. Es mucho más difícil aún adoptar una actitud tranquila para evitar que las emociones se desborden. A menos que yo haga esto, estallaré y me perjudicaré a mí mismo y dañaré todo lo que me rodea.

Cuando nos sentimos frustrados en nuestros deseos de castigar a las personas con las cuales estamos enojados, podemos desquitarnos con víctimas inocentes, algunas veces nuestros propios hijos, esas vidas jóvenes que Dios nos ha confiado.

No cabe duda de que tenemos una obligación—una obligación de amor—de evitar que se agrande el daño emocional que el padre alcohólico puede estar ya produciéndoles a ellos.

Recordatorio para hoy

Hay muchas buenas razones para que yo deje de dar cabida a resentidos pensamientos, que pueden convertirse en ataques contra otros seres humanos. Otra buena razón para detener mi enojo antes de que yo ya no pueda controlarlo, es prevenir las cicatrices emocionales que puede dejar en mí.

> «Si alguno se cree religioso entre vosotros, y no refrena su lengua, sino que engaña su corazón, la religión del tal es vana.»
>
> (*Epístola Universal de Santiago*)

10 DE AGOSTO

En el libro de los Proverbios leemos: «El azote de la lengua quebranta los huesos. Pesa tus palabras en una balanza y haz una puerta y un cerrojo para tu boca. La envidia y la ira acortan la vida.»

Esta declaración coincide con el programa de Al-Anon. Se nos recuerda constantemente que estamos intentando mejorarnos a nosotros mismos, para protegernos de las influencias de la confusión, la ira y el resentimiento.

En estas palabras de la Biblia tenemos una recomendación directa de averiguar qué parte podemos haber tenido en las dificultades con otros. Y la razón que dan, para *nuestro propio beneficio*, es igualmente válida en las enseñanzas de Al-Anon.

Recordatorio para hoy

Reflexionaré sobre el daño que haya podido causar, y que aún pueda causar, al decir lo primero que me venga a la mente. Me fijaré en que la peor parte de mi reacción de furia incontenida cae sobre mí. Lo que digo en un solo momento de ira incontrolada, puede tener consecuencias de muy larga duración.

> «Todo hombre sea pronto para oír, tardo para hablar, tardo para airarse; porque la ira del hombre no obra la justicia de Dios.»
>
> (*Epístola Universal de Santiago*)

Aun con un creciente entendimiento de la filosofía de Al-Anon, puede resultarnos difícil aceptar expresiones como la siguiente:

«Al-Anon es el camino hacia la libertad personal.»

Supongamos que me encuentre prisionero, atrapado, en medio de una vida tediosa, como es el caso de muchos de nosotros. ¿Qué hago para salir de esa situación? Mi primer impulso es tratar de manipular las cosas y a la gente que me rodea para que se me tornen más aceptables. ¿Discuto, peleo y lloro para hacer que mi cónyuge se comporte del modo en que podría hacerme más feliz? La felicidad no se gana de esa manera.

Sólo puedo librarme de la desesperación y la frustración *si yo cambio* la actitud que mantiene las condiciones que me producen tristeza.

Recordatorio para hoy

Tengo el poder de liberarme mediante la conquista de los defectos de mi carácter que me encadenan a mis problemas. Y no es el más pequeño de mis defectos, la cortedad de vista que me ha inducido a no aceptar la responsabilidad por ser de la manera como soy.

> «No seas vencido de lo malo, sino vence con el bien el mal.»
>
> (*Epístola a los Romanos*)

12 DE AGOSTO [225

Es muy difícil superar el hábito de establecer normas para nuestros cónyuges y esperar que éstos las sigan. Desafortunadamente, esto puede continuar aún después que el alcohólico se hace sobrio en AA. Tratamos de imaginarnos los resultados de su sobriedad, como los cambios en su actitud y comportamiento; pero, cuando las cosas no se producen en la forma en que las esperamos, nos sentimos frustrados y resentidos.

Debo aprender a dejar a mi cónyuge con Dios y con sus amigos de AA. Me fijaré en sus acciones positivas y deseables, y las apreciaré y no me concentraré en las negativas. En otras palabras, haré algo constructivo en beneficio de mi propia actitud.

Recordatorio para hoy

No esperaré encontrar la perfección en otra persona hasta tanto yo no la haya alcanzado. Como sé que esto nunca ocurrirá, aprenderé a aceptar las cosas como son y dejaré de manipularlas para tratar de cambiarlas. Buscaré un enfoque más sabio de la vida *en mí mismo* y no en otras personas.

> «Debes aprender a renunciar a tu voluntad en muchas cosas, si quieres conservar la paz y la concordia con los demás.»
>
> (Tomás de Kempis)

Sufrimos más de lo que necesitamos, y más a menudo, probablemente porque lo queremos. Muchos reabrimos viejas heridas solamente por vivir en el pasado: «¿Qué hizo él, o ella, la semana pasada, o el año pasado?» Muchos vivimos con un innecesario temor de lo que el futuro puede traer.

Un ejercicio interesante y recompensador para el día de hoy podrá ser examinar todo lo que me hiere en este momento. Pondré en tela de juicio su validez y veré si hay alguna base para mi amargura, o para ese temor y espanto. Probablemente descubriré, con alegría, que tengo en este momento suficientes razones para estar feliz y contento.

Recordatorio para hoy

¿Por qué yo me permito sufrir? ¿Hay algún significado o validez en los motivos por los cuales me permito sufrir? ¿Qué pasaría si «él dijera esto o ella dijera aquello»? Aun cuando lo que se dijo hubiese estado destinado a herirme, esto no será posible, si mantengo mi mente en guardia.

> «Algunas de tus heridas las habrás restañado, y habrás sobrevivido aun a las más cruentas de ellas; pero cuantas angustias y penas has soportado, por males que nunca llegaron.»
>
> (Ralph Waldo Emerson)

14 DE AGOSTO

Cuando un alcohólico finalmente llega al fondo del abismo, y retorna el largo camino de ascensión a través de AA, esto es el comienzo de su progreso en la madurez personal y espiritual.

Si admitimos, como seguramente lo hacemos, que en un matrimonio donde existe el problema del alcoholismo ambas partes son o se han vuelto neuróticas, los que no somos alcohólicos también necesitamos la ayuda de un programa de progreso.

Si una persona A da los primeros pasos para tratar de curarse y poder enfrentar la vida como un adulto responsable, ¿cómo puede la persona B adaptarse a la nueva situación, sin un profundo entendimiento de sí misma que podrá obtener después por medio de Al-Anon? Ésa es la lógica práctica de esas palabras: «Trabajar en unidad por un propósito común, hace más que fortalecer individualmente a las dos personas. Las une.»

Recordatorio para hoy

Cuando un miembro de AA reconoce que la sobriedad es solamente el comienzo de su crecimiento, el otro cónyuge también necesita ayuda continuada para adaptarse al nuevo tipo de problema que se puede producir en la relación matrimonial. Al-Anon nos muestra cómo hacer frente a esa responsabilidad con dignidad, gracia y amor.

> «... que nuestro amor y consuelo aumenten
> aun cuando entremos en años.»

Cada uno de nosotros tiene, como persona, un enorme potencial. Muchas de nuestras frustraciones provienen de que no hacemos lo máximo posible para obtener de la vida lo que ésta tiene listo para dar.

A pesar de que venimos a Al-Anon para tratar un problema específico, no siempre nos damos cuenta de que mejorarnos a nosotros mismos podría ser la solución, no sólo del problema que representa vivir con un alcohólico, sino también de otras dificultades.

Las soluciones dependen de mí. Con la ayuda del Poder Superior, puedo hacer más agradable mi vida con comodidad, serenidad y gozo. Esto no depende de ninguna otra persona, y cuanto antes yo acepte este hecho, más pronto podré enfrentarme realistamente conmigo mismo.

Recordatorio para hoy

La gente puede afectarme sólo en la medida en que yo lo permito. No necesito ser influido por otros, porque soy libre de consultar mis propios deseos y normas, y decidir qué me conviene más. Creo que puedo desarrollar mi fortaleza y confianza aplicando fielmente el programa de Al-Anon a mi vida cotidiana.

> «... el único recurso contra mi frustración es dejar que se manifieste en mí mismo lo que realmente soy. Esto me dará el impulso y el valor para actuar constructivamente en el mundo exterior.»
>
> (Robert K. Greenleaf)*

16 DE AGOSTO [229

Puede ser que las palabras ásperas y las acusaciones que usamos para fustigar al alcohólico por lo que ha hecho, o ha dejado de hacer, no dejen marca una vez que haya terminado la batalla. Pero ¿cómo podremos saberlo? ¿Nos arriesgaremos a injuriar a otra persona que ya está profundamente herida por su propio sentido de culpabilidad?

¿Se podrá oír la palabra de Dios sobre mis enojados gritos? ¿Cuál es el propósito de permitirme estallar en irresponsable vociferación? ¿Castigar al alcohólico? ¿O desahogar mis acumulados sentimientos?

Recordatorio para hoy

No puedo castigar a nadie sin castigarme a mí mismo. El alivio de mis tensiones, aun cuando esto parezca justificado, deja detrás residuos de amargura. A menos que yo haya decidido deliberadamente que la relación con mi cónyuge ya no es de ningún valor en mi vida, haré bien en considerar el beneficio que ofrece la pasiva aceptación de las circunstancias en los tiempos de tensión.

«¿Cómo puedes castigar a aquéllos cuyo remordimiento ya es más grande que sus faltas?»

(Kahlil Gibran: *The Prophet*)*

A veces olvidamos cuán dolorosa fue la experiencia cuando vinimos a la primera reunión de Al-Anon. ¿Recordamos nuestros confusos pensamientos, los temores, la incertidumbre? Ansiosas preguntas nos inundaban la mente: «Lo que estoy haciendo, ¿es lo correcto?» «¿Qué dirá él si se entera?» «¿Será una desgracia para mi familia que yo admita que el esposo y padre bebe demasiado?» «¿Qué pasará si alguien le dice que estuve en esta reunión?»

Entonces nos sentimos seguros al descubrir que Al-Anon tiene un manto protector de anonimato para todos. Cada uno de los miembros sabe que no se repetirá ni una sola palabra dicha en la reunión, y que especialmente no se mencionarán nombres.

Recordatorio para hoy

El recién llegado a Al-Anon inmediatamente se siente reconfortado y seguro al enterarse de que puede hablar libremente sin temor de que se repita lo que diga. Le debemos esta seguridad. Estamos comprometidos a ello por nuestras propias tradiciones, como así también por nuestra necesidad personal de protegernos contra rumores indiscretos.

Me recordaré a mí mismo todos los días que no debo revelar cosa alguna concerniente a Al-Anon o un miembro de AA.

> Tradición Duodécima: El anonimato es la base espiritual de nuestras Tradiciones y siempre nos recuerda que debemos anteponer los principios a las personas.

18 DE AGOSTO [231

Algunos de nosotros tenemos una larga lista de quejas en contra del alcohólico, especialmente de cuando bebía activamente. Lo peor que podemos hacer es recordarlas, pensar en ellas y pulir nuestras aureolas de mártires; lo mejor es borrar eso de la memoria, a fin de que cada día sea una oportunidad para hacer mejor las cosas.

No es mi obligación hacer un inventario de las faltas o del mal comportamiento de mi cónyuge. Mi tarea consiste en advertir mis propios errores y corregirlos para que cuanto yo diga o haga contribuya a mejorar las cosas para mi propio bien y para el de mi familia.

Recordatorio para hoy

Acumular quejas no es más que una pérdida de tiempo; es una pérdida de vida que podría vivirse con mayor satisfacción. Si guardo un registro de las opresiones y los ultrajes, los convierto de nuevo en una dolorosa realidad.

Me he dado cuenta con gran sorpresa de que es fácil olvidar todo eso una vez que se comienza a poner en práctica diariamente el programa de Al-Anon.

> «El horror de ese momento—dijo el rey—nunca, nunca lo olvidaré.» «Sin embargo, lo olvidarás, —repuso la reina—, si no escribes un memorándum acerca de ello.»
>
> (Lewis Carroll: *Through the Looking Glass*)

Mi actitud hacia otra persona, sea o no alcohólica, puede tener una influencia inimaginable en la vida de mi familia. Quizá, a través de los largos años de su alcoholismo, he adquirido el hábito de rebajarlo, demostrándole mi disgusto por sus acciones e indignación porque descuida sus obligaciones. Soy responsable de las consecuencias de esa actitud. Aun un poquito de comprensión y compasión nos mostrará que nuestro comportamiento destruye el ego, y el ego del alcohólico está ya dolorosamente abatido por el sentimiento de culpabilidad y por el temor.

Recordatorio para hoy

Nunca querré olvidar que mi cónyuge, con todas las faltas que pueda tener, es una criatura de Dios y, por lo tanto, merece mi respeto y consideración. Me cuidaré de asumir la función de juez y verdugo, porque no puedo destruir a otra persona sin infligirme un gran daño a mí mismo.

> «Es fácil, terriblemente fácil, hacer tambalear la fe de un individuo en sí mismo. Aprovecharse de eso para destrozar el espíritu de una persona es la obra del diablo.»
>
> (G.B. Shaw: *Candida*)

20 DE AGOSTO

Una miembro, cuyo esposo recientemente había ingresado en AA, contó lo que les estaba ocurriendo: «Él no concurre a suficientes reuniones como para mantenerse sobrio. He notado que el nivel del whisky en la botella estaba más abajo de la marca que yo había hecho. No quiere que yo vaya con él a las reuniones de AA, pero voy de todas maneras; tengo que ver cómo funciona AA.»

Otro miembro le contestó: «Usted le trata como si él fuera un bebé en su corralito, controlando sus acciones y decidiendo qué debe estar haciendo él. ¿Quién la ha puesto a usted a cargo de su esposo? ¿Por qué cree usted saber lo que más le conviene a él? Acepte el hecho de que él se está esforzando, y déjele conseguir la sobriedad a su manera.»

Recordatorio para hoy

Nos choca a veces que se nos demuestre lo errado de nuestro pensamiento, pero debo recordar siempre que en Al-Anon el motivo es cariñoso y servicial.

Si he tomado el camino errado, quiero saberlo, así puedo corregir mi actitud. Otros pueden a menudo ver nuestros problemas con más claridad que nosotros mismos, y de ellos podremos obtener la mejor ayuda.

> «Señor, enséñame a pensar correctamente y a no ofenderme ante la crítica que se me haga con el objeto de guiarme cariñosamente.»

Si creo que no puedo esperar ninguna mejora en mi vida, estoy poniendo en duda el poder de Dios. Si yo pienso que tengo razón para desesperarme, estoy confesando mi propio fracaso, porque tengo la facultad de cambiarme a mí mismo, y nada podrá impedirlo excepto mi falta de voluntad.

Espero no imaginar nunca que mi satisfacción en la vida depende de lo que otra persona pueda hacer. Éste es un pensamiento errado del cual me libraré en Al-Anon. Puedo aprender a utilizar el inmenso e inextinguible poder de Dios, si estoy dispuesto a mantenerme continuamente alerta de su presencia.

Recordatorio para hoy

No estoy a la merced de un destino cruel y caprichoso, porque tengo la facultad de determinar qué será de mi vida. No estoy solo. Cuento con la confianza y la fe de todos los miembros de Al-Anon para apoyarme en mis esfuerzos, como se pone de manifiesto en la cariñosa preocupación y la ayuda que me prestan los amigos de mi grupo. No estoy solo, porque Dios está conmigo dondequiera que yo reconozca su presencia.

> «No tener esperanza es negar las maravillosas posibilidades del futuro.»

22 DE AGOSTO

¿Qué hago si una espina o una astilla se me introduce en la mano? La saco lo más pronto posible. Seguramente no la dejaré allí, doliéndome, hasta que se infecte la herida y la infección me invada todo el cuerpo.

Sin embargo, ¿qué hago con las espinas de resentimiento y odio cuando invaden mis pensamientos? ¿Las dejo allí y permito que crezcan mientras aumentan mis sufrimientos?

Es verdad que el resentimiento y el odio son más difíciles de sacar de nuestros pensamientos que extraer una espina de un dedo; pero tanto depende de ello, que trataré de hacer cuanto pueda para eliminarlos antes de que pueda esparcirse su veneno.

Recordatorio para hoy

Si realmente no quiero que se me hiera, y si estoy seguro de que la autocompasión no me da cierta secreta satisfacción, tomaré las medidas necesarias para librar mi mente de emociones y pensamientos dolorosos. La mejor forma de hacer esto no es tratando de ejercitar resueltamente mi fuerza de voluntad, sino reemplazando las ideas hirientes con pensamientos de amor y gratitud.

> «No tienes ni la mitad del poder para hacerme daño, del que yo tengo para ser herido.»
>
> (William Shakespeare: *Otelo*)

Aprendemos muchísimo en Al-Anon, y de la forma más interesante e inesperada. En medio de una conversación graciosa en una reunión súbitamente todos irrumpieron en carcajadas por algo que se dijo. Entonces, a un miembro se le ocurrió esto: «Cada uno de los que estamos alrededor de esta mesa está sonriendo: todos hemos podido dejar de lado nuestros pesares y quejas. ¿Nos comportamos de la misma manera en casa, o automáticamente ponemos allá nuestra cara de mártires? Yo por lo menos lo he estado haciendo, y en este mismo momento empezaré a cambiar eso.»

Recordatorio para hoy

¿Pongo habitualmente cara de mártir para recordar a mi cónyuge los malos ratos que me da, o trato de levantar su espíritu, de por sí deprimido por la confusión y el sentido de culpabilidad? Trataré realmente de ahora en adelante de ser más agradable y alegre, aun cuando las cosas no salgan como espero. ¿Temo que los que me rodean sepan que tengo alguna razón para ser feliz, o solamente quiero que me tengan lástima?

> «...de que seas feliz, se lo debes a Dios; de que continúes siéndolo, te lo debes a ti mismo.»
>
> (John Milton: *Paraíso Perdido*)

24 DE AGOSTO [237

En algún punto durante nuestro estudio del programa de Al-Anon, nos damos cuenta claramente del valor que tienen la honradez y la sinceridad para estimular el desarrollo personal. Cuando esto sucede, lo primero que somos capaces de admitir es que nuestro comportamiento, como el del alcohólico, ha estado muy lejos de ser cuerdo y razonable. Cuando podamos hacer esto sin vergüenza ni turbación, nos habremos liberado de un carapacho molesto.

Esto es progreso, pero no nos imaginemos que Al-Anon ha hecho todo lo que puede hacer por nosotros. Hemos llegado a un altiplano; pero nos quedan aún otras alturas que escalar, hasta alcanzar la serenidad de una vida plena.

Recordatorio para hoy

Si alguna vez arribo a la complaciente conclusión de que no necesito más a Al-Anon, recordaré que Al-Anon puede hacer aún mucho más que ayudarme a superar la angustia de vivir con los problemas de un alcohólico.

Sé que aún puedo hacer grandes progresos para realizarme a mí mismo, porque Al-Anon es una filosofía, una manera de vivir, que nunca dejaré de necesitar.

> «Una vez que haya superado los problemas que en un principio me trajeron a esta confraternidad, confío en que mi contínua búsqueda de entendimiento espiritual me producirá aún mayores beneficios.»

¿He logrado alguna vez algo bueno mientras mis emociones se agitaban histéricamente? ¿Me doy cuenta de que reaccionar por impulso, diciendo lo primero que me viene a la cabeza, va en contra de mis propósitos? Nada puedo perder por detenerme a recordar el lema: *Hazlo con calma*. Se reducirá cualquier crisis a un tamaño manejable si espero un poco mientras pienso qué conviene hacer mejor. A menos que yo esté seguro de estar arrojando aceite sobre aguas borrascosas y no al fuego ardiente, lo mejor será no hacer ni decir nada hasta que todo esté tranquilo. *Hazlo con calma*.

Recordatorio para hoy

Puede ser necesario un poco de dominio de sí mismo para alejarse de la confusión y los conflictos. Pero es una protección maravillosa para mi paz mental. A menos que yo sea capaz de hacer o decir algo que calme la tormenta, sólo me infligiré castigos a mí mismo. Y cada pequeña batalla conmigo mismo que yo gane, hará que la próxima sea más fácil. Lo tomaré todo con calma, porque... mañana todo me parecerá mucho menos importante.

> «La quietud es una gran aliada, una amiga. Por tanto tiempo como yo guarde compostura, no haré nada que empeore los asuntos malos.»

26 DE AGOSTO

En una de las reuniones de Al-Anon. alguien dijo: «Mi esposa lleva diez años asistiendo a Alcohólicos Anónimos, sin embargo, nunca ha cumplido un primer aniversario de sobriedad. Cuando está a punto de completar un año, algo ocurre para que nuevamente comience a beber. Esto quizás no dura más que unos pocos días, pero estas recaídas son tan descorazonadoras y frustrantes que me pregunto si ella alguna vez abandonará la bebida.»

Este es un tipo de problema que en Al-Anon es posible resolver bien. Se le hizo ver que esos largos períodos de sobriedad deberían ser causa de regocijo para él; que él debería reconocer el esfuerzo hecho por su esposa para estar sobria y no condenarla por sus recaídas. Sobre todo, se le explicó que ese problema no es de él, sino de ella, y no tendría que afectar su vida como individuo.

Recordatorio para hoy

Demasiado a menudo me apropio de las luchas del alcohólico y pienso que debo tomar alguna medida acerca de ellas. Cuando me encuentre adoptando esa actitud como de Dios, me concentraré un poco en el Primer Paso: «Admitimos que éramos incapaces de afrontar solos el alcohol.»

> «¿Por qué te perturbas cuando las cosas no suceden de acuerdo con tus deseos? ¿Quién tiene todas las cosas según su voluntad? Ni tú, ni yo, ni ninguna persona sobre la tierra.»
>
> (Tomás de Kempis)

Un ejercicio interesante, y que muy bien vale unos momentos de reflexión, sería considerar el significado exacto de la expresión «ofenderse».

Esta palabra describe un acto de nuestra voluntad, por el cual incorporamos en nosotros un daño que pensamos alguna persona intenta infligirnos. *Nos ofendemos.* No necesitamos ofendernos. Estamos libres de negarnos a ser ofendidos por palabras malévolas o acciones rencorosas. Por ende, toda la cuestión depende de nosotros. La aceptación o el rechazo de una ofensa es una decisión exclusivamente nuestra.

Recordatorio para hoy

Puede que no sea fácil al principio, pero si me propongo no dejarme ofender por nada de lo que otra persona pueda decir o hacer, ello producirá un cambio asombroso en mi actitud y en mi disposición.

Cada vez que yo piense que alguien me ha herido, silenciosamente me negaré a ofenderme o a tomar cualquier clase de venganza. ¡Qué alivio será ver que esos incidentes desaparecen sin dejar ninguna huella en mí! Sencillamente, no me ofenderé.

> «¿Qué daño podrán hacerme las palabras, a menos que yo las tome a pecho?»

28 DE AGOSTO

Hay un significado de la expresión «dejarse llevar» que me amonesta a no perder la paciencia. Cuando alguien dice algo irreflexivo o feo, decimos que «se ha dejado llevar», lo que quiere decir que ha perdido el dominio de sí mismo, para dar rienda suelta a una furia incontrolada.

En una reunión de Al-Anon, alguien que habló de esto dijo cómo su madre la ayudó a sobreponerse a su mal carácter cuando era niña:

«Cuando yo me enojaba, mi madre me decía con calma: 'Te estás dejando llevar, querida; mo-du-la la voz, y tus palabras no herirán tanto'. Esto siempre me desarmaba y me hacía avergonzar. Una vez le contesté: 'Está bien, mamá, no me dejaré llevar'. Finalmente, ella no necesitaba decirme más que: «Te estás dejando llevar… modula…», y las dos nos echábamos a reír.

Recordatorio para hoy

Si recuerdo la clase de persona que deseo ser, no me dejaré llevar por un arranque de ira incontrolada. Recordaré que debo modular la voz: la serenidad siempre prepara el camino para la calma.

> «No te dejes llevar… en los momentos de ira…»

¡Cuántas de mis frustraciones y chascos se deben a que espero demasiado! Es bueno proponerse normas elevadas, pero solamente si estamos preparados para aceptar con imperturbable serenidad los resultados cuando éstos son menores de lo que esperamos.

Exigimos mucho más de un alcohólico que lo que un ser humano enfermo y confundido puede dar. Una vez que está sobrio, requerimos de él una transformación completa. Sobre todo, nos exigimos demasiado a nosotros mismos.

Recordatorio para hoy

Aprenderé a recibir de buen grado las cosas cuando éstas sean menos de lo que yo esperaba, y estaré dispuesto a aceptarlas y a apreciarlas. No esperaré demasiado de los demás, ni siquiera de mí mismo. El contentamiento proviene de aceptar con gracia lo bueno que nos toca, sin protestar ante la vida porque no es mejor de lo que es. Esta sana actitud no significa bajo ninguna circunstancia *resignación*, sino una aceptación realista.

> «Lo que tienes, puede parecer poco; deseas mucho más. Contempla a los niños que introducen las manos dentro de un frasco angosto de donde quieren sacar caramelos. Si se llenan las manos, no las podrán retirar y entonces se echarán a llorar. Si se conforman al principio con pocos, podrán sacar los restantes. Tú también, aminora tus deseos, no codicies demasiado...»

(Epicteto)

30 DE AGOSTO

Cuando una situación familiar se torna realmente desesperada, y creemos que ya no podremos sobrevivir otro día más en incertidumbre, temor, privación y miseria, podemos resolver tomar alguna medida. Esto es bueno. ¿Pero qué clase de medida? Todo depende de que tomemos una decisión acertada. Consideremos:

Mi actual estado mental—enojo, amargura o confusión—¿me permite tomar decisiones correctas? ¿He aceptado demasiado pronto un consejo amigable, bien intencionado, pero basado solamente en limitados conocimientos de todos los factores?

Recordatorio para hoy

Si he llegado a un camino sin salida, he vivido en esta confusión por largo tiempo. Me conviene ser paciente por un poquito más, mientras pondero las alternativas. Un cambio radical ¿será beneficioso para mis hijos, para mí y naturalmente para mi cónyuge?

Antes de tomar ninguna decisión o dar un paso, redoblaré mis esfuerzos por aplicar el programa de Al-Anon. Esto podrá aportarme una solución enteramente distinta, más constructiva que la medida drástica que yo había estado considerando.

> «Cerciórate de que la medicina por la cual te has decidido en un momento de irreflexión y apuro, no sea peor que la enfermedad.»

31 DE AGOSTO

«¡Qué hermoso día!», exclama la gente cuando el tiempo es bueno. Una de las cosas que aprendemos en Al-Anon es que esa clase de días no dependen del tiempo, sino de nuestra actitud y de nuestra reacción con respecto a lo que sucede.

Podemos hacer que cada día sea hermoso. El folleto de Al-Anon titulado *Sólo por hoy* dice al respecto: «Sólo por hoy, seré agradable. Luciré lo mejor que pueda, me vestiré adecuadamente, hablaré con acento modulado, seré cortés con todos y no censuraré en lo más mínimo.» Esto hará que el día sea luminoso, para mí y para cuantos encuentre yo ese día.

Recordatorio para hoy

Me haré a la idea de permanecer alegre cada instante en que yo esté despierto este día. No esperaré demasiado; esto me protegerá contra el disgusto porque algunas cositas no salgan como quiera. Trataré de hacer algo específico, quizás alguna tarea que he ido posponiendo por largo tiempo. Sonreiré agradablemente a cada persona con quien me encuentre hoy.

> «¡Qué agradable sensación me da darme cuenta de que todo lo que tengo que hacer es preocuparme únicamente por el día de hoy! Eso hace que todo sea mucho más fácil.»

1 DE SEPTIEMBRE

Cuando nuestros problemas nos cercan y saturan el pensamiento, nos encontramos tan aislados que experimentamos un agudo sentido de soledad. Podemos conversar confidencialmente con nuestros amigos, pero en el fondo sentimos que nadie se da cuenta de lo que estamos pasando.

El ensimismarnos en nuestras dificultades no hace sino separarnos del mundo que nos rodea y que espera que disfrutemos de él. Nada tiene poder para privarnos de los deleites que pueden encontrarse en multitud de experiencias diarias, incluso en las rutinarias tareas caseras bien hechas. Los que somos afortunados porque tenemos jóvenes que atender, podemos olvidar nuestras aflicciones al consagrarles atención amorosa y al dedicarnos a su desarrollo. Observar a nuestros hijos es como leer un libro fascinante y, frecuentemente, divertido.

Recordatorio para hoy

Aunque yo pase por grandes pruebas, puedo, si quiero, hacerlas menos penosas al dirigir el pensamiento hacia cosas más felices. No me aislaré con mis problemas. Observaré lo que hay de bueno y agradable en el mundo que me rodea y gozaré de ello.

> «No me privaré de las muchas pequeñas alegrías que puedo obtener sin costo alguno.»

2 DE SEPTIEMBRE

Ha llegado la hora para mí de darme cuenta de que mi actitud hacia la vida que vivo y las personas que en ella entran, puede tener un efecto tangible y mensurable en lo que me suceda día tras día. Si anhelo el bien, éste me vendrá ciertamente. La misma gracia de la cortesía concede ricas e inmediatas recompensas en forma de calurosa respuesta. El conocimiento que yo tenga de los demás—conocimiento tolerante y no crítico—cambiará y mejorará mi personalidad.

Recordatorio para hoy

Sé que si procuro cada día colocar mi actitud y mi punto de vista sobre una base espiritual, ello mejorará también todas las circunstancias de mi vida. Veré los resultados en la reacción de otras personas y en el modo en que sean satisfechas mis necesidades diarias.

El cuidado atento, el amor y la amabilidad de mi parte se reflejarán en todo lo que ocurra en mi vida.

> «Buscad primeramente el reino de Dios y su justicia, y todas estas cosas os serán añadidas.»
>
> (*San Mateo*)

3 DE SEPTIEMBRE [247

¿Cuál es la gran idea de Al-Anon? ¿Qué hay detrás de estas repetidas declaraciones acerca de que yo *tengo* el poder de mejorar la forma y la organización de mi vida?

Es esto: *Mirarse a uno mismo*. ¿Qué estoy haciendo que me crea dificultades o agrava las que ya tengo?

¿Podría ser que yo trato de arreglarlo todo culpando a otros? En Al-Anon se me anima a examinar *mis* impulsos, motivos, acciones y palabras. Esto me ayuda a corregir la causa de mi malestar y a no echar la culpa a los demás.

Recordatorio para hoy

Al principio, la idea de que podamos haber faltado, no es fácil de aceptar. Nos resulta difícil admitir que nuestra conducta no sea como debiera ser.

Tan pronto como yo venza la costumbre de justificar todo lo que yo hago y empiece a emplear instrumentos tales como la cortesía, la ternura y un cálido interés en otros, ocurrirán milagros. Lo sé porque he visto que así ha sucedido a otros que han practicado el modo de vivir de Al-Anon.

> «Si no puedes llegar a ser lo que querrías ser, ¿Cómo puedes esperar que otra persona sea exactamente como tú deseas que sea? Queremos ver perfectos a otros individuos; sin embargo, no atendemos a nuestras propias faltas.»
>
> (Tomás de Kempis)

Algunos de nosotros, después de haber pasado por desgracias prolongadas con las cuales no supimos enfrentarnos debidamente, alcanzamos un punto de ruptura. En nuestra desesperación, hasta nos sentimos rechazados por Dios, de modo que ni siquiera pensamos volvernos a Él en busca de ayuda.

Algo maravilloso referente a Al-Anon es que nos insta a renovar nuestra fe en un Poder mayor que nosotros mismos. Hemos podido pensar que estábamos vencidos, pero sencillamente habíamos olvidado que Dios nos había dado la fuerza y los medios con que levantar la frente y vivir. Aprendimos, una vez más, a identificarnos con el Principio Divino que nos gobierna a todos.

Recordatorio para hoy

El conocimiento seguro de que Dios está siempre conmigo y se expresa por intermedio de mí, me guiará en cualquier dificultad. Este es el manantial de la confianza y de la fortaleza que me ayudará a enfrentarme con la vida de una forma enteramente distinta. Su ayuda hará posible un desprendimiento emocional de los problemas que no me incumben.

> «Añadiré una dimensión espiritual a mi vida, y entonces nunca estaré solo al enfrentarme a cualquier dificultad que aparezca.»

5 DE SEPTIEMBRE

Mucho de lo que hay que aprender en Al-Anon tiene que ver con el descubrimiento de mí mismo, de mi verdadera persona. Un filósofo griego dijo sencillamente: «Conócete a ti mismo.» Y otro: «Podríamos poseer la paz interior, pero no queremos mirar hacia adentro.»

El conocimiento completo de uno mismo es imposible, pero mirar hacia adentro nos abrirá los ojos a muchas posibles mejoras. Es difícil porque tememos que no nos guste lo que veamos; además, dudamos acerca de nuestra capacidad para cambiarnos a nosotros mismos. Sin embargo, lo que podemos encontrar al mirar hacia adentro puede ser una gran sorpresa: todas las buenas cualidades bajo pesados estratos de culpabilidad.

Recordatorio para hoy

Nuestro mayor impedimento es el autoengaño. No podemos reconocer en nosotros mismos las faltas que censuramos en otros.

Si tan sólo yo pudiera prever qué experiencia tan inspiradora es descubrir al verdadero yo, no vacilaría. El primer paso es, al fin y al cabo, ser completamente honrado en esta búsqueda.

> «Si yo supiera lo que realmente soy, tendría muchas más probabilidades de apreciarme mucho más a mí mismo.»

¿He procurado vivir según el programa de Al-Anon? Entonces a buen seguro que estoy aprendiendo a vencer toda tendencia a gobernar a los demás. Este dirigir, intrigar y manipular a los demás sólo puede llevarme a la derrota.

No interferiré en las actividades del alcohólico, ni le vigilaré, ni le aconsejaré, ni asumiré sus responsabilidades. Él debe tener la misma libertad que yo tengo de adoptar sus propias decisiones, puesto que debe sufrir por ellas si son erróneas.

Tal vez he creído que to tenía el derecho y la obligación de fijar las normas de la familia y obligar a los que me rodean a cumplirlas. En Al-Anon aprendemos una forma mejor.

He aquí una vívida descripción del gran novelista ruso León Tolstoy que aclara esta situación:

Recordatorio para hoy

«Estoy a horcajadas sobre los hombros de un hombre, ahogándole y obligándole a cargar conmigo. No obstante, me digo a mí mismo—y seguramente a los demás—que lo siento mucho por él y que querría aligerar su carga por todos los medios a mi alcance... excepto quitándome de sobre sus espaldas.»

> «Enséñame a dejar a los demás su innato derecho a la dignidad y a la independencia, como quiero que ellos respeten el mío.»

7 DE SEPTIEMBRE

No debemos ir a Al-Anon en busca de compasión… o por lo menos no deberíamos hacerlo. Tampoco deberíamos esperar que los demás miembros nos asegurasen que nuestros resentimientos están justificados o que deberíamos tomar medidas agresivas. Ciertamente aprendemos a resistir la agresión ajena manteniendo nuestra dignidad y serenidad. En resumen, lo que el programa de Al-Anon hace por nosotros—por medio de sus miembros—es ayudarnos a *cambiar la manera de mirar* los problemas familiares.

Si me quejo de algo que «él» hizo, alguien puede señalar que parezco demasiado resuelto. (No me sorprendería si emplease la palabra «terco»). Cuando revelo que estoy verificando sus actividades, se me podrá decir que mi interferencia no mejorará las cosas, sino que me impedirá madurar y progresar.

Recordatorio para hoy

Las reuniones de Al-Anon y las amistades que en ellas se cultivan pueden ser inspiradoras, iluminadoras y hasta divertidas; pero también se dedican al asunto serio de hacerme un ser humano adulto maduro, lleno de confianza y bien orientado espiritualmente. Si esto es lo que quiero, escucharé receptivamente, aceptaré sugerencias y pondré en práctica lo que aprenda.

> «Oro para que nada impida que yo sea receptivo a lo que Al-Anon me ofrece.»

Los que hemos elegido compañeros para la vida en las filas de los alcohólicos, creemos frecuentemente que nuestra vida es especialmente difícil y complicada. Y a menudo lo es. Hasta llegamos a pensar—muy erróneamente, por cierto—que somos las únicas personas del mundo que tienen verdaderas dificultades.

Reconozcamos que el alcohólico—inseguro, solitario y, frecuentemente, demasiado sensible a las realidades de la vida—tiene generalmente cualidades muy amables por las que he de estar agradecido. Ciertamente que muchos de nosotros no querríamos cambiarlo por otro menos interesante, aunque más confiable.

De todos modos, las cosas pueden llegar al punto de la desesperación cuando hemos perdido toda esperanza. ¿Qué hacer entonces?

Recordatorio para hoy

En Al-Anon descubro en mí mismo el poder de proyectar nueva luz sobre una situación aparentemente desesperada. Aprendo que debo usar este poder no para cambiar al alcohólico, sobre quien no tengo autoridad, sino para cambiar mis ideas y actitud deformadas. Si puedo llevar la luz del sol a nuestro hogar, no dejará de afectar a los que moran en él.

> «Señor, ayúdame a usar los dones que Tú me has dado. Quiero emplearlos para asistir a otros haciendo mi propio mundo más luminoso y mejor.»

9 DE SEPTIEMBRE

He aquí una pregunta que me abre los ojos y la *mente:* ¿Qué estoy haciendo con lo que he recibido? En vez de llorar por lo que no tengo y desear que mi vida fuese diferente, *¿qué estoy haciendo con lo que he recibido?*

¿Estoy seguro de que estoy haciendo todo lo posible para que mi vida sea un éxito? ¿Estoy usando bien mis capacidades y facultades? ¿Reconozco y aprecio todo lo que tengo y por lo cual debo estar agradecido?

La realidad es que poseo recursos ilimitados. Cuanto más los utilizo, tanto más crecen y hacen sombra a los aspectos difíciles y dolorosos que ahora atraen tanto mi atención; por fin, llegarán a eliminarlos.

Recordatorio para hoy

¿No está mi vida llena de buenas posibilidades que no estoy usando? ¿No podría lograr hacerlas útiles cambiando mi actitud? Para empezar, emplearé generosamente la gratitud por la más mínima ventaja y el más pequeño placer. Cuando edifique sobre este precioso fundamento del bien presente y tangible, las cosas continuarán mejorando.

> «Que Dios me haga agradecido por todas las buenas cosas que he dado por hechas.»

De nuevo me pregunto lo mismo que ayer: ¿Qué estoy haciendo con lo que tengo? Esta investigación puede aplicarse de muchas maneras. Tomemos, por ejemplo, la capacidad de recordar; si he recibido la facultad de una buena y clara memoria, ¿cómo la uso?

No es posible que Dios me haya conferido este don para que rastree viejos agravios, sentimientos heridos y sufrimientos personales. Esto sería a todas luces un mal uso de su don cuando tengo tanto de agradable y satisfactorio para recordar.

Recordatorio para hoy

¿Qué estoy haciendo con la preciosa facultad de recordar? Si la uso para evocar alegrías y experiencias interesantes, me dará una perspectiva mejor de los problemas que encuentre aquí y ahora. También puedo usar el don de la memoria para almacenar las bendiciones de hoy a fin de que me ayuden a superar futuras desdichas.

> «Que tus pensamientos no se fijen en los días de tu tristeza, sino más bien en los que te aportaron luz y paz.»

11 DE SEPTIEMBRE [255

A veces en alguna reunión Al-Anon se rastrean agravios y recuerdos de hostilidades domésticas. La coordinadora de una de esas reuniones, después de haber contado sus «luchas familiares», sorprendió al grupo con este comentario final:

«Me he preguntado frecuentemente cuando empiezo una pelea con mi marido cómo me sentiría si alguien grabara lo que digo, y registrara el tono de voz que empleo para decirlo. Me oiría chillar y gritar como una persona ordinaria y esgrimir como armas de ataque el sarcasmo y el desprecio. Y, de paso, la palabra *sarcasmo* viene de una voz griega que significa *desgarrar carne.*»

«¿No me sentiría llena de vergüenza si pudiese *oírme a mí misma* en la supuesta grabación? ¿Me daría ello alguna idea de la parte de culpa que tengo en las dificultades familiares?»

«Por favor, escuchémonos a nosotros mismos y veamos si no nos ayuda a calmarnos.»

Recordatorio para hoy

Desde ahora tomaré nota de cómo empiezan los desacuerdos en mi hogar. Si soy el instigador, esto es lo primero que he de corregir. Si una persona furiosa me desafía, responderé con serenidad o me callaré.

«La blanda respuesta quita la ira; mas la palabra áspera hace subir el furor.»

(*Proverbios*)

12 DE SEPTIEMBRE

Cuando un miembro de Al-Anon quiere aconsejar, es importante que recuerde que debe limitarse a *ayudar al otro en términos de creciente espiritualidad*. Existe un peligro en ir más allá y aconsejar las medidas que el otro debe tomar, lo cual ninguno de nosotros tiene el derecho de hacer.

Sucede a veces que un neurótico frustrado da consejos que desatan la hostilidad entre esposos. Puede empeorar la situación justificando el resentimiento de uno de los cónyuges. Promover tales resentimientos puede tener serias consecuencias. Lo mismo puede hacer apremiar a un cónyuge para que «defienda sus derechos» o a que «no permita esto o lo otro.» De este modo, el que aconseja obtiene una satisfacción inconsciente al manipular a la otra persona, mientras se imagina que son buenas sus propias intenciones.

Recordatorio para hoy

El Cielo me proteja de mis buenos amigos que, con las mejores intenciones, mantienen abiertas las heridas de mi resentimiento, me debilitan por su lastimera compasión y justifican mis quejas. Diciendo que quieren hacer el bien, pueden estorbar y hasta impedir que yo restaure una relación tolerante y amorosa con mi familia.

> «No hemos de dar fácilmente crédito a toda palabra y sugerencia, sino que, con cuidado y sin prisas, hemos de considerar el asunto según Dios.»
>
> (Tomás de Kempis)

13 DE SEPTIEMBRE

Érase una vez un matrimonio que vivía en una hermosa casa y tenía muchas cosas que creemos importantes para vivir contentos. Sin embargo, no estaban satisfechos. Sus relaciones mutuas iban de mal en peor. Ninguno de ellos cedía un ápice en sus desagradables discusiones hasta que, finalmente, su amor se transformó en odio. A tal extremo llegaron las cosas que la esposa insistió en que el interior de la casa se dividiese por una pared de ladrillos y que vivieran separados. Cada uno se fue por su camino y jamás se volvieron a hablar el uno al otro. Y así pasaron muchos miserables años en su aislamiento.

* * *

¿Estoy inconscientemente erigiendo una pared entre mi cónyuge y yo? ¿Está hecha de tozudez, terquedad, santurronería y deseo de castigar? Una pared tal puede ser tan dura e inflexible como si fuera de auténticos ladrillos. No me dejaría lugar para progresar y madurar. Un miembro dijo:

> «Que Dios me conceda sabiduría para reconocer las faltas con las que estoy construyendo una pared, un muro de tal espesor que ni siquiera puede ser atravesado por el amor.»

14 DE SEPTIEMBRE

Lo oímos una y otra vez tanto en AA como en Al-Anon: «Este programa es *espiritual,* no *religioso.*» Cada uno de nosotros debe encontrar su propio camino al cielo y las enseñanzas de Al-Anon refuerzan nuestra fe en la forma de adorar que elegimos, cualquiera que ésta sea. Si nuestra consagrada práctica de Al-Anon nos ayuda a hacer un cielo en la tierra, ninguna fe religiosa estará en desacuerdo con este feliz resultado.

Sucede a veces, sin embargo, que un miembro devoto de una determinada religión procura ganar a otros a su fe, sinceramente convencido de que sólo pretende ayudarles. Esto podría producir confusión y dificultad ya que puede llevar a una desavenencia en un matrimonio cuyo fundamento es una fe común.

Recordatorio para hoy

Se subraya en nuestras Tradiciones, como asimismo en una buena parte de nuestras publicaciones, lo siguiente: 1.º- que no estamos afiliados a ninguna otra organización, y 2.º- que con el programa de Al-Anon se pueden practicar los credos de cualquier religión.

> «Pido sabiduría para no entrometerme en la vida y las creencias personales de otras personas y para ayudarlas solamente por medio de los principios de Al-Anon.»

15 DE SEPTIEMBRE

Un buen método para resolver algunos de nuestros problemas diarios es dejar de *reaccionar* ante todo lo que sucede. Algunos de nosotros sentimos un impulso constante de *hacer algo* acerca de todo lo que ocurre a nuestro alrededor y de todo lo que se nos dice.

Claro está, que hay un tiempo para actuar; pero la acción debería basarse en el cuidadoso análisis de todos los factores. No debería ser impulsada por cualquier soplo de viento. Si algo nos desagrada, no quiere decir que se trate de un atentado contra nuestra vida o nuestra seguridad; puede ser algo sin importancia. Si lo mantenemos en la debida perspectiva, ello nos ayudará a dejarlo pasar.

Recordatorio para hoy

Procuraré sobreponerme a la tendencia a reaccionar ante lo que otros dicen o hacen. No puedo saber por qué lo hacen, pues no puedo comprender su infelicidad ni sus compulsiones internas, como tampoco pueden ellos comprender las mías. Cuando *reacciono* pongo el control de mi paz espiritual en manos de los demás. Mi serenidad depende de mi dominio propio y no renunciaré a ella por acontecimientos triviales.

> «Oro para obtener tolerancia y sabiduría, a fin de no reaccionar ante lo que otras personas dicen o hacen.»

Un miembro dice eu una reunión: «Sigo esforzándome en inculcarle mi punto de vista pero nada de lo que digo parece hacer mella.»

Otro miembro le responde: «Podría suceder que cuando no podemos inculcar nuestros puntos de vista al alcohólico o a otra persona, sea la hora de considerar si nuestro punto de vista es realmente válido. Acaso no sea correcto o razonable, puede ser que nuestra determinación de inculcarlo la usemos en tiempo inoportuno. ¿Concedemos a la otra persona el derecho a tener un punto de vista diferente al nuestro?

Recordatorio para hoy

Lo correcto y lo erróneo no siempre son tan evidentes como la diferencia entre los colores blanco y negro. Antes de adoptar una posición definitiva, sería prudente estar seguro de que es razonable y de que he tomado en cuenta todas las posibles razones contra mi «correcto» punto de vista. Una mente carente de prejuicios es muy útil cuando estoy dispuesto a *vivir y dejar vivir*.

> «No trataré de imponer mis propias «certezas» a otros, pues podría estar equivocado. Una generosa tolerancia puede suavizar muchas asperezas en mi vida diaria.»

17 DE SEPTIEMBRE [261

Frecuentemente oímos decir en Al-Anon que los Doce Pasos son una manera de vivir no sólo para hacer frente a los problemas del alcoholismo, sino a todos los demás. Tan sólo tenemos que reemplazar la palabra «alcohol» por el nombre del problema que hemos de afrontar.

El principio del Primer Paso, por ejemplo, dice: «Admitimos que éramos incapaces de afrontar solos el alcohol.» Esta admisión puede aplicarse a otras muchas dificultades que creemos saber cómo superar, pero que todavía no hemos superado.

Tengo un poder dado por Dios: el poder sobre mi mente, mis emociones y mis reacciones. Si lo ejerzo sabiamente, los problemas exteriores se resolverán sin mi interferencia.

Recordatorio para hoy

Antes de conocer Al-Anon yo hacía todo lo que podía para dominar a mi cónyuge. Sin embargo, cada día yo demostraba que no podía gobernarme a mí mismo. Yo me veía obligado a hacer y a ser lo que no quería hacer ni ser. En Al-Anon descubrí cómo ser yo mismo.

> «Si procuro regir la vida de otra persona, fracasaré; pero si fijo mi pensamiento en mejorar la mía, puedo contar con la ayuda de mi Poder Superior.»

Muchos de nosotros cuando llegamos por primera vez a Al-Anon tenemos una sola idea: conseguir sobriedad para el alcohólico, pero pronto aprendemos que éste no es el propósito de Al-Anon y los cambios que hacemos pueden mejorar de tal modo el ambiente en que vivimos que el alcohólico busque la sobriedad.

Quizá pensamos que todos nuestros problemas se han resuelto cuando el alcohólico está seguro en AA., de modo que nos parece que podemos dormir sobre nuestros laureles. Las reuniones y conversaciones con nuestros amigos de Al-Anon no parecen ya necesarias. Esto se debe al olvido de dos verdades básicas, a saber:

Recordatorio para hoy

1.º La perturbación emocional es una causa del alcoholismo. Este estado puede mejorar a medida que el alcohólico practique los elementos espirituales del programa AA. El período de ajuste puede ser largo y penoso para nuestra paciencia a menos que tengamos a Al-Anon para ayudarnos a progresar y a madurar.

2.º Lo que hemos aprendido en Al-Anon, así como toda la ayuda que hemos recibido, ha de traspasarse a los ansiosos recién llegados a la fraternidad que nosotros abrazamos cuando pasábamos por las mismas pruebas.

> «Si creo que la vida será rica y satisfactoria solamente si la vivo bajo dirección espiritual, sé que siempre necesitaré a Al-Anon.»

19 DE SEPTIEMBRE [263

A una mujer, miembro de Al-Anon, que pasaba por una dificultad especialmente seria, le dijo otro miembro en una reunión: «Yo no podría soportarla.»

La respuesta fue: «No se trata de que yo la soporte o la deje de soportar, sino de procurar corregir mis propias faltas, de callarme cuando me siento tentada a gritar a mi esposo alcohólico, y de no querer resolver yo sus problemas. Nunca quiero olvidar que tengo obligaciones hacia él. Deseo vivir cumpliendo la obligación que contraje, voluntaria y solemnemente, cuando me casé con él.»

Recordatorio para hoy

Cualquier matrimonio realizado con la expectación de una felicidad tan duradera como la vida y libre de cuidados, puede encontrar sorpresas desagradables al comprobar que la vida no es así. Un adulto maduro reconoce que el alcoholismo, con su secuela de aflicciones, es solamente una de las desgracias que pueden acontecer a un matrimonio. ¿Si haríamos frente con valor a las demás desgracias, por qué no a ésta? El compromiso que tenemos con la persona con quien nos hemos casado exige que hagamos todo lo que podamos para corregir nuestros problemas. En Al-Anon aprendemos *qué hacer:* el modo de hacerlo depende de nosotros.

> «...en salud y en enfermedad, en la prosperidad y en la adversidad...»

Si una conducta irracional e irresponsable por parte del alcohólico nos ha hecho adoptar una actitud de desprecio hacia él, necesitamos un serio examen de nosotros mismos.

Los alcohólicos no son «chicos malos» que deben ser dirigidos, disciplinados ni castigados por nosotros. Son enfermos, seres humanos confundidos y cargados de culpabilidad con el ego magullado.

A nadie ha dado Dios el derecho a humillar a otro ser humano. En cada uno de sus hijos hay cualidades que deben ser respetadas, y negarles este respeto es un mal que se volverá contra nosotros para herirnos.

Recordatorio para hoy

Es vital para mi serenidad establecer la diferencia entre la enfermedad del alcoholismo y el paciente que la padece. Dignificaré a dicha persona con el respeto debido a todo ser humano. Esto, a su vez, le devolverá el amor propio, un importante elemento que le inducirá a desear la sobriedad.

«El mejor método para hacer un hombre es:
Creer que él es un hombre.»

(James R. Lowell)

21 DE SEPTIEMBRE [265

Hasta que yo comprenda el significado profundo de los Doce Pasos, mi impulso natural es resistirme a pensar que se aplican a mí.

Me niego a creer que soy indefenso frente al alcohol, o que he permitido que mi vida haya llegado a ser ingobernable. Sin embargo, sé que debo aceptar el Primer Paso antes de poder progresar.

Aunque muchos de nosotros reconocemos la existencia de un «Poder superior a nosotros», al principio nos parece chocante la idea de que necesitamos que ese Poder nos devuelva el «sano juicio», como sugiere el Segundo Paso. Sin embargo, una honrada evaluación de muchas de mis reacciones me demuestra que he recurrido a trucos fútiles e infantiles para alcanzar lo que deseaba. Con mis pensamientos trastornados por el miedo, la desesperación y el resentimiento, y con los nervios agotados, yo no podía pensar claramente ni tomar decisiones acertadas.

Recordatorio para hoy

Cada uno de los Doce Pasos me estimula a que yo sea absolutamente honrado conmigo mismo; además, me prepara para aceptar la ayuda de mi Poder Superior, a fin de recuperar el sano juicio de un adulto razonable y maduro.

> «Los Doce Pasos señalarán un camino hacia Dios y su infinita sabiduría, por la que espero ser guiado siempre.»

Cuando me concentro en mezquindades que me molestan y me producen resentimiento, el cual aumenta cada día, olvido que puedo ensanchar mi mundo y ampliar mi perspectiva. Éste es el método de rebajar las preocupaciones a sus verdaderas dimensiones. Al preocuparme de pequeñeces, malgasto la energía espiritual que podría, a buen seguro, usar provechosamente. ¿Estoy dispuesto a malgastar mi vida de este modo?

Cuando alguien o algo me perturban he de ver el incidente en relación con el *resto de mi vida,* especialmente de la parte buena de la misma, por la que yo debería estar agradecido. Una visión más amplia de mis circunstancias me capacitará para tratar de superar todas las dificultades, grandes y pequeñas.

Recordatorio para hoy

Me niego a permitir que mi serenidad perezca ahogada en acontecimientos sin importancia. No me sentiré molesto por lo que otros hagan, tanto si su intención es herirme como si no lo es. No perturbaré mis pensamientos con resentimientos; ello no sólo no me aprovecharía, sino que me perjudicaría.

> «¿Por qué aceptamos cosas que nos perturban cuando podríamos hacer algo para alejarlas?»

23 DE SEPTIEMBRE

Uno de nuestros engaños es que, como cónyuges de alcohólicos, somos los que dirigimos todo. Esta forma de autoengaño sólo aumenta nuestras frustraciones. Hace del hogar un campo de batalla, en el cual frecuentemente gana el alcohólico. Somos burlados por los cambios relampagueantes de sus estados de ánimo, sus promesas, sus retos y otras maniobras. Ésta es la mejor razón para apartar nuestra mente y nuestras emociones del conflicto de cada minuto y buscar dentro de nosotros mismos una manera pacífica y ordenada de vivir. Si dejamos de luchar contra todo incidente que tiene lugar, la ausencia de un adversario activo producirá cambios totales en el ambiente familiar y en cada uno de los que en él se mueven.

Recordatorio para hoy

No trataré de ser más listo que nadie ni de maniobrar a otros. Seguiré tranquilamente viviendo de tal modo que tenga menos razones para reprocharme a mí mismo. No me preocuparé por lo que otros hagan, sino que pensaré en lo que yo estoy haciendo. *No reaccionaré* ante palabras y acciones desafiantes.

> «Cuando te ofendas por las faltas de alguna persona, vuélvete a ti mismo y estudia tus propias faltas. Entonces se te olvidará la ira.»
>
> (Epicteto)

Después de haber procurado seguir el programa de Al-Anon durante algún tiempo, hay algo que aparece con claridad: *podemos obtener ilimitados beneficios cambiando nuestra manera de pensar.* Ninguna persona realista y razonable consideraría esto una tarea fácil; en realidad, no hay nada más difícil en la vida.

Supongamos—es tan sólo una suposición—que estuviésemos dispuestos a seguir esta idea expresada en una charla por uno de los fundadores de AA:

«*Dejemos de echar la culpa a los que nos rodean por todo lo que nos sucede.* Esta sola idea podría explorarse, meditarse y aplicarse desde ahora hasta el final de nuestros días. ¿Qué sucedería *si dejásemos totalmente de echar la culpa a otros?* Experimentaríamos milagros de tolerancia y gracia: ricas recompensas espirituales reflejadas en una vida de auténtica satisfacción.»

Recordatorio para hoy

Procuraré no culpar al alcohólico. ¿Cómo puedo saber lo que está pasando en su lucha contra la botella, la escapatoria siempre presente? ¿Qué puedo saber de sus luchas para mejorarse cuando está sobrio? No lo culparé de nada. No culparé a nadie, ni siquiera a mí mismo.

> «¿A quién hay de culpar? ¿A quién tengo derecho a culpar? He de concentrarme en mantener mi propia conducta libre de falta. Más no puedo hacer.»

25 DE SEPTIEMBRE

Aun cuando aumenta mi comprensión de Al-Anon y puedo ver resultados tangibles de mi nueva actitud, podría poner en duda una declaración como ésta:

«Al-Anon es un camino para la liberación personal.»

Enredados en una situación familiar difícil, dudamos de que nos veamos alguna vez libres de este infortunio y de esta inquietud. Cuando pensamos cuán íntimamente se halla entretejida nuestra vida con la de otros, estamos seguros de que la libertad personal es imposible.

La palabra clave es *personal*. Podemos liberarnos de muchas complicaciones que *parecen* necesarias. En Al-Anon aprendemos a desarrollar nuestra personalidad y a reforzar nuestra libertad personal al dejar que los demás rijan sus propias acciones y su propio destino.

Recordatorio para hoy

La libertad personal está a mi disposición. Por íntimos que sean los lazos de amor e interés que me liguen a mi familia y a mis amigos, debo recordar siempre que soy un individuo libre para ser yo mismo y para vivir mi propia vida con serenidad y gozo.

> «Cuando yo esté seguro de que soy libre íntimamente, seré capaz de conceder una atención afectuosa a los demás.»

Recordemos hoy algunos pensamientos de una de las fundadoras de Al-Anon:

«Creo que la presunción es el peor de todos los pecados. Es difícil que un rayo de luz atraviese la armadura de la santurronería.»

«Descubrí que muchas de las cosas que yo pensaba que realizaba desinteresadamente eran meras racionalizaciones para lograr mis propios fines. Este descubrimiento duplicó mi ardor para vivir de acuerdo con los Doce Pasos tan perfectamente como fuera posible.»

«En los primeros días me sentía muy herida por el hecho de que alguien hubiese llevado a mi marido a la sobriedad, lo que yo no había podido hacer. Ahora sé que una esposa difícilmente, y acaso nunca, puede lograr esto. Hasta que reconocí este hecho, no encontré la paz mental.»

«La palabra 'humilde' era un término que yo no comprendía. Para mí, era sinónimo de servil. Hoy día significa verme a mí misma en auténtica relación con mis semejantes y con Dios.»

Recordatorio para hoy

«Es fácil engañarse a sí mismo sobre los propios motivos; y es difícil, aunque beneficioso, admitirlo.»

> «Regatear con Dios y pedirle que me conceda mis deseos, no es la forma más elevada de oración. Eso es muy diferente a orar solamente para pedir conocimiento de la voluntad de Dios para mí...»

27 DE SEPTIEMBRE

Una de las primeras miembros de Al-Anon dijo:

«Yo trataba de dominar a mi marido, a pesar de no poder regirme a mí misma. Yo quería penetrar en su cerebro y dirigir los tornillos hacia donde yo creía que era la dirección apropiada. Tardé mucho en darme cuenta que ésa no era mi función, para la cual sencillamente yo no estaba preparada. Ninguno de nosotros lo está. Por tanto, empecé a ajustar en la debida dirección los «tornillos» de mi propia cabeza. Esto me ha enseñado un poco más acerca de cómo gobernar mi propia vida.»

Recordatorio para hoy

Si mi vida ha llegado a ser ingobernable, ¿cómo puedo lograr dirigirla? ¿Me veo forzado a hacer cosas que no quiero hacer, tales como perder la paciencia, maquinar, confabular, intrigar para lograr que las cosas sigan el curso que yo quiero? ¿Soy ahora el tipo de persona que verdaderamente quiero ser? Un honrado esfuerzo por gobernar mi propia vida me abrirá muchas puertas que mi pensamiento erróneo había mantenido cerradas.

> «Si no puedes hacer de ti mismo la persona que quisieras ser, ¿cómo puedes esperar que otro sea como tú deseas que sea?»
>
> (Tomás de Kempis)

28 DE SEPTIEMBRE

Una razón por la que vamos a Al-Anon es para aprender algo referente al alcoholismo. Nos enteramos de que es una enfermedad que puede llevar a la bancarrota física, mental y espiritual. Aprendemos también que no existe cura conocida, pero que la sobriedad es posible con la ayuda curativa de AA, *cuando el alcohólico está preparado para recibirla*. Descubrimos que nuestra reacción a la situación resultante del alcoholismo no era razonable. Nosotros también íbamos barranca abajo. Aprendemos que una valoración honrada de nosotros nos abrirá el camino al mejoramiento y nos conducirá progresivamente hacia la cordura y la serenidad. La lectura de publicaciones de Al-Anon y el intercambio de relatos e ideas con nuestros amigos de Al-Anon nos ayudarán mucho en ese esfuerzo.

Recordatorio para hoy

Vivir conforme a la manera de Al-Anon puede llevarnos a un contentamiento como nunca habíamos experimentado antes. Este programa ofrece los más ricos beneficios a los que lo siguen seriamente. Es un proceso de aprendizaje que da mejores resultados a quienes se acercan a él con modestia y buena voluntad.

> «Pido a Dios que me prepare para aprender a vivir más plenamente según la orientación que obtengo en Al-Anon.»

29 DE SEPTIEMBRE

Alguien dijo que añadiésemos otro lema a los que ya usamos en Al-Anon: *Escucha y aprende*. Mi primera reacción fue: «¡No! No todos los que asisten a una reunión de Al-Anon dicen cosas que edifican. ¿Qué decimos de los que sugieren: 'Echen al borrachín'? ¿No niega esto todo lo que esperamos oír en Al-Anon?» Pero aun eso beneficia. Los comentarios negativos me revelan mi propio pensar erróneo. Cuando alguien da un consejo, me digo a mí mismo: «Pero no debemos dar consejos en Al-Anon.» Si otro expresa hostilidad y resentimiento por lo que hace el alcohólico, ello puede inducirme a evitar hacerlo yo mismo.

Recordatorio para hoy

Escucha y aprende es doctrina sana si la usamos bien. No hacemos progresos notables en nuestro pensar mientras sólo nos oímos a nosotros mismos.

> «Es la enfermedad de no escuchar lo que me preocupa.»
>
> (William Shakespeare)

> «Oro para que yo pueda aprender al escuchar, esté o no de acuerdo con lo que oigo.»

La amada esposa de un hombre se transformó de la más encantadora joven con la cual él se había casado, en una borracha empedernida. Ella sufría de una enfermedad llamada alcoholismo, aunque ninguno de los dos lo sabía.

Él vivía enfadado y frustrado porque no lograba hacer que su mujer dejase de beber; cuanto más se esforzaba él, más se resentía ella y tanto más bebía. Ella estaba saturada de sentimientos de culpabilidad y de autocondenación, porque todo se lo dejaba a su marido. Era él quien tenía que preparar a los niños para el colegio, ir de compras, cocinar, y hasta limpiar la casa.

Por aquel entonces alguien le habló de Al-Anon. Aunque él sabía que el caso era desesperado, de todos modos pensó que podría probar. Al leer y hacer preguntas y al escuchar en las reuniones, descubrió que podía ver con mejor perspectiva sus problemas. Cuando aprendió que su mujer padecía de una enfermedad, la de la bebida compulsiva, dejó de recriminarse por no poder gobernarla. Se dio cuenta de que los niños estaban resentidos contra él porque lo veían frecuentemente malhumorado y era irrazonable, porque ellos amaban mucho a su madre, quien nunca los reprendía, y porque sabían instintivamente que ella estaba enferma. Empezó a considerar su propia necesidad de descanso, de tranquilidad y de algo de recreación. Empleó a una señora que ayudase en los trabajos caseros e hizo muchos cambios, sobre todo, en su actitud hacia su mujer alcohólica.

Después de cierto tiempo de rebelión y resistencia, ella reconoció que necesitaba ayuda, y un buen día le pidió que la llevase a una reunión de AA.

1 DE OCTUBRE

En Al-Anon hablamos frecuentemente de la importancia que tiene la oración. Ahora debemos reflexionar acerca de esta idea. Si obtuviera todo lo que pido en oración, ¿me haría ello verdaderamente feliz? ¿Sé siempre lo que más me conviene? ¿Regateo con Dios diciendo: «Quiero a mi cónyuge, pero sólo si deja de beber»? ¿O le doy instrucciones como: «Haz que Guillermo deje de beber»?

Recordatorio para hoy

Hay algo que finalmente debemos aceptar: que pocos de nosotros sabemos lo que realmente queremos; y nadie sabe lo que es mejor para sí. A pesar de toda nuestra tenaz resistencia este conocimiento lo tiene sólo Dios.

Por eso, tenemos que limitar nuestras plegarias a peticiones de una dirección divina, una mente receptiva y fortaleza para obrar de acuerdo con la voluntad de Dios.

Aplazaré serenamente cualquier decisión hasta que mi comunión con Dios me proporcione la certeza de que es la correcta para mí. Y oraré para no llevar a cabo acción alguna, por pequeña que sea, cuyo propósito sea castigar a otra persona.

> «Toda buena dádiva y todo don perfecto desciende de lo alto, del Padre de las luces, en el cual no hay mudanza, ni sombra de variación.»
>
> (*Epístola Universal de Santiago*)

He aquí la historia de una recién llegada a Al-Anon que no era precisamente una recién llegada. Por lo menos no era una novicia, porque tuvo el valor de acabar con una situación que estorbaba su puesta en práctica del programa.

Al ver a una persona nueva en la reunión, la presidenta le pidió que hablase de sí misma. En lugar de empezar a relatar sus problemas domésticos—que en realidad eran muy graves—contó lo que le había hecho dejar el grupo en el que había ingresado algunos meses atrás:

«Les diré muy francamente que ando en busca de un grupo en el que me sienta a gusto. Me así de Al-Anon como de un salvavidas, lo que es en efecto para mí; de modo que me uní a un grupo. No perdía ni una reunión y diariamente leía publicaciones de Al-Anon. Fue así como llegué a pensar que todos los del grupo, y cada uno de la fraternidad, son iguales. Pero el grupo al que yo pertenecía era manejado, y quiero dejarlo bien sentado: *era manejado* por una antigua directora que lo regía todo con mano de hierro. Había sido secretaria durante ocho años, presidía las reuniones y decidía los programas. Creía saber perfectamente lo que era lo mejor para cada miembro, ni siquiera teníamos que pensar por nosotros mismos, por lo tanto, nadie realizaba grandes progresos. Los miembros constituían lo que podría llamarse una población flotante. Muchos de ellos abandonaron Al-Anon debido solamente a aquella persona. Pero yo no lo abandoné, sino que estoy aquí esperando encontrar un grupo en que verdaderamente funcione la fraternidad Al-Anon.»

3 DE OCTUBRE

Las alegres trivialidades no son de mucha ayuda para los recién llegados que se hallan en una situación verdaderamente apremiante. Tampoco sirve de mucho la actitud optimista de quien les dice: «Venga y no se preocupe. Al-Anon hará maravillas por Ud.»

Una esposa y madre que lo ha perdido todo, inclusive su casa, y que ha tenido que acogerse a la beneficencia pública, con su marido en un hospital o en una cárcel, puede sentirse aún con menos esperanza en un círculo eufórico de gente de Al-Anon que cree haber superado todas sus dificultades.

Estos recién llegados han de seleccionar Padrinos que puedan comprender sus problemas y ayudarles con paciencia y tacto para hacer frente al reto que les presenta la vida.

Recordatorio para hoy

Produce gran satisfacción espiritual conducir a un recién llegado abatido de ánimo hasta verlo adquirir un nuevo punto de vista. Aprendemos entonces a ver la sutil diferencia entre la compasión y la comprensión benévola. En Al-Anon no hacemos alarde de nuestro propio éxito; dejamos que éste hable por sí mismo.

Un buen Padrino se mantiene en contacto con su apadrinado, y amablemente le transfiere la idea de que la hora más oscura es precisamente la que precede el amanecer; así le levanta el ego quebrantado.

> «Oro por la oportunidad de ayudar al desesperado. Me mostrará el camino de ser útil al que se halla en apremios.»

Escuchemos lo que se dice en una reunión de Al-Anon: «Tengo que cargar con la culpa de una sola persona: la de mí mismo. Si el alcohólico me culpa de sus dificultades, no me defenderé, porque hacerlo sería el comienzo de una contienda estéril. Sé que él me culpa debido a su penosa necesidad de descargar algo de su remordimiento sobre otro. Esto debería despertar en mí tan sólo compasión, nunca resentimiento ni ira.»

Otra miembro le responde: «Yo quisiera poder creer eso. Cuando mi marido termina de cantarme las cuarenta, me siento como si el mismísimo diablo estuviese cabalgando sobre mí con un peso de plomo de veinticinco kilos en cada alforja.»

Recordatorio para hoy

No necesito asumir la responsabilidad por las acciones irracionales de otra persona. Me ocuparé de mis propias faltas. Si lo hago con honradez—siguiendo desde el Cuarto Paso hasta el Décimo—el cambio que se producirá en mí se reflejará en toda persona cuya vida se ponga en contacto con la mía.

> «Pesaré mis infracciones en una balanza fiel y restituiré tan bien como pueda; pero que no se desnivele la balanza por el peso de lo que otros hayan hecho.»

5 DE OCTUBRE

Cuando digo frecuentemente la Oración de la Serenidad, puedo caer en el hábito de repetir palabras como un papagayo, sin darme cuenta de su significado. Esto embotaría uno de los más útiles instrumentos de Al-Anon. Pero si *pienso* en el significado de cada frase a medida que la digo, aumentará mi comprensión y, con ella, mi capacidad de darme cuenta de *la diferencia entre lo que puedo cambiar y lo que no puedo cambiar.*

La Oración dice al principio que existen elementos en mi vida que no puedo cambiar. Mi serenidad depende de que yo los acepte. Cuanto más luche contra dichos elementos, tanto más me atormentarán. El «valor para cambiar aquellas [cosas] que puedo [cambiar]» me da una libertad ilimitada a fin de actuar con los elementos que precisamente me conciernen.

Recordatorio para hoy

La Oración de la Serenidad me sugiere que pida a Dios el «valor para cambiar aquellas [cosas] que puedo [cambiar].» La palabra clave aquí es *cosas*, no *personas*. Es verdad que hay una posibilidad de superación en mi vida, pero sólo puedo obtenerla mejorando mis propias actitudes y acciones.

> «En todo problema, grande o pequeño, la Oración de la Serenidad me resultará eficaz si me mantengo consciente de su significado cada vez que la pronuncie.»

Sucede a veces que en una reunión algún miembro habla bien el lenguaje de Al-Anon, pero los que lo conocen bien saben que su charla es superficial. Profesa compasión para con el alcohólico, pero toda su suavidad desaparece cuando se siente contrariado, desilusionado o molesto. Sus verdaderos defectos indomados se le escapan y a duras penas se da cuenta de ellos.

Cuando los cambios que hacemos en nuestra vida son sólo superficiales, cuando el fervor de nuestro servicio al programa es apenas de labios, nuestros progresos son lentos y nuestras recaídas muchas. La regeneración debe ser un verdadero renacimiento espiritual. Ha de calar muy hondo y hacer que cada defecto del carácter sea reemplazado por una buena y nueva cualidad.

Recordatorio para hoy

Debo ser completamente honrado conmigo mismo al procurar descubrir las faltas que impiden o estorban mi crecimiento espiritual. Con mucha vigilancia y esmero reemplazaré uno por uno todos mis defectos por actitudes constructivas.

> «Los hombres se imaginan que comunican su virtud tan sólo con acciones evidentes y con palabras claras. No ven como, tanto la virtud como lo que se opone a ella, ejercen su influencia a cada instante.»
>
> (Ralph Waldo Emerson: *Self-Reliance*)

7 DE OCTUBRE

Esto se dijo en una reunión de Al-Anon:

«Antes de llegar a Al-Anon, yo andaba como a tientas en una habitación oscura, procurando sortear los obstáculos sin poder verlos. Debido a que no había luz, me hería continuamente al tropezar con las cosas.

«Entonces vine a Al-Anon y aprendí que tengo el poder de *encender la luz*; es decir, de tener una visión más clara de mi vida, tanto de sus dificultades como de sus complacencias. A menudo me olvido de encender la luz y todavía me lastimo. Pero todo mejora a medida que leo más publicaciones de Al-Anon y vivo más el programa de Al-Anon.»

Recordatorio para hoy

¿Buscas la luz al encontrarte en una situación adversa? Hela aquí, en Al-Anon. Nadie te puede obligar a que la recibas, pero tú mismo la aceptarás cuando aprendas que con ella puede ser mucho más fácil distinguir los inevitables escollos de la vida. Un miembro lo expresó de la siguiente manera: «Ahora veo las cosas de un modo diferente.»

«Y Dios dijo: Hágase la luz.»

(*Génesis*)

«La luz siempre disipa la oscuridad.»

Cuando oigo decir en una reuniónd de Al-Anon que soy capaz de ayudarme a mí mismo por grandes que sean mis cargas y dificultades, puedo pensar: «Eso es muy fácil decir, pero Uds. no saben por lo que estoy pasando.»

Aplicando un poco de realismo práctico a todo esto, me preguntaré: «¿No estaré acaso transformando bagatelas en monstruosidades que luego me parecen insoportables?» Esto es lo que hacemos, de vez en cuando, la mayoría de nosotros. Podemos, por ejemplo, mirar con cristales de aumento las desavenencias acerca de cuestiones monetarias, y hacer de pequeños descuidos, grandes agravios. Sin darnos cuenta, estamos a la caza de dificultades y nos encontramos listos a aferrarnos a pequeñeces que fácilmente podríamos pasar por alto... si realmente deseáramos nuestra propia tranquilidad mental.

Recordatorio para hoy

Puedo evitarme muchos sufrimientos si no transformo pequeñas cosas en grandes problemas. Luchar por mis «derechos» crea a menudo más dificultades que aceptar algo menos de lo que yo esperaba. Si valoro de veras mi serenidad, evitaré transformar bagatelas en grandes problemas. Ceder y dejar pasar me va resultando más fácil a medida que lo hago y compruebo que ofrece grandes dividendos en satisfacción interna.

> «Cuando un hombre desea desmedidamente algo, pierde muy pronto la paz del alma.»
>
> (Tomás de Kempis)

9 DE OCTUBRE

Cuando decimos que suceden milagros en Al-Anon, incluimos entre ellos el ingreso de un cónyuge en AA y su iniciación en la sobriedad.

Esto es a buen seguro un milagro, pero no *nuestro* milagro. Es el milagro del alcohólico. No es de nuestra incumbencia—ni lo ha sido nunca—vigilarlo, preocuparnos de su sobriedad, comprobar que no bebe y que asiste al número debido de reuniones de AA. Si seguimos las técnicas de manipular y supervisar que tanto hicieron para que la vida fuese un enredo cuando él bebía, buscamos dificultades.

Podemos estar agradecidos—y deberíamos estarlo—porque ha dejado de beber; pero lo que nos interesa es Al-Anon y nosotros mismos. Este maravilloso programa nos ayudará a hacer algo con nuestra vida. Nuestra responsabilidad hacia el alcohólico es dejarlo que él dirija su propia sobriedad; y ser amables, corteses y colaboradores con él.

Recordatorio para hoy

La preocupación por el alcohólico—por muy cercano que se halle de mí—corresponde, como miembro que es de AA, a sus amigos de AA. Debe ser dejado en libertad para seguir el programa a su modo. Si estoy verdaderamente agradecido, no me entrometeré en sus asuntos.

> «Que procuréis tener tranquilidad, y ocuparos en vuestros propios negocios.»
>
> (*Primera Epístola a los Tesalonicenses*)

> «Y no confundáis los asuntos ajenos con los propios.»

Sin fe en un Poder superior a mí, soy como un barco a la deriva, que ha perdido el timón en alta mar, llevado de acá para allá por la tempestad. Del mismo modo, voy de dificultad en dificultad. En efecto, por muy valientemente que yo luche contra los elementos, mi fuerza y mi sabiduría propias no bastan.

Todos necesitamos algo a qué aferrarnos con absoluta confianza. Si me he desilusionado por grandes engaños o si he sido traicionado por alguien en quien yo confiaba, me siento como si estuviese solitario y fuese vulnerable en un mundo hostil.

No me privaré de la ayuda de Dios ni de su dirección, pues he visto cómo obran en Al-Anon a medida que allí compartimos los unos con los otros tanto los conocimientos como el valor y la esperanza. Es así como se restauran la confianza y la dignidad al saber que somos hijos de Dios.

Recordatorio para hoy

Si mi fe se ha debilitado por los desengaños, puedo empezar de nuevo a recobrarla aferrándome a una idea espiritual como la que expresa la Oración de la Serenidad. Esta filosofía viva me proporcionará un fundamento de fe.

«Porque por fe andamos, no por vista.»

(*Segunda Epístola a los Corintios*)

11 DE OCTUBRE

La esposa que durante mucho tiempo ha tenido la costumbre de manejar a su marido, suele no darse cuenta de que constantemente lo dirige y amonesta:

«No te pongas hoy la corbata azul. Ponte esta otra.» «Ya casi es hora de ir a la iglesia. Date prisa.» «No saques el coche con este mal tiempo.» «Ya has ido a cuatro reuniones de AA esta semana, y la cocina necesita pintarse.» Todas estas cosas son menudencias, pero una actitud tal priva al marido de toda libertad de elección, así como de toda dignidad y hombría. Su mujer representa el papel de madre y trata a su marido como a un niño que no sabe qué hacer sin que se lo digan.

Recordatorio para hoy

Si en los años de perturbación por causa de la bebida yo asumía tontamente la responsabilidad que debía haber llevado mi esposo, ahora abandonaré esta costumbre de manipularlo. Me doy cuenta, gracias a Al-Anon, que la sobriedad podría haber llegado mucho antes si yo hubiese sido capaz de ponerme a un lado y dejar que el alcohólico sufriese las consecuencias de su propia elección. Respetaré los derechos que él tiene como persona.

> «Cada uno de nosotros tiene el derecho y la obligación de tomar sus propias decisiones. La usurpación de este derecho es algo destructor del carácter.»

Había una vez un enorme talón que pertenecía a una mujer que tenía un marido alcohólico y tres hijos adolescentes.

Los tres últimos vivían bajo el talón de esta mujer, a tal punto que no podían crecer ni desarrollarse convenientemente. A menudo se retorcían bajo la presión del talón tiránico. Siempre que procuraban liberarse de la opresión del talón, hacían algo incorrecto y el talón los oprimía de nuevo.

El sistema de escape que el padre tenía era pasarse mucho tiempo borracho. Era tan astuto que siempre se las arreglaba para escaparse y apoderarse de una botella. Por mucho que el «talón» vigilase, nunca podía sorprenderlo sino cuando bebía hasta quedarse inconsciente. Todo el mundo creía que ella era una señora muy amable, y todos se compadecían de ella por tener tantas dificultades con su familia.

No existía en verdad razón alguna para que ella acudiese a Al-Anon para resolver sus problemas, pues siempre sabía exactamente qué hacer en cualquier circunstancia. Pero, como quería que su marido dejara de beber, resolvió probar Al-Anon. Al principio se chasqueó mucho, porque algunos de los miembros no se limitaban a simplemente amagar, y se indignaba cuando procuraban mostrarle el daño que estaba haciendo a su familia. No obstante, para asombro de todos, el «talón» empezó a achicarse y a perder peso. Y las cosas fueron mucho mejor.

Cada día iba dándose cuenta mejor de lo que había estado haciendo; y como era de carácter resuelto, aplicó diariamente el programa, y todos sus demás problemas se resolvieron solos lo más bien.

13 DE OCTUBRE [287

Nos reunimos en un grupo de Al-Anon para compartir experiencia, fortaleza y esperanza los unos con los otros. Hacemos esto asistiendo a las reuniones, escuchando, deliberando, aconsejando y visitándonos para darnos mutuamente consuelo y para renovar la confianza.

Es maravilloso saber que esta íntima comunicación, este mantenerse en íntimo contacto, no se limita a los miembros de un solo grupo, sino que abarca a los del mundo entero. En una publicación de Al-Anon de África del Sur, nos llegó el siguiente mensaje:

Recordatorio para hoy

«Aprended a hacer frente a las cosas a medida que llegan, y cuando se presenten afrontadlas deliberada y tranquilamente. No podemos determinar los acontecimientos, pero sí podemos adoptar una actitud correcta con respecto a los mismos.»

Este claro mensaje de un lejano continente inspirará a las personas de Al-Anon de todos los lugares en su búsqueda de la serenidad. Esto demuestra cuan íntimamente afines somos en nuestra afectuosa fraternidad.

> «Y renovaos en el espíritu de vuestra mente...
> porque somos miembros los unos de los otros.»
>
> (*Epístola a los Efesios*)

Venimos a Al-Anon porque creemos que tiene algo que deseamos; en otras palabras, para *obtener* algo para nosotros. Al principio no tenemos idea de que este *recibir* se halla íntimamente ligado con el *dar*.

Pero pronto descubrimos que nuestra buena voluntad para ayudar a otros tiene una reacción inmediata y beneficiosa sobre nosotros mismos. Nuestro progreso en el programa depende de este sentido satisfactorio de compartir, de darnos a nosotros mismos, ya sea para ilustrar y alentar a un recién llegado, ya sea para actuar como servidor de un grupo, para apoyar a nuestra fraternidad o para escuchar pacientemente a alguien que pasa por dificultades.

Recordatorio para hoy

Cuanto más de mí mismo y cuanto más generosamente abra el corazón y la mente a otras personas, tanto más crecimiento espiritual y madurez experimentaré al encarar mis propios problemas. Aprendo en Al-Anon a no medir mi *dar* con mi *recibir*: el simple acto de dar me proporciona recompensa.

> «El dador es tan sólo el canal de los dones que ha recibido de Dios. No puede acapararlos ni retenerlos sin bloquear el conducto.»

15 DE OCTUBRE

Es natural que el miembro nuevo de un grupo se halle perturbado, aturdido y hasta desesperado. Del mismo modo que nos sucedía a nosotros al principio, sus pruebas le parecen demasiado grandes para que las pueda soportar un ser humano. Quizá no se dé cuenta de que al quejarse, llorar y querer sobrepujar en astucia al alcohólico, sólo empeora las cosas. Después de haber estado durante algún tiempo en Al-Anon, aprendemos a no hacer eso. El relato de sus calamidades puede hallarse deformado por la histeria, lo cual también es comprensible.

Todo esto debe enseñarnos a no hacer juicios apresurados acerca de los problemas ajenos, ni siquiera a sugerir qué decisión tomar. Debemos ayudar al sujeto que tiene problemas a ser capaz de tomar decisiones por sí mismo.

Recordatorio para hoy

Por insoportable que pueda parecer la situación de una persona, sé que no soy capaz de juzgarla puesto que no conozco todos los factores implicados. Tampoco puedo medir el dolor emocional de otra persona con mi propia experiencia y mis propios sentimientos. Pero sí puedo ofrecer consuelo y esperanza, así como la sanadora terapia del programa de Al-Anon.

> Nuestra Octava Tradición dice: «Las actividades prescritas por el Duodécimo Paso de Al-Anon nunca debieran tener carácter profesional.»

Toda clase de personas se dirigen a Al-Anon en busca de ayuda: ricos y pobres, instruidos e ignorantes, gente de sociedad y gente humilde.

A veces se puede observar que los que han tenido más ventajas tienden a tratar con aires de superioridad a los otros; les corrigen faltas gramaticales, defectos del habla o lo inapropiado de su indumentaria.

Es afortunado que los que tienen ilusión de superioridad hayan *venido* a Al-Anon, pues descubrirán una *comunidad de iguales*. Y suele suceder que una persona de quien menos se esperaría discernimiento espiritual, hace una declaración que llega directamente al corazón de los oyentes y les da luz, consuelo y esperanza.

Recordatorio para hoy

Estoy en Al-Anon en busca de ayuda para resolver mis problemas y vencer mis defectos, así como para ayudar a otros a encontrar la serenidad del mismo modo en que yo procuro encontrarla. No haré juicios ni críticas, sino que aceptaré humildemente el bien que haya en todo lo que encuentre en la fraternidad.

> «¿Quién soy yo para juzgar a los hijos de Dios por su manera de hablar o de vestir? Escucharé buscando la ayuda que ellos puedan darme.»

17 DE OCTUBRE [291

Los Doce Pasos constituyen un cuerpo de sabiduría espiritual que amplía nuestra comprensión a medida que los estudiamos uno tras otro. Hay un paso, sin embargo, que podría estudiarse diariamente desde el mismo comienzo, por su extraordinario poder de aclarar los demás. Se trata del Undécimo, que habla de la oración y la meditación.

La meditación es la aplicación tranquila y sostenida de la mente en la contemplación de una *verdad espiritual*. Su propósito es *desviar* la mente de los problemas que enfrentamos y elevar nuestro pensamiento por encima de las quejas y el descontento que modifican nuestra manera de pensar.

Recordatorio para hoy

Dedicaré por lo menos cinco minutos cada mañana y cada noche a la concentración espiritual, excluyendo de mi mente todo, menos una idea espiritual. Empezaré y terminaré cada meditación plenamente consciente de la presencia de Dios.

> «Mediante la oración y la meditación tratamos de mejorar nuestro contacto consciente con Dios, *según nuestro propio entendimiento de Él*, y le pedimos tan sólo la capacidad para reconocer Su voluntad y las fuerzas para cumplirla.»
>
> (Undécimo Paso)

Hagamos ahora un breve estudio de las cosas intangibles.

Nuestra actitud se comunica a otras personas por medio de lo que decimos y hacemos, como asimismo por el modo de decir y hacer, *siempre y cuando la actitud refleje realmente lo que sentimos.* Las acciones amables como las palabras suaves y corteses pueden ser sólo disfraces de nuestros verdaderos sentimientos. Incluso podemos pensar que hemos vencido el resentimiento, la santurronería y la autocompasión; pero si aún se hallan dentro de nosotros, se nos escaparán de algún modo misterioso y negarán lo que pretendemos comunicar con nuestras palabras y acciones teatrales.

«¿Cómo puede él saberlo?—preguntaba una esposa perpleja—. Nunca levanto la voz, jamás discuto y generalmente procuro hacer lo que él espera. Sin embargo, siempre me está provocando y desafiando.»

Recordatorio para hoy

Cambiar meramente mi conducta—lo que digo y hago—no prueba un cambio de actitud interna. Me estoy engañando a mí mismo si me imagino que puedo disfrazar mis verdaderos sentimientos, porque de algún modo saldrán al exterior y prolongarán la hostilidad en el seno de mi familia. Por lo tanto, debo desarraigar completamente las emociones perturbadoras que he estado procurando ocultar.

> «Hay más cosas en el cielo y en la Tierra...
> de aquéllas con las cuales se puede soñar en
> tu filosofía.»
>
> (William Shakespeare)

19 DE OCTUBRE

En la gran novela clásica española, *Don Quijote de la Mancha*, el autor nos habla acerca de su héroe que se va por el mundo a «desfacer entuertos.»

Entre sus aventuras, hay una en la que se encuentra con unos molinos de viento que él toma por gigantes amenazadores. Se pone a luchar contra ellos con su espada hasta caer exhausto.

Y nosotros, ¿no nos agotamos también arremetiendo contra «molinos de viento» con toda nuestra artillería de ira y preocupación ante mezquinas molestias que no son dignas de tan estéril lucha?

Recordatorio para hoy

¿Malgasto mi tiempo y mi energía luchando contra situaciones que realmente no son dignas de que yo vuelva a pensar en ellas? No permitiré que mi imaginación convierta pequeñas dificultades en grandes obstáculos. Me esforzaré en ver con claridad cada situación y concederle solamente el valor y la atención que merezca. Ésta es la cordura que quiero recuperar, tal como lo sugiere el Segundo Paso.

> «Que Dios me conceda el sentido de la proporción para ver la diferencia entre un incidente y una crisis.»

Nuestros lemas son muy claros y sencillos; sin embargo, pueden significar cosas diferentes para distintas personas. Los coloreamos, naturalmente, según nuestra propia experiencia y según nuestra reacción personal a las palabras e ideas.

Por ejemplo, el lema *Suelta las riendas y entrégaselas a Dios,* puede sugerir a algunas personas que todo lo que nos toca hacer es esquivar los retos que se nos presentan y que de alguna manera—por una especie de magia espiritual—Dios obrará.

Al dar Dios a sus hijos el libre albedrío, la inteligencia y el sentido común, tenía un propósito: que mediante ellos nos realizáramos al *usarlos* para afrontar los problemas diarios.

Recordatorio para hoy

Puedo estar listo para someterme a la dirección Divina, por la cual hasta puedo orar con toda humildad; pero, además de estar dispuesto, he de colaborar haciendo mi parte. Si soy verdaderamente receptivo, Dios me dará a conocer Su voluntad paso a paso cada día, mas soy yo *quien debe cumplirla.*

> «Someternos a la voluntad de Dios no nos otorga licencia para la inercia. Cada uno debe esforzarse en cumplir la voluntad de Dios que Él nos transmite por medios que solamente reconocemos una vez que nos hemos preparado favorablemente y conscientemente.»

21 DE OCTUBRE [295

Una sugerencia que oímos en Al-Anon es ésta: *No hagas el examen de nadie, salvo el tuyo propio.* Esto puede sorprendernos si pensamos, como alguno de nosotros lo hacíamos, que nuestra desgracia se debe sólo a las acciones del alcohólico. Estamos ansiosos de justificarnos a nosotros mismos explicando lo que él o ella hicieron que era tan escandaloso e inexcusable. Entonces—nos preguntamos—¿cómo puede alguien pensar que la culpa es nuestra?

Pero gradualmente llegamos a comprender que pudimos haber hecho más sabiamente muchas cosas. Acaso hayamos censurado acciones que no debimos haber tomado tan a pecho. Descubrimos, además, que acumulamos muchas dificultades sobre nosotros por inmiscuirnos. Finalmente, nos damos cuenta de que necesitamos hacer nuestro propio examen.

Recordatorio para hoy

¿Suelo censurar a los demás? Si lo hago, debo recordar el lema: *Vive y deja vivir.* ¿Tengo temor y me imagino con espanto lo que me depara el futuro? En este caso, evocaré este otro: *Suelta las riendas y entrégaselas a Dios,* y viviré solamente este día a la vez.

¿Empeoro los problemas familiares con enojos expresados en palabras y acciones incontroladas? Pues me recordaré a mí mismo que debo *pensar.* ¿Me hallo constantemente en un estado de agitada confusión? Entonces recordaré que debo poner *Primero, las cosas más importantes.*

> «Creo que los lemas son una gran ayuda para hacer sin ningún miedo un examen de conciencia escudriñador.»

Al hallarme inmerso en el programa de Al-Anon en mi búsqueda de la paz del alma, siento que estoy comprometido a realizar el esfuerzo de comprender mis propios impulsos y motivos para corregir los que me están estorbando el progreso.

La búsqueda de la comprensión de uno mismo es difícil, por no decir imposible, de realizar completamente. Pero *podemos* aprender mucho acerca de nosotros mismos si tenemos el valor de hacer frente a nuestros motivos reales sin autoengañarnos con evasivas. *Podemos* comprendernos mejor si no permitimos que molestos pensamientos de culpabilidad oscurezcan nuestras buenas cualidades, las que debemos reconocer, y sobre las cuales hemos de edificar.

Recordatorio para hoy

Hacer mi propio examen no quiere decir que me concentre en mis defectos hasta el punto de que todo lo bueno quede oculto. Reconocer lo bueno no es un acto de orgullo ni de engreimiento como pude haber temido anteriormente. Si reconozco mis buenas cualidades como dadas por Dios, puedo hacerlo con verdadera humildad al mismo tiempo que experimento una gozosa satisfacción por lo que tengo de agradable, bueno y generoso.

«Soy más grande y mejor de lo que yo pensaba. Yo no sabía que tenía tanta bondad.»

(Walt Whitman)

23 DE OCTUBRE [297

A veces es bueno examinar una frase corriente y conocida, meditar en ella, desmenuzarla y explorar su sentido interno.

Oímos a alguien que dice: «Él se quita su propia luz.» ¡Cuán claramente emerge la figura que ensombrece nuestra propia felicidad por un pensar erróneo! Pongámonos a un lado de modo que la luz brille sobre nosotros y sobre todo lo que hacemos. De este modo podremos vernos a nosotros mismos y nuestras circunstancias con verdadera claridad.

Si tenemos a Al-Anon, no necesitamos quitarnos nuestra propia luz y tener que andar a tientas en la oscuridad. Los medios que ofrece Al-Anon han iluminado el sendero de tantos millares de personas desesperadas que nadie puede poner en duda su eficacia.

Recordatorio para hoy

Cuando me enfrento a un problema que parece imposible de resolver o me siento atrapado en una situación cuya salida no puedo entrever, me pregunto si *me quito mi propia luz*. Debo encontrar una posición ventajosa desde donde pueda ver claramente mi dificultad *tal como es*. Entonces hallaré la solución.

> «… y la luz brillará en los lugares oscuros y hará que todo esté tan claro como el día.»

Una noche, en una reunión, parecía haber un número no corriente de miembros que se quejaban por carecer de lo que creían merecer. Por otra parte, protestaban por la conducta del alcohólico y, en general, por su propia mala suerte.

Entonces un miembro, sin ambages, dijo lo siguiente: «Miren ustedes, todo esto parece como si algunos de nosotros esperáramos que la vida estuviese libre de problemas. Recuerdo a una antigua comedianta de radio cuya expresión favorita rezaba más o menos así: *«Bueno, hay que tomar lo amargo sin amago.»* Esto es también una buena filosofía de Al-Anon, porque nos dice que hemos de aceptar a lo largo de la vida algunas experiencias desagradables, sin dejar, al mismo tiempo, de observar las cosas buenas.»

Recordatorio para hoy

¿Espero que en la vida todo me salga exactamente como lo quiero? Quizá me convenga considerar atentamente estas expectativas y ver si son conforme a la realidad en mi situación particular. Si estoy continuamente pretendiendo alcanzar la luna, voy a perder muchísimas cosas agradables aquí mismo en mi pequeño mundo.

«La Oración de la Serenidad es una medicina excelente para el descontento.»

25 DE OCTUBRE

A menudo la gente se maravilla cuando ve los cambios que produce el programa de Al-Anon en la vida de quienes lo practican. He aquí el secreto: está edificado sobre la *filosofía ética fundamental* que se ha conocido a través de los siglos. Esta filosofía se afirma en libros tan dispares entre sí como la Biblia y las fábulas de Esopo.

Tratar amablemente a nuestros semejantes es lo que sugiere San Pablo en su carta a los Efesios: «El fruto del Espíritu es amor, gozo, paz, paciencia, benignidad, bondad...»

El mismo pensamiento aparece en la fábula del viento y el sol que se retaron el uno al otro para ver cuál de ellos lograba que cierto viajero se quitase el abrigo. A medida que el viento soplaba con más fuerza, nuestro hombre se ceñía más fuertemente el abrigo al cuerpo; pero cuando el sol brilló, su calor hizo que el hombre se lo quitase rápidamente.

Recordatorio para hoy

En Al-Anon, de muchas maneras se repite este mismo pensamiento: nada podemos hacer por fuerza u obligación. Recordaré siempre que no debo ser terco en mis juicios ni en mis acciones.

> «La amabilidad es la fuerza más poderosa del mundo...»

Frecuentemente se piensa que el primero de los Doce Pasos—«admitimos que éramos incapaces...»—es el más difícil de todos. Sin embargo, para algunos el Segundo Paso es tan difícil como el Primero, porque sugiere que admitamos que nuestra propia conducta no ha sido siempre sensata. He aquí un ejemplo:

Una costumbre bastante corriente—que es irracional y derrotista—es transformar pequeñas dificultades en grandes problemas. Hacemos esto porque estamos tan agobiados que *todo* nos parece oscuro y porque no alcanzamos a distinguir entre lo que es crucial e importante y lo que podríamos ignorar y olvidar.

Recordatorio para hoy

Siempre que algo me suceda que pueda frustrarme o molestarme, me haré la siguiente pregunta: «¿Es esto una montaña o un montículo?» No puedo, ni quiero, malgastar tiempo ni energía nerviosa en cosas que carecen de importancia; los ahorraré para hacer frente a las cosas que son de veras importantes.

> «Algunas personas se ocupan y se preocupan de cosas que no son más que fruslerías, haciendo una montaña de un grano de arena.»

27 DE OCTUBRE [301

Cuando nos esforzamos por abarcar demasiadas cosas y queremos hacerlo todo rápidamente en Al-Anon, podemos desanimarnos y abandonar el programa. Pero no nos precipitemos. Consideremos que los filósofos, a lo largo de los siglos, han dedicado toda su vida a la contemplación de tales verdades; y, puesto que vivimos muy ocupados y tenemos poco tiempo para la meditación y el estudio, sería un acto de prudencia tomar las cosas con calma y concentrarnos en una sola idea a la vez.

Recordatorio para hoy

Seleccionaré un solo pensamiento de uno de los Doce Pasos—o una frase de mis lecturas de Al-Anon—y procuraré aplicarlo cada día. Esto me dará un núcleo de seguridad al que puedo ir añadiendo otros conceptos a medida que los vaya necesitando. En este proceso se halla una importante aplicación de nuestro lema: *Hazlo con calma*.

No procuraré aprender todo el programa de golpe, no sea que me aturda o me confunda. Me recordaré a mí mismo que lo único vital es *aplicar* lo que he aprendido, a fin de que obre en todos los acontecimientos de mi vida diaria.

> «Aunque solamente aprendiese en Al-Anon a no inmiscuirme en lo que no me concierne directamente, esto sólo iluminaría y alegraría mi vida.»

Sucede a veces que adoptamos una actitud nefasta que nos hace exclamar: «¡Pobre de mí!» Entonces nos sentimos abrumados por el cúmulo de dificultades que afrontamos. Esto suele suceder especialmente cuando empezamos a querer cambiar nuestra manera de pensar acerca de nosotros mismos y nuestra relación con los demás y tratar de resolver demasiados problemas a la vez.

Para esta contextura mental, existe sólo una prescripción infalible: vaciar la mente de todos los pensamientos menos uno: el día de *hoy*, y cómo emplearlo.

Recordatorio para hoy

Este día es mío. Es único. Nadie en todo el mundo tiene uno exactamente igual. Reúne la suma de toda mi experiencia pasada así como mi futuro potencial. Me pertenece para hacer con él lo que yo quiera. Puedo llenarlo de momentos gozosos o arruinarlo con estériles preocupaciones. Si me acuden a la mente recuerdos penosos del pasado o pensamientos temerosos acerca del futuro, los apartaré. No permitiré que me arruinen el día.

> «El día de *hoy* es un regalo especial que Dios me hace. ¿Cómo lo usaré? Cuanto menos permita que otras personas lo afecten, tanto más sereno y satisfactorio será para mí.»

29 DE OCTUBRE

Tomamos muchas decisiones, pequeñas providencias diarias que son meras elecciones, pero que nos llevan a las grandes resoluciones que aportarán importantes cambios en nuestra vida.

Estas decisiones, pequeñas o grandes, serán mejores siempre que se basen en pensamientos premeditados que la situación requiera. Si estas determinaciones se refieren a otras personas, conviene incluir en ellas ingredientes tales como amor, generosidad, tolerancia y sencillamente común amabilidad. Entonces tomaremos decisiones con las que podremos vivir confortablemente.

Si la resolución que estamos a punto de adoptar se halla cargada de ira, resentimiento o amargura, es bueno retenerla hasta que la histeria haya cesado y tengamos tiempo para considerar con calma todos los factores involucrados.

Recordatorio para hoy

Recordaré que una decisión que tome en tiempo de crisis podría no ser la misma que yo tomaría cuando la crisis hubiera pasado. No daré temerariamente un paso que más tarde podría lamentar.

> «Todas nuestras decisiones y resoluciones se toman en un estado mental que ciertamente cambiará.»
>
> (Proust)

30 DE OCTUBRE

Llegamos a acostumbrarnos tanto a oír que Al-Anon es una *fraternidad* que a veces olvidamos el significado de esta palabra para cada uno de nosotros. ¿Qué significa *fraternidad*? Quiere decir participación, comunidad de interés, de sentimiento y de naturaleza: un espíritu de camaradería, especialmente de carácter espiritual. En una hermandad damos a otros parte de nosotros mismos; y cuanto más damos, más recibimos.

Si hago la segunda milla para asistir a un miembro de la fraternidad que se halla en apuro, y procuro ayudarlo a comprender un problema y a tratarlo espiritualmente, estoy en verdad recibiendo más de lo que doy, porque aprendo a examinar y clarificar mis propias ideas. Encontré muchas soluciones para dificultades propias mientras trataba de ayudar a otro.

Recordatorio para hoy

El bien que recibo de las enseñanzas espirituales de Al-Anon será mucho más útil y provechoso para mí a medida que use las oportunidades de comunicarlas a otros. En esta fraternidad no soy más que un canal de la ayuda amorosa de Dios.

> «Por lo tanto, tú que enseñas a otro, ¿no te enseñas a ti mismo?»
>
> (*Epístola a los Romanos*)

31 DE OCTUBRE

Al-Anon no es una organización, y no tiene directores ni jefes. Es una asociación igualitaria, que se mantiene unida por algo llamado «acatamiento a lo inexigible.» Esto significa que cada grupo lleva a cabo la práctica del programa de Al-Anon de acuerdo con los principios espirituales enunciados en nuestras Tradiciones, las cuales ellos aceptan y siguen *por su propia voluntad*, sin ser dirigidos ni obligados por nadie.

«Pero—alguien puede decir—la Cuarta Tradición afirma que cada grupo debe ser autónomo. ¿No significa esto que podemos organizar nuestras reuniones de la forma que lo deseemos, utilizar cualquier clase de publicaciones, y en general dirigir los asuntos que más nos convengan?» La respuesta es que la autonomía otorgada por la Cuarta Tradición se refiere solamente a *aquello que es bueno para la asociación en conjunto.* Si un grupo se desvía de las ideas y procedimientos que producen *el mayor bien para la mayor cantidad de miembros de Al-Anon,* entonces es responsable del perjuicio que ocasiona a la asociación a la cual todos acudimos por ayuda.

Cuando un grupo afronta preguntas o problemas, las respuestas se obtienen en nuestras Doce Tradiciones. De ahí la importancia de que las conozcamos cabalmente. La salud y unidad de Al-Anon dependen de la cooperación de todos los grupos.

> «Cada grupo debiera ser autónomo, excepto en asuntos que afecten a otros grupos, o a Al-Anon o AA en su totalidad.»
>
> (Cuarta Tradición)

1 DE NOVIEMBRE

Vivir con un alcohólico conlleva distintos problemas que se presentan de diferentes formas. Si éstos son el comportamiento excéntrico del bebedor, la perturbación social y otros problemas relativamente menores, entonces corresponde a Al-Anon tranquilizar la mente de la persona no alcohólica.

En otros casos la familia puede estar privada de las cosas necesarias y básicas de la vida, y sufrir la crueldad, la violencia, la acción policial, la pérdida del hogar y tener que recurrir a la asistencia pública.

Indignados ante tales sufrimientos, algunos de nosotros en Al-Anon podemos pensar que es correcto y útil aconsejar medidas drásticas. Sin embargo, debemos tener siempre presente que si la persona a quien queremos ayudar toma una decisión en estado de histeria o desesperación, es probable que sea equivocada.

Recordatorio para hoy

Aun en casos que me parezcan desesperados, me abstendré de dar opiniones y consejos. Si puedo persuadir a una esposa o a un esposo a que traten, así sea por poco tiempo, de comprender y usar el programa de Al-Anon, entonces el cambio resultante de actitud podría ayudar a hacer posibles las soluciones correctas.

> «Que Dios me ayude a nunca inducir a nadie a tomar ninguna decisión distinta a la de emplear las ideas de Al-Anon.»

2 DE NOVIEMBRE [307

¿Qué papeles desempeñamos en nuestras relaciones con varias personas? Cuando se presentó este tema en una reunión de Al-Anon, un miembro sugirió que cada uno de nosotros meditara en nuestra actitud hacia nuestras respectivas familias. Destacó el hecho de que allí, en la reunión de Al-Anon, éramos a menudo *cordiales, deseosos* de aceptar el programa, *esperanzados* en su utilidad para nosotros.

«Pero—preguntó—¿presentamos siempre la misma cara alegre ante el alcohólico y ante nuestros hijos? ¿O a menudo fruncimos el ceño y regañamos, amonestamos y nos quejamos, de tal modo que lo que representamos en el hogar es el papel de jefe, mentor y censor?»

Recordatorio para hoy

Si mi actitud en el hogar es habitualmente malhumorada y de critica, entonces trataré de cambiarla observando lo que digo y hago, y la forma como reacciona mi familia. No reservaré mi deferencia y respeto para los otros a quienes deseo agradar, o mis expresiones de complacencia para los individuos a quienes quiero impresionar. Las personas con quienes vivo merecen lo mejor de mi comportamiento, y seguramente responderán al respeto y cariño que, sin intentarlo, quizá les he estado negando.

> «El corazón alegre constituye buen remedio;
> mas el espíritu triste seca los huesos.»
>
> (*Proverbios*)

3 DE NOVIEMBRE

Al-Anon, al igual que otras asociaciones de personas con un interés o una causa comunes, posee un lenguaje propio: ciertos términos y frases que describen ideas específicas. Podemos reconocerlas y usarlas, aunque no conozcamos exactamente su significado real.

Tomemos, por ejemplo, la frase: «Separémonos del problema, pero no de la persona.» ¡Algunos han imaginado que Al-Anon está en contra de la separación de los esposos! Otros piensan que se debe ignorar todo lo que sucede. Ninguno de estos significados es verdadero.

Cuando se nos insta a separarnos *del problema* no se sugiere el *desinterés*. Esto significaría solamente desesperación, mientras que la separación afectuosa del problema nos proporciona esperanza de días mejores.

Recordatorio para hoy

Naturalmente, debe preocuparme lo que les sucede a las personas relacionadas conmigo. El propósito del desprendimiento emocional es evitar que yo me precipite en las crisis del alcohólico. Si no intervengo, él se verá obligado a encontrar, dentro de sus dificultades, *su propio camino*. Ésta es la útil y saludable clase de desprendimiento emocional que ofrece Al-Anon.

> «El desprendimiento motivado por amor puede protegernos de sufrimientos innecesarios y establecer la base de una relación verdaderamente recompensadora.»

4 DE NOVIEMBRE

Un miembro de Al-Anon observó una vez que la fuente principal de nuestra desdicha está en que no sabemos lo que deseamos. Creemos que no estamos satisfechos con lo que tenemos, con la forma en que vivimos y con la manera de actuar de otras personas con nosotros. Sugirió que cada persona se analizara profundamente para averiguar qué podría traernos realmente satisfacción.

Si esta autobúsqueda revela que estamos descontentos porque nos creemos merecedores de un automóvil mejor, de una casa más grande, o de más dinero, entonces debemos analizarnos más profundamente para tratar de localizar la causa real. ¿Es envidia de los demás? ¿Es nuestra incapacidad para gozar completamente de lo que tenemos? Para defender nuestros propios defectos, ¿buscamos excusas a fin de acusar a los demás?

Recordatorio para hoy

Puedo hallar serenidad solamente extirpando mi descontento. Debo reconocer las verdaderas razones de por qué reacciono así. ¿Estoy haciendo mi parte? Si no, mi descontento puede deberse a una culpabilidad irreconocible. ¿Me resultaría difícil sentir y expresar agradecimiento? Trataré de desarrollar un sentido de gratitud. ¿Espero que los demás se comporten de acuerdo con mis expectativas? Viviré y dejaré vivir.

> «Todo se resume en esto: que no estamos satisfechos con nosotros mismos, y que podemos indudablemente hacer algo para remediar la situación.»

Había una vez una señorita muy simpática, a quien su vecina le habló de Al-Anon; pero era también muy orgullosa, y sólo a regañadientes admitió que su hermano estaba desacreditando a la familia por su excesiva bebida. Ella fue a unas cuantas reuniones, mas siempre vacilaba cuando su vecina la invitaba. Parecía que desestimaba un poco a las personas que iban a hablar acerca de sus parientes bebedores. Pero su vecina, miembro consagrada de Al-Anon, se dio cuenta de que ella no había aprendido aún la importancia de la humildad para hacer frente a los problemas de la vida.

Nuestra señorita censuraba la forma de hablar de las personas que asistían a las reuniones, comentaba que algunas no tenían educación y cometían errores gramaticales, y así sucesivamente. Al final, y después de insistir con paciencia, la vecina logró convencerla de que lo más importante respecto de Al-Anon era la manera de ayudarse los unos a los otros mediante el afecto y el interés mutuos por los problemas de uno y otro; y que la mejor forma de obtener esa ayuda era escuchando *lo que se* decía, y no *cómo* se decía.

Un día la vecina, que leía la Biblia por la mañana y por la tarde, se encontró con un párrafo, que pensó sería útil, ¡y así fue! He aquí lo que decía:

«Tantos géneros de voces... hay en el mundo y ninguna carece de sentido.» Esto aseguró a la joven que debía hallar respuestas si escuchaba con un sentido *no crítico*, ¡y así lo hizo!

6 DE NOVIEMBRE

Alguien dijo en una reunión de Al-Anon: «Estoy dispuesto a admitir que el programa de Al-Anon, como disciplina personal, puede hacer mucho por quien lo utilice. Pero no puedo creer que necesitemos recurrir a lo que ustedes llaman Poder Superior, o Dios.»

Aun para los que sólo creen lo que pueden ver y tocar, existe ayuda en Al-Anon. Gradualmente, a medida que experimentamos los resultados milagrosos del uso de los Doce Pasos (¡aunque sólo se trate de los que no hacen referencia a lo espiritual!), vamos reconociendo un «Poder mayor que nosotros». Recibimos, mediante la instrucción espiritual, el don de la fe. Finalmente, nos damos cuenta de que los cambios buenos en nuestra vida no hubieran podido realizarse sin la guía de Dios.

Recordatorio para hoy

Si admitimos la realidad de nuestros problemas y podemos valorar prácticamente la experiencia de resolverlos, tendremos el más racional de los motivos para creer en un Poder Superior. Vemos, entonces, que podemos usar una Fuente de asistencia que está más allá de nuestra comprensión humana.

> «¿Por qué tratamos de mover montañas solamente con nuestra propia fuerza, cuando la fe, aunque sea pequeña 'como un grano de mostaza', puede ayudarnos a adquirir lo que parecía imposible?»

«Mediante la oración y la meditación tratamos de *mejorar nuestro contacto consciente con Dios...*», afirma el Undécimo Paso. Esto me asegura que mi contacto consciente con Él depende enteramente de mí, de *mi* deseo de tenerlo. Este gran poder es mío y está constantemente cerca y en disponibilidad para usarlo.

Recordatorio para hoy

Recordaré todos los días cuánto depende de mí conocer la influencia de Dios en mi vida. Aceptaré su ayuda en todo lo que yo haga. Sin esta entrega a una sabiduría superior, mi vida estaría a merced de fuerzas que no puedo controlar.

La meditación me unirá más a Dios y a las cualidades divinas de mis semejantes, quienes son también sus hijos. La oración alejará mis pensamientos de los problemas. A medida que oro y medito, voy librándome de problemas y aprendiendo que su solución no depende solamente de mí.

> «Dios está presente en todas sus criaturas, pero no todas están igualmente enteradas de su presencia.»

8 DE NOVIEMBRE [313

Si yo pudiera hacer una clara distinción entre el egoísmo y el amor de sí mismo, daría un paso gigantesco en el cambio de mi actitud hacia el alcohólico. El egoísmo es el origen de hostilidad y arrogancia, el gran ego alrededor del cual todo debe girar. Me incapacita para ver otro punto de vista distinto al mío. Es la señal de una mente cerrada a todo sentimiento real por los demás.

El amor de sí mismo, por otra parte, cumple el Mandamiento: «Ama a tu prójimo como *a ti mismo.*» Sólo podemos amar a los demás y ayudarlos, cuando estamos en paz con nosotros mismos. Cuando valoramos nuestra propia dignidad y lo que somos como seres humanos, estamos mejor capacitados para compadecernos de los demás.

Recordatorio para hoy

A menudo, el egoísmo usa una máscara de falsa humildad, tras la cual exageramos nuestra propia importancia, y justificamos las injusticias que hacemos a los demás. La verdadera humildad proviene del amor de sí mismo, que es la concepción de cómo realmente somos.

«Decide ser tú mismo y aprende que quien se
halla a sí mismo pierde su aflicción.»

(Matthew Arnold)

9 DE NOVIEMBRE

Hay personas que vienen a Al-Anon agobiadas por un problema insoportable. Esperan resolverlo por medios humanos solamente, pero pronto descubren que la ayuda es suministrada por seres humanos que *actúan como canales del amor y la sabiduría de un Poder Superior.*

Quizá nunca hayan tenido la seguridad y el consuelo de una fe viva; a menudo han perdido la fe que antes tuvieron debido a desgracias que les han sobrevenido. Pueden pensar que Dios ha sido cruel e injusto, que no se interesa en ellas ni en sus problemas. Algunos, en completa desesperación, realmente creen que no son meritorios del cuidado de Dios.

Recordatorio para hoy

La ayuda divina está *siempre cerca y en disponibilidad* para mí —si estoy dispuesto a aceptarla—. La conciencia activa, en todo instante, de la sumisión que implica repetir esta parte de la oración modelo: «No se haga mi voluntad, sino la Tuya», resolverá todas las dificultades.

> «Brazo diminuto necesita el hombre para llegar al cielo, tan dispuesto está el Cielo a inclinarse hacia él.»
>
> (Francis Thompson: *Grace of the Way*)

10 DE NOVIEMBRE

He aquí otra prescripción de Al-Anon para ese desesperado estado de tensión que llamamos estar «con los nervios excitados».

Por un momento, no piense en nada; después, concéntrese durante un minuto en una sola idea. Ésta puede ser algo sencillo; por ejemplo, una rosa de color específico, un frutero vacío que usted puede llenar de frutas relucientes, un rayo diminuto de una luna nueva. No piense en ninguna otra cosa, y no permita que nada se entremeta. El minuto parecerá una hora, pero al final la tensión y la confusión se habrán disipado, y usted estará mejor capacitado para resolver el problema.

Recordatorio para hoy

Las dificultades se acrecientan a medida que pasamos más tiempo pensando en ellas. Interrumpiré tal pensamiento con una meditación siempre que su importancia sea demasiada para mí; y eso tranquilizará mi pensamiento y pondrá mi dificultad en su propia dimensión.

> «La meditación es la forma espiritual de alejar mis pensamientos de lo que me preocupa. Es un estímulo, un aliento.»

A menudo, las expresiones muy conocidas caen en oídos sordos; aun cuando escuchamos atentamente podemos no analizar su profundo significado porque estamos acostumbrados a oírlas.

Una noche, una nueva miembro, al explicar su problema, varias veces usó la expresión: «¡Eso me enferma!» La idea que ella quería significar era: «insoportable» o «frustrante.» Pero otro miembro, que la entendió literalmente, dijo:

«Me impresionó oír decir a Juanita que ciertas ocurrencias *la enfermaban*. He observado que cuando *reacciono* emocionalmente ante una situación, así sea un ataque verbal injustificado, verdaderamente puedo enfermar con síntomas físicos reales. Al-Anon me ha enseñado que debo tener presente mi propio bienestar; trato de no sentirme implicado cuando aparecen los arrebatos de la tensión y el mal genio. Es un pensamiento saludable: La solución de Al-Anon.

Recordatorio para hoy

No pensaré en lo que oiga y vea cuando ello me tiente a reñir o a disgustarme. Recibiré la ira con mansedumbre para proteger mi paz mental.

> «Se necesita tiempo para transformar las buenas resoluciones en buenos hábitos, pero vale la pena hacer el esfuerzo.»

12 DE NOVIEMBRE

«Escucha y aprende» es la prescripción de Al-Anon. Podemos progresar si cultivamos el don de escuchar, *sin censurar*, todo lo que oímos en una reunión, o a un amigo, de Al-Anon.

A veces sucede que las personas menos instruidas o que son negativas y están confusas, pueden proporcionarnos el pensamiento que nos ayudará. Si nos concentramos en cavilaciones tristes acerca de nuestros problemas, podemos perder algo que podría ayudarnos a superarlos. Si somos despectivos con algún mortal oprimido y tosco, que usa un lenguaje incorrecto, nuestra actitud puede privarnos de una inesperada idea útil.

Recordatorio para hoy

Un antiguo himno dice: «Escucharé tu voz, no sea que mis pasos se extravíen.» Esto puede recordarnos que la voz de Dios nos habla aun a través del más humilde de sus hijos.

La cualidad esencial del buen oidor es la humildad. Una actitud de superioridad puede obstruir mucho de lo que necesitamos como guía nuestra.

«Escuchar es el privilegio de la sabiduría.»

(O.W. Holmes)

13 DE NOVIEMBRE

En cierta ocasión llegó a Al-Anon una nueva miembro, llena de problemas y confusión. Deseaba aprender y había estudiado los Pasos, que trataba de utilizar. El cambio milagroso (el que todos buscamos) se le presentó muy pronto, y todos se admiraron. Una noche, cuando se le pidió que hablara, dijo:

«Yo estaba ansiosa de *entender* el programa; por lo tanto, leí todos los Pasos de una vez antes de comenzar a practicarlos uno por uno. Una palabra en el Undécimo Paso me detuvo: *meditación*. Cada mañana dediqué diez minutos a concentrarme en *un tema*, pensando en todos sus elementos y cualidades. Al comienzo, me concentré en la idea con que me había despertado. Me dije: 'He aquí un día pleno de horas y minutos, en el cual no ha sucedido todavía nada. No he cometido errores ni he sufrido angustias'. Entonces recordé los acontecimientos de los días anteriores, y me hallé reviviendo todos los horrores. '¡Para!—me dije—; te has desviado de tu meditación', y regresé a la contemplación de sólo ese día. De nuevo, mi mente pasó a otro tema: miedo del mañana, y otra vez la traje al tema de *hoy* y sus ilimitadas posibilidades.

«Gradualmente, me fui concentrando en una idea, sin desviarme hacia pensamientos de resentimiento ni temor. Estoy segura de que estas meditaciones me están proporcionando un sentido de realidad acerca de mi vida. Medito en los Pasos, la Oración de Serenidad y cualquier idea espiritual útil. Realmente es eficaz.»

14 DE NOVIEMBRE [319

Parece extraño, cuando pienso en ello, que Dios esté más vivo en mi conciencia cuando me encuentro en lo más profundo de la desesperación; y todo lo que puedo decirle es: «¡Ayúdame, Dios mío!»

Dios nos ayuda cuando recurrimos a Él en nuestras grandes necesidades, pues «la adversidad del hombre es la oportunidad de Dios.» Una razón igualmente imperativa para orar es expresar nuestra gratitud. Ésta, que es en sí una virtud sana y curativa, es más eficaz cuando la hacemos parte de nuestras oraciones.

Quienes vivimos con el alcoholismo, y podemos gozar ahora de la recuperación de un ser amado, tenemos buenos motivos para elevar oraciones de gratitud.

Recordatorio para hoy

Contaré todos los beneficios que recibo cada día y los recordaré para agradecerlos.

> «Oras en tu angustia y en tu necesidad; y también podrías orar en la plenitud de tu gozo.»
>
> (Kahlil Gibran: *The Prophet*)*

Una de las grandes ayudas que ofrece Al-Anon es recordarme las verdades que tiendo a olvidar. Por ejemplo, escucho muchas veces en las reuniones, y leo en los escritos de Al-Anon: *El alcoholismo es una enfermedad—El alcohólico es un ser enfermo—No castiguemos a la gente por estar enferma.*

Puedo fingir un amplio apoyo a esta idea, pero cuando me veo ante la aceptación real, mi actitud instintiva hacia el alcohólico es a menudo hostil, como si él fuera un enemigo, resuelto a destruirme intencionadamente. Necesito las advertencias constantes de Al-Anon de que tales sentimientos obstaculizan mi progreso espiritual y el mejoramiento en la situación familiar. Debo deshacerme del veneno del resentimiento, de la indignación con una persona que no soy capaz de juzgar imparcialmente y de mi inútil autocompasión.

Recordatorio para hoy

Si guardo rencor contra el alcohólico, persistiré en la idea de que mi progreso y serenidad dependen de la superación de mi animosidad. A menos que me libere de ello, puedo trasladarlo a mis relaciones con otras personas, aun las que en Al-Anon tratan de ayudarme.

> «No son los actos de los demás lo que nos perturba, sino nuestra reacción ante ellos. Aléjalos, y la ira desaparecerá. Ningún acto equivocado de otra persona puede avergonzarte.»
>
> (Marco Aurelio)

16 DE NOVIEMBRE

«Está muy bien que nos digan que apartemos la mente de los problemas con que vivimos, pero ¿cómo lo hacemos?»—pregunta un miembro de Al-Anon—. No es fácil cuando estamos embrollados en toda clase de dificultades día tras día, con una decisión tras otra para tomar, y con la mente confusa.»

Debe haber un momento durante el día en el que podemos sacar nuestros pensamientos del pantano de la confusión, aunque sea para expresar unas pocas palabras y pensar en su significado: *Suelta las riendas y entrégaselas a Dios, Vive y deja vivir, Hazlo con calma.*

Recordatorio para hoy

Sé que la insistencia constante en mis problemas disminuye mi capacidad para verlos claramente y tomar decisiones prudentes. No complicaré el presente reviviendo el pasado, ni temeré lo que pueda suceder en el futuro. Una forma de apartar de la mente mis problemas es eliminar del pensamiento el pasado y el futuro.

> «El que se libera a sí mismo de las lamentaciones acerca del pasado y de las preocupaciones por el futuro, se halla capacitado para encarar el presente.»

Si formo parte de un grupo de Al-Anon para obtener ayuda, ¿no estaría frustrándome si permitiera que la desavenencia con otro miembro estorbara mi adquisición del beneficio total del programa?

Algunas personas tienden a ser más o menos dominantes; a veces, las más competentes y útiles se imponen demasiado y, por consiguiente, engendran hostilidad en las demás. En otras ocasiones, no hay una simpatía personal entre dos individuos.

Deseo tener siempre presente que *mi ayuda depende de la unidad del grupo.* No me ofenderé por lo que alguien haga; aceptaré el hecho de que los demás quieren ser útiles, no importa qué puedan decir o hacer.

Recordatorio para hoy

Haré un esfuerzo consciente para buscar lo bueno en cada persona de mi grupo. No censuraré a nadie sobre una base personal. Si hay desacuerdos acerca de principios, pueden resolverse consultando los Doce Pasos y las Doce Tradiciones.

> «Nos castigamos cuando permitimos que la desaprobación de otra persona ponga en peligro la unidad del grupo. Cualquier cosa que perjudica al grupo, obstaculiza la capacidad de éste para funcionar por el bien de cada uno de sus miembros.»

18 DE NOVIEMBRE [323

Como miembro de Al-Anon, formo parte de un grupo que a su vez integra una asociación mundial que abarca millares de grupos. No puede uno imaginar las diferentes clases de personas que ingresan en Al-Anon con el mismo propósito mío: aprender una mejor manera de vivir, a pesar de las dificultades de estar siempre con un alcohólico. Su ambiente social y sus costumbres son distintos de los míos, pero el espíritu que nos motiva es el mismo. Esto nos mantiene unidos en todas partes del mundo.

Recordatorio para hoy

En cierto sentido, tengo una obligación con los miembros de cada grupo, no sólo con el mío: tal obligación es observar y preservar los principios y las tradiciones de Al-Anon. Los principios, para el individuo, están enunciados en los Doce Pasos. Las Tradiciones, también Doce, son la guía del grupo. Es importante para Al-Anon en general, y para mí personalmente, saber los Pasos y las Tradiciones, y protegerlos de la tergiversación y la sustitución. Los leeré y trataré de aplicarlos tanto en los asuntos personales como en los del grupo.

> *Primera Tradición:* «Nuestro bienestar común debiera tener preferencia; el progreso individual del mayor número depende de la unión.»

Una miembro de Al-Anon dijo en una reunión:

«Durante mi primer año en Al-Anon, me dediqué a cambiar mi actitud hacia el alcohólico. Aprendí a evitar las riñas; controlé mi impulso de quejarme y de regañar. Luché para liberarme de mis resentimientos. A medida que mejoraba nuestra relación, estando ya él en AA, tuve menos motivo de autocompasión. *Pensé* que yo estaba aplicando el programa.

«Pero no todo marchaba bien en el hogar. Había una tendencia constante a las fricciones. Yo me había propuesto tratar de apartar de la mente el problema del alcoholismo. El golf, los bolos, el bridge, la lectura y la actividad social no me dejaban tiempo ni ocasión para pensar en mis hijos; mi casa era un desorden; las comidas eran una incomodidad. ¡Yo no estaba cumpliendo con mis deberes!.»

Recordatorio para hoy

«De repente, me di cuenta de que Al-Anon nos pide mucho más que un simple enfrentamiento con el problema del alcoholismo. Necesitamos aplicar su programa en todos los aspectos de la vida, *y en el orden de importancia.*»

> «Oro para recordar que debo atender primero las cosas más importantes.»

20 DE NOVIEMBRE [325

«Nuestro grupo—explica un miembro—se concentra en los Doce Pasos. Rara vez comentamos las Tradiciones, porque creemos que la guía *personal* de los individuos es más útil para nosotros que las observaciones relacionadas con el funcionamiento del grupo.»

Esta forma de pensar es equivocada, pues las Tradiciones son esenciales para la supervivencia y el funcionamiento apropiado del grupo, *mediante el cual cada individuo obtiene la ayuda deseada.*

Las Tradiciones nos dicen, por ejemplo, que los dirigentes de un grupo son sus guías. Fieles a la Segunda Tradición, ellos no dominarán, como sucede a veces cuando un miembro voluntarioso y obstinado insiste en continuar como dirigente período tras período, y toma las decisiones en nombre del grupo.

Recordatorio para hoy

«Nuestros dirigentes son tan sólo fieles servidores y no gobiernan.» Desempeñan sus funciones, pero no controlan. Al-Anon es una asociación de iguales, y cada miembro debe estar dispuesto a servir. ¿Quién, entonces, provee la autoridad bajo la cual funcionan los grupos? La Segunda Tradición dice: «Existe sólo una autoridad fundamental para regir los propósitos del grupo: un Dios bondadoso que se manifiesta en la conciencia de cada grupo.»

> «Cada uno debe darse cuenta de que nuestra búsqueda y obtención de la paz mental dependen mucho de nuestra actitud dentro del grupo de Al-Anon.»

Alguien persuadió al Sr. J. que asistiera a una reunión de Al-Anon. Su esposa, que había ingresado finalmente en AA, estaba dedicada a la sobriedad y a desarrollarse como persona mediante los elementos espirituales del programa de AA.

Francamente, al Sr. J. no le agradaba eso. Él y su esposa tenían siempre a muchos invitados para cócteles y otros tipos de reuniones sociales, y la sobriedad de ella obstaculizaba estas actividades. A él le resultaba perfectamente ridículo que alguien de su posición social admitiera estar esclavizado por el alcohol. Aun después de cuatro o cinco reuniones de Al-Anon, él no podía entender por qué su esposa consideraba necesario continuar con AA, ahora que ella era sobria, o que Al-Anon pudiera ofrecerle algo a él.

Recordatorio para hoy

Cuando considero cómo las personas se limitan a sí mismas por su estrechez mental, me doy cuenta de que a menudo el orgullo dificulta la recuperación tanto del alcoholismo como de la angustia emocional de vivir con un alcohólico. Comprendo cuán necesario es aceptar cambios en mis normas de vida, si realmente confío en una existencia serena y ordenada.

> «Algunas personas no saben cuán necesitadas están de una nueva manera de vivir hasta que el desastre las sorprende.»

22 DE NOVIEMBRE [327

Es extraño pensar que muchos grupos piensan poco en las Doce Tradiciones y en su importancia para mantener fuerte y unido al grupo de Al-Anon. Las Tradiciones nos protegen de los efectos destructores de la dominación del grupo por algún miembro. Ellas nos igualan, para que podamos actuar en armonía a fin de obtener nuestro desarrollo y compresión espirituales.

Cuando cada miembro conoce las Tradiciones y estimula su aplicación en el grupo, estamos a salvo de muchos de los peligros que rodean a las personas que se reúnen con un propósito particular.

En Al-Anon, las opiniones *antagónicas* se convierten en opiniones *diferentes*, y así nuestros problemas se pueden resolver con compresión tolerante y respetuo mutuo.

Cuando se presentan problemas, recurrimos al Capítulo 10 del libro *Grupos de Familia Al-Anon Viviendo con un alcohólico,* * en el cual encontramos explicaciones y soluciones obtenidas mediante las Doce Tradiciones.

Recordatorio para hoy

Me interesaré en conocer bien las Doce Tradiciones de Al-Anon, a fin de poder contribuir al desarrollo del grupo y al progreso de cada uno de sus miembros.

> «Nuestro bienestar común debiera tener la preferencia; el progreso individual del mayor número depende de la unión.»
>
> (Primera Tradición)

Sólo por hoy nada temeré. Si se me anubla la mente con terrores desconocidos, averiguaré su origen y descubriré su irrealidad. Recordaré que Dios está a cargo de mí y de los míos, y que solamente tengo que *aceptar* su protección y guía. Lo que sucedió ayer no debe preocuparme hoy.

Hoy es un nuevo y brillante día, y puedo lograr que sea bueno sólo con mi forma de pensar acerca de él y con lo que puedo hacer con él.

Si vivo solamente el día del hoy, no tendré tan fácilmente temores de lo que *pueda* ocurrir mañana. Si me concentro en las actividades del día, no habrá lugar en mi espíritu para la inquietud ni la preocupación. Ocuparé cada minuto del día con algo bueno: visto, oído o cumplido. Después, cuando termine, podré reflexionar acerca de él con satisfacción y serenidad.

> «Recuerdo las palabras de una antigua cantinela: 'Nunca apura el apuro hasta que el apuro lo apuro a Ud.'.»

24 DE NOVIEMBRE

Una idea bastante común en algunos grupos de Al-Anon es que asistimos a las reuniones sólo para oír las historias trágicas de los demás: descripciones detalladas con las que podemos quizás identificarnos. Ésta es una—*sólo una*—de las funciones de Al-Anon. Pero cuando las historias son un repetir continuo de los delitos del alcohólico, nadie aprende nada excepto que todos atravesamos por las mismas circunstancias. ¿Qué provecho hay en eso?

Si deseo determinar cuánta ayuda puede proporcionar una reunión, debo preguntarme: «¿Cuántas personas de las que están aquí esta noche han aprendido algo nuevo acerca de la aplicación de los principios de Al-Anon? ¿Cuántas me han proporcionado una idea constructiva para llevármela y utilizarla?» Esa es la única medida de una reunión verdaderamente provechosa.

Recordatorio para hoy

Lo que yo diga en una reunión de Al-Anon no debe ser una relación detallada de las faltas y acciones de otra persona. Asisto a ella para aprender a habérmelas con mis frustraciones y dificultades, y para compartir con los demás lo que he aprendido en Al-Anon. Los problemas personales puedo tratarlos con mi Padrino u otro amigo de Al-Anon.

> «Una reunión verdaderamente valiosa de Al-Anon es aquélla en que nos concentramos en los principios, y no en las personas.»

A veces sucede que un miembro de Al-Anon, muy consagrado a una causa particular o a una organización religiosa, trata de persuadir al grupo a compartir su entusiasmo y a tomar parte en ellas.

Por más meritorio que sea un proyecto, debemos recordar que el propósito primordial de Al-Anon es aprender a adquirir serenidad para nosotros mismos mientras afrontamos el problema del alcoholismo. Nuestra Tercera Tradición señala que sería imprudente tener, como grupo, cualquier interés no relacionado con nuestro programa. Por nuestro propio bienestar y progreso, no nos comprometemos con otras causas u organizaciones, aunque las personas sean indudablemente libres para hacer eso si lo desean.

Recordatorio para hoy

La Tercera Tradición enuncia, en términos inequívocos, la dedicación sincera de Al-Anon a un común denominador: «Cuando los familiares de los alcohólicos se reúnen para prestarse mutua ayuda, pueden llamarse un Grupo de Familia Al-Anon, siempre que, como grupo, no tengan otra afiliación.»

> «...mediante nuestras Tradiciones nos protegemos contra la tergiversación y la sustitución de la idea de Al-Anon.»

26 DE NOVIEMBRE

Las personas que pasan por dificultades buscan ayuda y a menudo la solicitan, en forma de consejo, a los miembros de más experiencia, que están muy deseosos de ayudarlas.

«Mi esposo llega borracho, enciende el televisor y nos mantiene despiertos; ¿qué hago?» «Lo prendieron por haber peleado; ¿qué hago?» «Estoy cansada de quedarme siempre sentada en casa, él nunca me lleva a ninguna parte; ¿qué hago?»

El miembro más experimentado sabe que *no decimos a nadie lo que ha de hacer*. La gente sólo acepta y usa el consejo para el cual está preparada. Ayudar al recién llegado a aplicar los principios de Al-Anon a todos los problemas, es una parte vital del proceso de aprendizaje a través del cual crecemos espiritualmente. Entonces sabremos cómo tomar las decisiones que más nos convienen y tener el valor de realizarlas.

Recordatorio para hoy

Cuando me piden consejo, solamente sé lo que yo haría si me hallase ante la misma situación, y no lo que sería apropiado para la otra persona. Un buen consejo de Al-Anon tiene en cuenta los principios de la confraternidad, para que las personas puedan hallar por sí mismas las soluciones apropiadas.

> «No debo resolver el problema del prójimo. Sin embargo, puedo mostrarle cómo se obtienen soluciones aplicando el programa de Al-Anon.»

Un hombre cuya esposa es alcohólica vacila a menudo antes de buscar asistencia en Al-Anon, porque parecería una confesión de fracaso de su parte. Él puede hasta resistirse a prescindir del martirio que implica la total responsabilidad de la familia; quizás obtiene satisfacción de la dependencia de la alcohólica, a quien considera débil y desvalida.

En el programa de Al-Anon él puede aprender a sentirse a gusto no aceptando las responsabilidades de su esposa. Con el tiempo, él descubrirá sus propias motivaciones y cambiará de actitud; no hará nada para controlar la enfermedad de su esposa, pues el Primer Paso le asegura que no puede.

Recordatorio para hoy

Cuando un hombre vea la lógica y la promesa en la idea de Al-Anon, aceptará la necesidad de liberar a su esposa de la solícita dominación a que la somete. Comprenderá que ella ha de buscar la sobriedad sólo cuando él le permita enfrentarse con su propio problema. Su búsqueda de ayuda no es, pues, una confesión de fracaso, sino prueba de su vigor para lograr una nueva vida para su esposa y el resto de su familia.

> «Si posees el don de la fortaleza, sabes entonces que tienes la obligación de levantar al caído.»
>
> (George Meredith: *The Burden of Strength*)*

28 DE NOVIEMBRE

Oímos en Al-Anon que ninguna situación es desesperada. Al principio, esto nos parece difícil de creer. La esperanza y la desesperación son actitudes emocionales humanas; somos *nosotros* los desesperados, y no nuestra condición. En una situación desesperada, renunciamos a la esperanza, porque todavía somos incapaces de creer en la posibilidad de una superación.

Recordatorio para hoy

Si yo confiara en mi juicio solamente y tratara de corregir lo que está equivocado usando medios erróneos, tendría razón para desesperarme. Aprenderé en Al-Anon a reconocer mis errores, a ver los impedimentos de la obstinación y la santurronería que he puesto en mi camino. Entonces no insistiré más en que algo es imposible por el solo hecho de que he sido incapaz de llevarlo a cabo. Muchas otras personas han tenido problemas más serios que los míos. Una vez que use el programa de Al-Anon y acepte ser guiado por la voluntad de Dios en lugar de la mía, mi actitud equivocada será reemplazada por el orden y la paz mental.

«... si puedes creer, al que cree todo le es posible.»

(Marcos)

En uno de los folletos de Al-Anon aparece la siguiente aseveración difícil de creer: *«Un problema en el hogar originado por el alcohol, puede a menudo ser reconocido más fácilmente por el comportamiento del cónyuge del bebedor que por el de éste.»*

¿No es ésta una consecuencia inevitable de nuestras emociones turbulentas, de nuestra desesperación e inseguridad? ¿No es prueba de nuestros esfuerzos fútiles para ser más listos que el alcohólico, para obligarlo a abandonar la bebida y enfrentarse con sus responsabilidades? ¡Esta lucha autoimpuesta para controlar lo incontrolable no es realmente racional!

Después de experimentar los efectos de aplicar el programa de Al-Anon y observar los cambios milagrosos que ocurren en la actitud de nuestros amigos de la hermandad, podemos pensar con agradecimiento, que nosotros también estamos mejorando nuestras relaciones.

Recordatorio para hoy

A medida que observo el progreso que he hecho, me doy cuenta de que muchas de mis anteriores reacciones habituales necesitan transformarse en un comportamiento normal. La única forma posible de perfeccionar nuestra vida es mejorar nuestra condición emocional.

> «Muchas de las cosas que hice con ira y frustración sólo empeoraron la situación. Ahora estoy aprendiendo a moderarme.»

30 DE NOVIEMBRE

Uno de los medios que nos ayudan a obtener la serenidad y una vida ordenada es la aplicación del Duodécimo Paso, el último de los Doce Pasos por los cuales existimos en Al-Anon.

Ello implica estar siempre listo para asistir a otra persona que pasa por dificultades, alguien que quizá no ha oído decir que Al-Anon puede socorrerlo cuando hay alcoholismo en una familia. Esta «transmisión del mensaje» requiere constante conocimiento de una posible necesidad: tal vez un vecino u otra persona que encontramos casualmente y nos da a entender que él o ella atraviesa por tal adversidad.

Recordatorio para hoy

Discretamente asistiré a la persona que necesite aprender cómo vivir con las muchas dificultades que el alcoholismo puede crear o agravar. Mi primera sugerencia debe ser que siempre hay esperanza y que en Al-Anon puede encontrarse una nueva manera de vivir, en compañía de otras personas que tienen el mismo problema.

> «Estaré siempre listo para llevar el mensaje a otros. Veré la necesidad que me rodea si me mantengo bastante alerta como para reconocerla. Ayudando a los demás, me ayudo a mí mismo.»

1 DE DICIEMBRE

Durante este mes, que nos lleva al final de otro año, revisaré los acontecimientos de mi vida como si me apartara para verme como si fuera otra persona.

¿He progresado en mi esfuerzo por corregir mi defectuosa actitud? ¿He permitido que el desánimo me sumerja en mi antigua manera de vivir? Cuando hice algo cuyas consecuencias dificultaron mi vida, ¿traté de culpar a otra persona?

¿Cómo me ha ayudado Al-Anon a darme cuenta de mi potencial humano?

Recordatorio para hoy

Al reflexionar acerca de este año, consideraré con calma mis acciones y actitudes como si estuviera evaluando el progreso de otra persona. No haré de ellas un motivo de culpabilidad y remordimiento. No echaré la culpa a nadie por lo que haya sucedido, pues he aprendido en Al-Anon que no soy juez de los demás. Este día, y los siguientes, estarán llenos de oportunidades para perfeccionarme.

> «El propósito de mi examen de conciencia es obtener una visión clara de mi estado actual, reconocer los errores que necesito corregir y no hacerme ilusiones a fin de tener una excusa con la cual justificarlos.»

2 DE DICIEMBRE

Cuando estamos en una reunión de Al-Anon las ideas nos parecen tan claras que nunca dudamos de poder aplicarlas en nuestro diario vivir. Pero, lamentablemente, vuelven las formas de pensar anteriores, y entonces nos ocurre una recaída. Esto no es motivo para desanimarse.

Si reflexiono acerca de mi actitud pre-Al-Anon, puedo observar cuánto he aprendido y cuánto puedo recordar para usarlo al tratar con los problemas cotidianos. Sería demasiado esperar de mí una maestría perfecta; por eso, seré paciente.

Recordatorio para hoy

Si no me resulta fácil «verme como me ven los demás» y reconocer cuánto he progresado, entonces todo lo que necesito hacer es observar el mejoramiento de las otras personas de mi grupo. Aun algunas personas que parecen tener problemas «insolubles», han hecho grandes adelantos al aprender a no dejarse afectar por los episodios desgarradores del alcoholismo. Reconocen que *su* pensamiento y *sus* acciones no eran siempre sensatos y usan el programa de Al-Anon para recuperar su anterior estado de ánimo razonable y sereno.

> «Al-Anon no produce milagros de la noche a la mañana, pero cuando reflexionamos nos damos cuenta de que un milagro está a punto de suceder.»

Hay preguntas, y muchos de nosotros las hacemos, que nos llevan al extremo de la frustración: «¿Por qué no puede él...?», «¿qué está tramando?», «¿por qué no puedo hacerle ver...?»

Son sencillas, pero dicen mucho. Revelan nuestra convicción de que estamos en control, que sabemos lo que debe hacerse, que nuestro sentido común es mayor que el de los demás. Nos conducen, sin embargo, a la frustración porque no estamos en control... de nadie ni de nada, sino de nosotros mismos.

En su libro «El signo de Jonás» el famoso escritor Thomas Merton dice:

«No siga formulándose preguntas que no tienen significado; o si lo tienen, usted lo averiguará cuando necesite... averiguar las preguntas y las respuestas.»

Recordatorio para hoy

Me preguntaré: «*¿Qué me precipita a hacer o decir cosas que ocasionan problemas?*»; «*¿Por qué me concentro en los defectos de otra persona en lugar de los míos?*» Para tales preguntas, puedo hallar las respuestas, si me esfuerzo profunda y honradamente.

> «Especular sobre la actitud y los motivos de otras personas es una pérdida de tiempo y esfuerzo. Investigar las razones de los míos es una travesía de descubrimiento.»

4 DE DICIEMBRE [339

Algunos de nosotros venimos a Al-Anon a averiguar *por qué* bebe el alcohólico. Tememos que sea porque «ya no nos ama», o porque algo que hemos hecho o estamos haciendo lo inquieta y lo hace beber.

Nos tranquiliza mucho saber que el alcoholismo es una enfermedad. Sin embargo, es útil advertir también que las cosas que hemos estado haciendo pueden haber obstaculizado la recuperación de esta enfermedad.

Con la mejor de las intenciones, hemos estado intentando curarla tratándola como algo premeditado y perverso. Se nos dice que todo lo que hagamos para humillar y acusar al alcohólico sólo aumentará su sentido de culpabilidad o reforzará su queja de que somos nosotros los culpables. Esto nos enseña el inmenso valor de una actitud de no intervención. ¡Es difícil adoptarla, pero obra maravillas!

Recordatorio para hoy

No perderé el tiempo investigando las razones de por qué bebe el alcohólico. En Al-Anon se me dice que puedo resolver mis problemas eficazmente *cambiando mi pensamiento acerca de ellos*, corrigiendo mi propia actitud equivocada y permitiendo que el alcohólico resuelva su propio problema.

> «Ruego a Dios que me ayude a mantenerme en el camino que cambiará mi vida para bien.»

La vida con respecto al programa de Al-Anon, hacia el cual nos dirigimos cuando nos hallamos en dificultades, puede finalmente confrontarnos con un reto especial.

Al principio podemos preguntar en tono de duda: «¿Cómo puede resolverse mi terrible problema por el sólo hecho de unirme a una agrupación?» Entonces vienen las revelaciones. Aprendemos cómo vivir y hallar serenidad en medio del mundo desordenado del alcohólico; nos vemos creciendo espiritualmente, comprendiendo y ayudando.

Pero una vez eliminado el mayor problema por el ingreso del alcohólico en AA, podemos pensar que somos antiguos expertos en los asuntos de Al-Anon, y que «hemos logrado» nuestro objetivo. Dejamos de asistir a algunas reuniones, no tenemos tiempo de confortar a los recién llegados y olvidamos leer los libros de Al-Anon.

Después viene el reto de nuevos problemas, y nos damos cuenta de cuánto necesitamos todavía a Al-Anon para mantenernos en condición de resolverlos.

Recordatorio para hoy

No acudo a Al-Anon solamente para aprender a vivir con el problema activo de la bebida. Es mi modo de vivir; llevo así una vida que se torna cada vez más rica y remuneradora, a medida que aprendo a usar el programa en todos sus aspectos.

> «AA lleva al bebedor a la sobriedad, a fin de capacitarlo para absorber los profundos significados del programa. Al-Anon cambia nuestro pensamiento con el mismo propósito.»

6 DE DICIEMBRE

Hace más de dos mil años un filósofo escribió algunas palabras de sapiencia, cuyas ideas centrales nos parecen extrañamente modernas a quienes estudiamos los Doce Pasos. Se refieren a los errores en que los humanos, desde el comienzo del tiempo, parecemos caer:

Un hombre no es completo si cree que su progreso depende de quebrantar a los demás;

O si se preocupa acerca de asuntos que no pueden ser modificados;

O si insiste en que una cosa es imposible porque él no ha sido capaz de hacerla.

Carece de sabiduría el hombre que no puede descartar su hábito común, a fin de refrescar su mente con el descanso, el cambio y la meditación.

Necesita mucha ayuda quien piensa que él puede obligar a otros a hacer lo que a él le parece bueno.

Recordatorio para hoy

Las palabras sabias nos inspiran, pero sólo tienen valor si las hacemos parte de nosotros mismos y las usamos en el diario vivir.

> «Las verdades básicas que se exponen ante mí en Al-Anon tienen un inmenso poder para ayudarme.»

Estas palabras, fechadas según se cree en 1692 y halladas, según se dice, en un cementerio parroquial de Baltimore, pertenecen en realidad a un poeta moderno de Terre Haute, Indiana llamado Max Ehrmann que las escribió en 1927. El título de la obra de procedencia es: *Desiderata*.*

«Vaya plácidamente en medio del ruido y la prisa, y recuerde que puede haber paz en el silencio. En lo posible sin sumisión, esté en buenos términos con todas las personas. Diga la verdad tranquila y claramente; escuche a los demás, aun a los obtusos e ignorantes; ellos también tienen su historia.»

Recordatorio para hoy

Al igual que nuestra Oración de la Serenidad, al repetir estas frases cada mañana podemos establecer nuestra disposición de ánimo para ese día, y lograr que éste sea bueno. Puede servir como advertencia de que debemos observar la cualidad de nuestro propio comportamiento y, conforme aprendemos en Al-Anon, todo depende de eso.

> «No permitiré que mi paz interior sea perturbada por las confusiones que hay alrededor de mí. Seré benévolo y tolerante, al mismo tiempo que mantendré mi derecho a la individualidad. Escucharé y apreciaré, y no juzgaré el origen de lo que oigo.»

8 DE DICIEMBRE [343

Es un triste día para un grupo de Al-Anon cuando sus miembros se confieren un estado de antigüedad y las reuniones son simples tertulias para conversar y chismear.

Perdidas están la vitalidad y la esperanza que inspiraban al grupo en los días iniciales; perdidos el ávido intercambio de experiencia, vigor y esperanza, y el estímulo de aplicar el programa en cada aspecto de la vida. Ausente está también la mano amiga que se extendía a las personas atribuladas y las llevaba a la agrupación para aprender acerca de los Pasos hacia la serenidad, la confianza y la fe renovada, todo eso cumplido mediante nuestra ayuda y nuestro cuidado.

Recordatorio para hoy

No olvidaré que las posibilidades de este vasto programa espiritual son aún ilimitadas para mí. Todavía tengo mucho que aprender de él. Recordaré, también, que un grupo Al-Anon es una característica vital de cualquier comunidad; existen muchas personas a las cuales puede ofrecer esperanza. Trataré de hallarlas mediante las iglesias, los médicos, los tribunales y los consejeros, y compartiré Al-Anon con ellas.

> «Cada día es una nueva aventura en Al-Anon, que señala el camino hacia una mejor manera de vivir.»

9 DE DICIEMBRE

Es alentador saber que los miembros de Al-Anon pueden ser una inspiración mundial recíproca; los pensamientos y las oraciones vuelan a través del espacio para sostenernos y darnos valor a todos. Estas sensatas palabras proceden de los grupos Al-Anon de Francia:

«Hemos tenido todos la sensación de estar encadenados a una carga pesada que tratábamos de arrastrar y que, al mismo tiempo, *nos* estaba arrastrando hasta que perdimos completamente nuestra orientación.

«Ahora hay otra cadena para nosotros: la que nos une en Al-Anon. Cada uno de nosotros es un eslabón, ni más ni menos importante que el resto. Es una cadena a la cual podemos vincularnos siempre que lo necesitemos.»

Recordatorio para hoy

¡Qué alivio poder desligarnos de la cadena que nos ataba a la carga del alcoholismo, y saber que *no* necesitamos estar sin defensa controlados por éste! Estamos liberados al saber que no podemos ejercer la más mínima influencia sobre él. ¡Cuán suave y agradable es ser un eslabón en esa otra cadena que nos une en Al-Anon y descubrir cómo corregir la actitud que nos mantenía encadenados a nuestra ansiedad!

«El entendido en la palabra hallará el bien.»

(Proverbios)

10 DE DICIEMBRE

Mi vida es una serie de despliegues: incidentes y ocasiones, satisfactorias o aflictivas. Cada día está lleno de ellas, hora tras hora, y eso me dificulta formar una opinión totalmente objetiva de todo lo que sucede. Lo veo desde muy cerca.

Si estos sucesos fueran como muchos artículos—abarrotes o mercancías en general—, yo los clasificaría fácilmente en buenos y malos. Observando de esta forma los incidentes de mi vida, puede asombrarme descubrir que los buenos exceden a los malos. Sin embargo, me concentro tanto en mis aflicciones que difícilmente pienso en el gusto de saborear todo lo agradable y satisfactorio que me sucede diariamente.

Esta *observación* es un conocimiento agudo de nuestro ambiente y lo que ocurre en él. Puede cultivarse hasta que se haga tan natural e interesante como ver una representación teatral o un filme.

Recordatorio para hoy

Si aprendo a ver imparcialmente las cosas, me daré cuenta de que tengo muchas razones para estar contento y agradecido. Cuando me halle atascado con pensamientos negativos, los apartaré deliberadamente.

> «Observaré, con nuevo interés, aun las cosas comunes que suceden cada nuevo día.»

A menudo, tanto en los escritos como en las reuniones de Al-Anon se hace hincapié en que nuestro programa no es religioso, sino espiritual. La idea central de toda adoración, credo, iglesia o dogma consiste en que *Dios es la esencia de nuestro ser,* y ésta es la idea *espiritual* de Al-Anon.

Si dejamos de ir a la iglesia, acaso pensemos que estamos deshaciéndonos de Dios, porque nos ha desilusionado. Quizá lo concibamos como un castigador que nos ha perseguido con inmerecido dolor y sufrimiento. Sin embargo, lo reconozcamos o no, Él está siempre allí, dentro de nosotros, en todas las cosas y personas del universo, constantemente dispuesto a ayudarnos si lo aceptamos. La forma de utilizar el conocimiento de Dios en nuestro diario vivir no depende de Él, sino de nosotros.

Recordatorio para hoy

He observado que quienes más progresan en el programa de Al-Anon son los que aceptan fácilmente la ayuda de un Poder Superior. Una vez hecho eso, les es más fácil soltar las riendas y entregárselas a Dios y sus problemas se resuelven por sí mismos de un modo que excede la comprensión humana.

> «Señor, tú has sido nuestra morada en todas las generaciones.»
>
> (*Salmos*)

12 DE DICIEMBRE [347

¡Cuán grande es la necesidad humana de una víctima propiciatoria, alguien o algo a quien echar la culpa de nuestras desilusiones! «Si ella no hubiera hecho aquello, esto no habría sucedido.» «¿Por qué no hizo él lo que yo esperaba?» «¡Es culpa suya!»

Debo darme cuenta de que cada vez que creo que alguien me ha ofendido o injuriado, por lo menos una parte de mi desdicha se debe a la forma en que reaccioné. Realmente, no soy tan vulnerable a las circunstancias o a las acciones de otras personas, como pienso que lo soy. Mucho de lo que me sucede, bueno o malo, lo he creado yo mismo.

Recordatorio para hoy

Si estoy convencido de que soy, en gran medida, «el capitán de mi alma», puedo más fácilmente aceptar el hecho de que tengo el poder de evitar las desgracias, las desilusiones y otros problemas. Acusar a los demás por lo que me sucede impediría mi progreso espiritual.

> «Nada puede hacerme daño, excepto yo mismo; el daño que experimento lo llevo conmigo, y nunca sufro, excepto por mi propia culpa.»
>
> (Ralph Waldo Emerson: *Ensayo sobre compensación*)

Imaginemos a una persona que llega a Al-Anon, desesperada y confusa por el estrago del alcoholismo. Encuentra la cálida amistad de gente deseosa de compartir su tiempo, pensamiento y experiencia con ella. Obtiene los escritos de Al-Anon, y los estudia. Finalmente, aprende cómo adquirir la serenidad en medio de la congoja. Su vida mejora. Se ha hecho mucho por esta persona en Al-Anon.

¿Tiene alguna obligación con el grupo, la hermandad y los recién llegados que necesitan su ayuda? La respuesta obvia es *sí;* la respuesta verdadera es *no.* No se le *exige* pagar del mismo modo ninguno de los beneficios que ha recibido. La única obligación de esta persona es para *consigo misma*; se debe a sí misma el beneficio continuo que se recibe al *dar a los demás lo que ha obtenido.*

Recordatorio para hoy

Compartir enriquece mi vida. Es una terapéutica eficaz, bien sea que sirva al grupo como uno de sus dirigentes, o que haga las sencillas tareas en las reuniones. Necesito confortar y guiar al recién llegado, porque esto me da nueva comprensión de mi propia actitud defectuosa.

> «En ningún instante de mi vida adquiriré la perfección; nunca habrá una época en que no necesite el gozo y la satisfacción de ayudar a los demás.»

14 DE DICIEMBRE

«¿Qué significa ser el Padrino en Al-Anon?», es el título de un folleto disponible para los miembros. Ésta es una nueva idea para muchos de nosotros. Podemos dudar de que somos bastante fuertes en el programa, pensar que «no tenemos tiempo para sobrellevar las dificultades de otra persona.» Ser un Padrino es una gran aventura; pero es mucho más que eso: es un gran elemento de educación en las relaciones humanas y en el desarrollo espiritual.

Después de comenzar, nos asombramos al ver cuánto hemos aprendido del programa de Al-Anon; y de este intercambio personal, el Padrino gana con frecuencia mucho más que la persona a quien asiste.

Recordatorio para hoy

No sólo el recién llegado se beneficia al tener a una persona especial a quien dirigirse en busca de orientación, sino también un miembro antiguo puede ver que otro miembro, con diferentes y quizá mejores conocimientos, puede ser de inmensa ayuda. Como lo indicó un miembro: «... las soluciones no se encuentran en libros, sino en el cuidado recíproco y al pensar en voz alta con alguien con quien usted se sienta a gusto.»

> «Recomiendo firmemente a cada miembro que apadrine a alguien en Al-Anon; abre nuevos horizontes al corazón y a la mente; es una gran obra y Ud. ha de crecer espiritualmente con ella.»

Estoy aprendiendo a reconocer en mí cualquier reacción inmoderadamente emocional ante cosas que suceden, o que me dicen. Si observo que aún me atormento y angustio por errores y desilusiones pasadas, lo tendré en cuenta para corregirme. Asimismo, me guardaré de pensamientos acerca de cosas que puedan suceder en el futuro. ¿Cómo puedo saber lo que va a ocurrir?

Este conocimiento se obtiene mediante el estudio del programa de Al-Anon. Éste enseña cómo superar los obstáculos ocupándose de los asuntos de un solo día a la vez.

Puedo fácilmente encarar este día si no he malgastado mi energía con emociones destructoras y si no provoco antagonismos mediante censuras, quejas y reproches.

Recordatorio para hoy

Cuando algo me perturbe en este día, me preguntaré: «¿Es mi problema?», «¿realmente importa mucho?», «¿es vital?»

> «Hoy observaré cómo reacciono, y qué me siento tentado a decir o hacer.»

16 DE DICIEMBRE

Ciertas personas excesivamente optimistas imaginan que Al-Anon tiene una fórmula mágica para curar todos los males de la vida. Piensan, por ejemplo, que si se dedica una hora semanal para asistir a una reunión todo saldrá bien.

Una situación en la cual peligran la vida y la sensatez de los miembros de una familia, no se resuelve fácilmente. No obstante, las personas demasiado optimistas persisten firmemente en la ilusión de que Al-Anon puede arreglarlo todo. No arregla nada; eso depende de nosotros. No se resuelven los problemas solamente mediante la reunión semanal, sino con una abundante lectura entre las reuniones, una constante recordación de los principios y «una aplicación constante.» Al-Anon en verdad tiene la fórmula, pero nosotros debemos emplearla.

Recordatorio para hoy

Cambiar nuestra manera de pensar es una tarea monumental, que no debe tomarse a la ligera. Pero millares de miembros pueden testificar que es la actividad más beneficiosa y que produce más satisfacción entre todas las que se han sugerido para curar las afectadas relaciones familiares.

> «Escuchen, lean, mediten, usen, dice Al-Anon a los que realmente desean una mejor manera de vivir.»

El esposo de una alcohólica de un grupo de Al-Anon de Francia, escribió a la Oficina de Servicio Mundial lo siguiente: «Recuerdo nuestra pizarra de la escuela; la escritura era, a menudo, difícil de leer, porque habían limpiado la pizarra con un trapo lleno de polvo de tiza. Después la limpiábamos con una esponja húmeda para que quedara limpia y negra, pues así podíamos leer claramente lo que se escribía en ella.»

«¿No pasa igual con las ansiedades que me preocupan? Si deseo borrarlas de la mente, no debo usar un 'trapo' lleno de pensamientos polvorientos, sino 'pasar la esponja sobre ella' para que ninguna traza de lo que se escribió antes pueda empañar la inspiración pura... las ideas que deseo ver y vivir.»

Recordatorio para hoy

Desde todas partes del mundo los miembros de Al-Anon se ayudan mutuamente con pensamientos útiles. ¡Cuán vívidamente este esposo parisiense nos muestra la necesidad de borrar de la mente y del corazón nuestras ansiedades inútiles!

> «Oro para poder comenzar cada nuevo día con una 'pizarra limpia' y escribir en ella solamente lo que me beneficie.»

18 DE DICIEMBRE

Pensamientos para llevar a una reunión de Al-Anon:

Me propondré decir solamente lo que sea útil a alguien y no aprovecharé la reunión simplemente para tener público ante el cual exponer mis dificultades.

Escucharé todo lo que se diga para llevar al hogar las ideas constructivas y aplicarlas allí.

No cederé a la tentación de seguir hablando después de haber dicho lo que tenía que decir, y lo que yo diga tendrá relación directa con el tema de la reunión.

Si alguien me solicita consejo, lo daré sólo en función de los principios de Al-Anon, y no sugeriré qué medida debe tomarse.

Recordatorio para hoy

La reunión de Al-Anon es esencialmente terapia de grupo, de la cual cada persona debe obtener el beneficio máximo posible. Si pienso presentar un problema personal, hablaré acerca de él con mi Padrino antes o después de la reunión, o entre una reunión y otra.

> «No desperdiciaré un solo minuto de esa hora semanal en que nos reunimos para compartir experiencia, fortaleza y esperanza.»

Hay 168 horas en cada semana. Los que llegan a Al-Anon en busca de ayuda tienen muchas de esas horas llenas de incidentes inquietantes y dolorosos: inseguridad, necesidades insatisfechas y hasta violencia. Existen medios de superar muchos de estos inconvenientes y Al-Anon nos ofrece uno de ellos.

¿No se justifica acaso pasar una hora de las 168 en una reunión de Al-Anon? ¿No vale la pena gastar diez minutos diarios para leer libros de Al-Anon que nos enseñan lo que podemos hacer para ayudarnos, y quizá media hora para ayudar a otra persona en apuro?

Recordatorio para hoy

Se necesita tan poco tiempo semanal para aprender cómo Al-Anon se me aplica a mí y a mi vida desordenada, que los cambios que puedo hacer parecen milagros. Seguir el modo de vivir de Al-Anon es un programa de *todos los días*; y cuanto más piense en él tanto mayores serán mis recompensas: alegría, satisfacción y constante desarrollo espiritual.

> «Cada minuto que dedico a pensar en el programa de Al-Anon, y a aplicarlo, hace más llevaderas las horas de la semana.»

20 DE DICIEMBRE

Al-Anon me proporciona la oportunidad inapreciable de hacer algo por los demás, pero sin pasar por alto el hecho de que al ayudar a otra persona recibo *más de lo que doy*. Tengo la satisfacción de aliviar las tribulaciones de otra persona. Puedo aclarar los conceptos erróneos acerca del programa, lo cual ayudará a mi amigo a hacer grandes adelantos en la organización de su vida. Esto sólo me recompensaría ampliamente. Además, tengo la experiencia de aclarar mis propios pensamientos y ver mis propias contrariedades desde un nuevo punto de vista.

Recordatorio para hoy

En nuestra hermandad, nadie debe favores a otra persona. No voy a ponerme aureola por una buena acción, pues al realizarla he hecho más por mí que por la persona a quien he tratado de asistir. Cuanta más luz produzcamos para los demás, tanto mejor podremos vernos a nosotros mismos.

Aun una palabra dicha o escrita en una tierra lejana puede alcanzarme y disipar mi propia confusión.

> «¡Cuán lejos esa velita lanza sus rayos de luz!
> De la misma manera, brilla una buena acción
> en un mundo perverso.»
>
> (Shakespeare: *El mercader de Venecia*)

Alguien dijo en una de las reuniones: «Traje mis problemas a Al-Anon sólo para enterarme de que yo misma debía resolverlos. Al-Anon suministraría la luz para hacerlo posible.

«Esto fue lo que me pasó en mi segunda reunión: conté mi historia de horror, y finalicé mi exposición con una pregunta desesperada: '¿Qué puedo hacer?'

«Un miembro dijo: '¡Lave los platos! ¡Pasee! ¡Lea un libro! Comience de alguna manera a desligar la mente de las confusiones; pero no haga nada respecto a sus problemas hasta que pueda verlos más claramente. Usted cambiará su manera de pensar acerca de ellos, y las soluciones llegarán'.

«Esto es para mí en resumen el programa de Al-Anon. Me mantuvo tan ocupada que ya no tuve tiempo de seguir afligiéndome.»

Recordatorio para hoy

Trataré de no tomar decisiones importantes hasta que me haya liberado del resentimiento, la autocompasión y la desesperanza. Entonces, estaré listo.

> «Con la serenidad que hallo en Al-Anon, muchas de mis dificultades desaparecen solas, sin mi intervención.»

22 DE DICIEMBRE

Al-Anon tiene muchos tesoros para mí si estoy dispuesto a aceptarlos, pero ninguno puede enriquecer tanto mi vida como aprender realmente a vivir en el presente. Eso significa estar más consciente de mí mismo y de los detalles felices que aumentan en importancia a medida que los observo con gozo.

Por más horrenda que sea la situación que me perturba y desvela, hay momentos placenteros que me distraen de mis cuidados; pero debo estar a la expectativa para no perderlos.

Recordatorio para hoy

El famoso científico Thomas Henry Huxley se expresó así: «Para cada persona, el mundo es tan puro como el primer día, y aun tan lleno de novedades para quien tiene ojos para verlas.»

Ésta es una manera constructiva y satisfactoria de adquirir el desprendimiento emocional de que tanto hablamos en Al-Anon.

> «Dios me hizo receptivo y consciente. Además, restauró en mí la capacidad de la admiración.»

Proponerse metas demasiado elevadas puede conducir a la frustración o a algo peor. El perfeccionista, persistiendo tercamente en sus ideas de lo que debe ser la vida, con frecuencia tiene dificultad para comprender los elementos de *aceptación* y desprendimiento del programa de Al-Anon. Exige demasiado de sí mismo y del cónyuge alcohólico.

Este deseo compulsivo de perfección—un idealismo irrealista—puede ser un síntoma neurótico tan difícil de tratar como la compulsión del alcohólico para beber. Esto agranda los problemas, incrementa nuestra desesperación cuando las cosas no se realizan como lo esperamos, y nos impide aceptar la vida tal como es.

Recordatorio para hoy

Aprenderé a ceder un poquito y a aceptar lo que antes me impulsaba a desafiar y a resistir. Trataré de lograr un desprendimiento emocional equilibrado que no sea *abandono* ni *desinterés* del alcohólico, sino una decisión de no dejarme afectar demasiado por acontecimientos que en esencia no tienen importancia.

>«La felicidad consiste en adaptarnos con tranquilidad a lo que es posible y asequible.»

24 DE DICIEMBRE [359

Existe un modo más fácil de liberarnos de los pensamientos y las imaginaciones dolorosas que seguir el consejo del filósofo que dijo: «Vacía tu mente....» Es reemplazar la preocupación y la angustia por algo agradable.

Cuando hago esto, no huyo de mis problemas; más bien, despejo mi confusión, y así estaré mejor preparado para tomar decisiones cuando llegue el tiempo de hacerlo.

La constante mortificación acerca de asuntos perturbadores nunca resuelve nada; al darle muchas vueltas a un problema se pierde el sentido de la proporción del mismo.

Recordatorio para hoy

Recurriré a las cosas sencillas: la contemplación de un árbol o una nube, la redacción de una carta por largo tiempo postergada, la construcción de una jaula y hasta la confección de una muñeca de trapo o la preparación de un pastel. Deliberadamente me concentraré en la nueva preocupación para que, cuando me recobre de ella, mis pensamientos estén avivados y listos para enfrentarme francamente con lo que debo.

> «Un cambio de escena, un nuevo interés o una empresa creadora son medicinas eficaces para el afligido.»

A menudo se sugiere en Al-Anon que examinemos nuestros motivos. No es fácil preguntarse: «¿Por qué hice eso?», y a conciencia rastrear la falta hasta su origen. ¿Quise realmente decir esas palabras resentidas? ¿Deseé agraviar? ¿O estaba desahogándome de la presión de un malestar más profundo: culpabilidad, insuficiencia propia o temor? Cuando analicé mis razones, ¿creí que era justificado lo que había dicho o hecho?

Podemos justificar nuestras acciones, pero a menudo sólo racionalizamos o evitamos la verdad. A medida que ahondamos para averiguar nuestros motivos, descubrimos cuán doloroso es admitir, aun para nosotros mismos, que estamos equivocados. Al-Anon valora mucho la honradez ante uno mismo. El enfrentamiento con nuestras faltas es el primer paso para superarlas.

Recordatorio para hoy

Estoy en vía de adquirir la madurez cuando puedo aceptar de buen grado el hecho de que no siempre tengo razón. Entonces nuevas ideas pueden penetrar y abrirme la mente a las influencias útiles que me rodean.

> «Todo camino del hombre es recto en su propia opinión; pero Jehová pesa los corazones.»
>
> (*Proverbios*)

26 DE DICIEMBRE

El tema de la reunión fue acerca del lema de Al-Anon: «Suelta las riendas y entrégaselas a Dios.» Se concedieron tres minutos a cada miembro para su comentario. He aquí lo que dijo uno de ellos:

«No deseo ofender a nadie, pero me parece que algunos de nosotros interpretamos este lema demasiado literalmente. No quiere decir que nos despreocupemos por completo y dejemos que Dios se encargue de todo. Nos corresponde usar la inteligencia que Él nos dio.

«Esta mañana ocurrió una cosa extraña que ilustra esto. Yo trataba de enhebrar una aguja de esas que tienen el ojo redondo. Yo luchaba, pero el extremo de la hebra se deslizaba siempre. Automáticamente, me dije: 'Tranquila…, suelta las riendas y entrégaselas a Dios…', pero eso no me dio resultado. De repente, lo comprendí: yo no estaba usando el buen criterio que Dios me dio. Cogí una aguja de bordar, de las que tienen ojo grande y, rápido como un parpadeo, la enhebré. Fue un incidente vulgar, pero el principio puede aplicarse también a cosas mayores.»

Recordatorio para hoy

No buscaré a Dios para que me ayude cuando soy muy perezoso para hacer mi parte y pensar un poco.

«Ayúdate, que Dios te ayudará.»

Pensemos en los problemas *de grupo,* esos desacuerdos que a veces surgen porque no nos entendemos mutuamente. No es sorprendente que quienes hemos llegado a Al-Anon tan confusos e infelices, con el pensamiento absorto en las dificultades familiares, nos hallemos en discrepancia sobre alguna cuestión de procedimiento a un malentendido personal. Todos tenemos distintos antecedentes, metas, motivos, normas y esperanzas, que pueden entrar en conflicto cuando nos resulta difícil comunicarnos unos con otros.

Para los problemas de grupo, así como para los individuales, usamos esa frase útil con que termina la Duodécima Tradición: «debemos anteponer los principios a las personas.»

Recordatorio para hoy

Cada vez que me sienta tentado a impacientarme o enojarme porque alguien en mi grupo no está de acuerdo conmigo, recordaré *anteponer los principios a las personas.* Todo lo que me sucede como persona, todo lo que se refiere a mis relaciones con mi grupo, puede ser allanado aplicando los principios de Al-Anon. Esto eleva las discusiones por encima del nivel de las personas y produce soluciones armónicas.

> «Nuestro bienestar común debiera tener la preferencia; el progreso individual del mayor número depende de la unión.»
>
> (Primera Tradición)

28 DE DICIEMBRE

Pensemos hoy en nuestras intenciones. Esta palabra nos sugerirá a muchos la gran diferencia que suele haber entre lo que *deseamos* hacer y lo que realmente *hacemos*. *Deseamos* ser amables y tolerantes, pero algún impulso incontrolable cambia nuestra actitud en algo que más tarde lamentamos. *Deseamos realizar mucho, pero a menos que comencemos con una estimación realista de lo que somos capaces de hacer, estaremos lejos de conseguir nuestras expectativas. Deseamos* lograr una buena vida para nosotros y nuestra familia, pero parecemos constantemente estar desviados de ello por los demás; o *permitimos* que las acciones de ellos nos impidan llevar a cabo lo que nos proponíamos hacer.

Recordatorio para hoy

Mis intenciones son buenas. Cuando no las cumplo, me desilusiono; y aun puedo quedar abrumado por el sentido de culpabilidad. ¿Cómo puedo evitar esto? Trataré de aclarar mis intenciones y decidir lo que realmente deseo hacer, decir y llevar a cabo. Esto me ayudará a mantener mi vida en un camino satisfactorio y productivo.

> «Debo primero estar seguro de lo que deseo y de las razones de mi selección; esto guiará mis pensamientos por cauces constructivos, y me impedirá intentar lo irreal o imposible.»
>
> (Celebra Tueli)

29 DE DICIEMBRE

«Hay algunas cosas que categóricamente me niego a aceptar», dijo un miembro en una reunión.

Muy a menudo esto les ocurre a personas que sufren de orgullo excesivo o son incapaces de admitir que nunca se equivocan.

Antes de decidir que no puedo aceptar esto o lo otro, debo examinar *mi* parte en el desacuerdo. ¿Son irrazonables mis expectativas? ¿Exijo demasiado? ¿Confronto una represalia normal por mi actitud rígida e inflexible?

Si hemos injuriado a alguien o exigido demasiado de otros, una rápida represalia puede desanimarnos o enfurecernos. ¿No deberíamos investigar las causas y tratar de corregirlas?

Recordatorio para hoy

Puedo sentirme justificado en «tomar partido», pero debo considerar si fue algo que hice lo que produjo la crisis. Permanecer inflexible puede resultar en desastre y no estoy aún preparado para aceptarlo.

> «Somos muy rápidos para percibir y pensar lo que sufrimos por los demás, pero no nos interesa lo que ellos sufren por nosotros.»
>
> (Tomás de Kempis)

30 DE DICIEMBRE

Hay un antiguo cuento popular alemán según el cual el Hada madrina le trae un regalo a una niña: *la capacidad de prever el resultado de todo lo que ella misma hará.*

Es un regalo que a todos nos podría servir, especialmente cuando cedemos a la desesperación, y decidimos, a toda costa, liberarnos de una situación que parece insoportable.

Si pudiéramos prever el resultado de una acción tal como disolver un matrimonio, por ejemplo, podríamos no estar tan dispuestos a privar a nuestros hijos de uno de los padres; podríamos evadirnos de las fuertes responsabilidades a las cuales deberíamos hacer frente. Sobre todo, tendríamos aún que contender con nuestras propias acciones, las mismas que pueden haber ayudado a llevarnos al punto de la desesperación.

Recordatorio para hoy

Si deseo hacer un cambio mayor que también afecte la vida de otros, debo primero considerar el posible resultado. ¿He tratado realmente de examinar y corregir mis propias faltas? ¿Hay un sistema para mejorar mi actitud? ¡Dejaré que la gran decisión aguarde hasta que yo haya probado eso!

> «La solución verdaderamente sabia puede estar en mi propio perfeccionamiento.»

31 DE DICIEMBRE

Éste es el día en que termina otro año. Es una buena ocasión para una tranquila y honrada mirada a mi progreso personal. ¿Ha sido un buen año, mejor que los anteriores? ¿Me ha conducido la guía diaria del programa de Al-Anon a una mayor comprensión y aceptación de mí mismo, el individuo peculiar que soy?

Si tengo remordimientos por errores u omisiones, los desecharé. En el nuevo año que está frente a mí no hay tiempo para fútiles remordimientos. Viviré un día a la vez, haciendo cada uno mejor que el anterior, a medida que crezco en confianza y fe.

Recordatorio para hoy

De nuevo resuelvo vivir en el próximo año un día a la vez, descargándome de las preocupaciones del pasado y de las inseguridades del futuro. Venga lo que venga, lo recibiré con una mente serena.

«Y sabemos que a los que aman a Dios, todas las cosas les ayudan.»

(Romanos)

ORACIÓN DE LA SERENIDAD

Esta oración se lee en la mayoría de las reuniones y con frecuencia los grupos la comentan. Sirve también como inspiración para la meditación diaria de los individuos.

> Dios, concédeme la serenidad
> para aceptar las cosas que no puedo cambiar,
> valor para cambiar aquéllas que puedo,
> y sabiduría para reconocer la diferencia.

LOS LEMAS DE AL-ANON

Estos lemas se emplean de la misma manera que la Oración de la Serenidad, para obtener guía espiritual al afrontar nuestros conflictos y problemas. Los grupos usan los lemas como temas de sus reuniones; los individuos los usan como recordatorios en tiempo de dificultades.

A continuación se indican los lemas que se mencionan en este libro. Sin embargo, hay muchos otros lemas que son populares y han sido útiles a los miembros de Al-Anon, como: Sólo por la gracia de Dios, Mantén un criterio abierto, y ¿Cuán importante es?

> Suelta las riendas y entrégaselas a Dios.
> Hazlo con calma.
> Vive y deja vivir.
> Primero, las cosas más importantes.
> Un día a la vez.
> Mantenlo simple.
> Piensa.
> Escucha y aprende.

LOS DOCE PASOS

El estudio de estos Pasos es fundamental para progresar en el programa de Al-Anon. Los principios que incluyen son universales, aplicables a todos, independientemente de su credo personal. En Al-Anon nos empeñamos en una comprensión cada vez más profunda de estos Pasos y oramos por adquirir la sabiduría para aplicarlos a nuestras vidas.

1. Admitimos que éramos incapaces de afrontar solos el alcohol, y que nuestra vida se había vuelto ingobernable.
2. Llegamos a creer que un Poder superior a nosotros podría devolvernos el sano juicio.
3. Resolvimos confiar nuestra voluntad y nuestra vida al cuidado de Dios, *según nuestro propio entendimiento de Él*.
4. Sin temor, hicimos un sincero y minucioso examen de conciencia.
5. Admitimos ante Dios, ante nosotros mismos y ante otro ser humano, la naturaleza exacta de nuestras faltas.
6. Estuvimos enteramente dispuestos a que Dios eliminase todos estos defectos de carácter.
7. Humildemente pedimos a Dios que nos librase de nuestras culpas.
8. Hicimos una lista de todas las personas a quienes habíamos perjudicado, y estuvimos dispuestos a reparar el mal que les ocasionamos.

9. Reparamos directamente el mal causado a esas personas cuando nos fue posible, excepto en los casos en que el hacerlo les hubiese infligido más daño, o perjudicado a un tercero.
10. Proseguimos con nuestro examen de conciencia, admitiendo espontáneamente nuestras faltas al momento de reconocerlas.
11. Mediante la oración y la meditación, tratamos de mejorar nuestro contacto consciente con Dios, *según nuestro propio entendimiento de Él*, y le pedimos tan sólo la capacidad para reconocer Su voluntad y las fuerzas para cumplirla.
12. Habiendo logrado un despertar espiritual como resultado de estos pasos, tratamos de llevar este mensaje a otras personas, y practicar estos principios en todas nuestras acciones.

LAS DOCE TRADICIONES DE AL-ANON

Estas orientaciones son un medio de promover la armonía y el crecimiento en los grupos Al-Anon y en la hermandad mundial de Al-Anon en general. Nuestra experiencia de grupo señala que nuestra unidad depende de nuestra adhesión a estas Tradiciones.

1. Nuestro bienestar común debiera tener la preferencia; el progreso individual del mayor número depende de la unión.
2. Existe sólo una autoridad fundamental para regir los propósitos del grupo: un Dios bondadoso que se manifiesta en la conciencia de cada grupo. Nuestros dirigentes son tan sólo fieles servidores, y no gobiernan.
3. Cuando los familiares de los alcohólicos se reúnen para prestarse mutua ayuda, pueden llamarse un Grupo de Familia Al-Anon, siempre que, como grupo, no tenga otra afiliación. El único requisito para ser miembro es tener un pariente o amigo con un problema de alcoholismo.
4. Cada grupo debiera ser autónomo, excepto en asuntos que afecten a otros grupos o a Al-Anon, o AA en su totalidad.
5. Cada Grupo de Familia Al-Anon persigue un solo propósito: prestar ayuda a los familiares de los alcohólicos. Logramos esto, practicando los Doce Pasos de AA *nosotros mismos*, comprendiendo y estimulando a nuestros propios familiares aquejados por el alcoholismo, y dando la bienvenida y brindando alivio a los familiares de los alcohólicos.

6. Nuestros grupos de familia jamás debieran apoyar, financiar, ni prestar su nombre a ninguna empresa extraña, para evitar que problemas de dinero, propiedad o prestigio nos desvíen de nuestro objetivo espiritual que es el primordial. Aun siendo una entidad separada, deberíamos cooperar siempre con Alcohólicos Anónimos.
7. Cada grupo ha de ser económicamente autosuficiente y, por lo tanto, debe rehusar contribuciones externas.
8. Las actividades prescritas por el Duodécimo Paso en Al-Anon nunca debieran tener carácter profesional, pero nuestros centros de servicio pueden contratar empleados especializados.
9. Nuestros grupos, como tales, nunca debieran organizarse, pero pueden crear centros de servicios o comisiones directamente responsables ante las personas a quienes sirven.
10. Los Grupos de Familia Al-Anon no deben emitir opiniones acerca de asuntos ajenos a sus actividades. Por consiguiente, su nombre nunca debe mezclarse en polémicas públicas.
11. Nuestra política de relaciones públicas se basa más bien en la atracción que en la promoción. Necesitamos mantener siempre el anonimato personal en la prensa, radio, el cine y la televisión. Debemos proteger con gran esmero el anonimato de todos los miembros de AA.
12. El anonimato es la base espiritual de nuestras Tradiciones y siempre nos recuerda que debemos anteponer los principios a las personas.

LOS DOCE CONCEPTOS DE SERVICIO

Los Doce Pasos y Tradiciones son las guías para el progreso personal y la unidad del grupo. Los Doce Conceptos son la guía para el servicio, demuestran cómo puede hacerse la labor del Duodécimo Paso a gran escala y cómo los miembros de la Oficina de Servicio Mundial pueden relacionarse entre sí y con los grupos, a través de la Conferencia de Servicio Mundial, para divulgar el mensaje de Al-Anon por todo el mundo.

1. La responsabilidad y autoridad fundamentales de los servicios mundiales de A1-Anon corresponde a los grupos de A1-Anon.
2. Los Grupos de Familia A1-Anon han delegado por entero la autoridad administrativa y de funcionamiento a su Conferencia y sus ramas de servicio.
3. El Derecho de Decisión hace posible el liderazgo eficaz.
4. La participación es la clave de la armonía.
5. Los Derechos de Apelación y Petición protegen a las minorías y garantizan que éstas serán escuchadas.
6. La Conferencia reconoce la responsabilidad administrativa primordial de los administradores (custodios).
7. Los administradores (custodios) tienen derechos legales, mientras que los derechos de la Conferencia son tradicionales.
8. La Junta de Administradores (custodios) delega total autoridad a sus comités ejecutivos para la administración de rutina de la Sede de A1-Anon.
9. Un buen liderazgo personal es una necesidad a todos los niveles de servicio. En el campo del servicio

mundial, la Junta de Administradores (custodios) asume la dirección principal.
10. La responsabilidad de servicio está equilibrada por una autoridad de servicio definida cuidadosamente para evitar la doble dirección de administración.
11. La Oficina de Servicio Mundial está compuesta de comités selectos, ejecutivos y miembros del personal.
12. Las Garantías Generales de la Conferencia contienen la base espiritual del servicio mundial de Al-Anon, Artículo 12 de la Carta.

LAS GARANTÍAS GENERALES DE LA CONFERENCIA

En todos los procedimientos, la Conferencia de Servicio Mundial Al-Anon observará el espíritu de las Tradiciones:

1. que sólo suficientes fondos de funcionamiento en los que se incluya una amplia reserva, sea su principio financiero prudente;
2. que ningún miembro de la Conferencia sea puesto con autoridad absoluta sobre otros miembros;
3. que todas las decisiones se tomen mediante discusión, voto y, siempre que sea posible, por unanimidad;
4. que ninguna acción de la Conferencia sea personalmente punitiva ni incite a la controversia pública;
5. que aunque la Conferencia sirve a Al-Anon, nunca ejecutará ninguna acción autoritaria y como la hermandad de los Grupos de Familia Al-Anon a la cual sirve, permanecerá siempre democrática, en pensamiento y acción.

APÉNDICE

*Citas fueron reimpresas de *The Prophet* por Kahlil Gibran, con el permiso del editor, Alfred A. Knopf, Inc. Derecho de propiedad literaria en 1923 por Kahlil Gibran; Derecho literario renovado en 1951 por los administradores C.T.A. de Kahlil Gibran Estate y Mary G. Gibran. 27 de marzo; 30 de abril; 16 de agosto; 14 de noviembre.

---

*Con permiso del autor, se usaron citas de Robert K. Greenleaf. 16 de julio; 15 de agosto.

---

*El permiso para usar la cita de *The Burden of Strength,* por George Meredith, fue otorgado por los editores, Charles Scribners & Sons. 27 de noviembre.

---

*Las citas de *No Man Is an Island,* por Thomas Merton, se usan con permiso del autor y de los editores, Harcourt, Brace & World, Inc. 27 de febrero; 18 de marzo; 25 de mayo; 13 de junio.

P. 110 *Descontinuada.
P. 152 *Descontinuada.
P. 166 *No aparece en la versión revisada.
P. 182 *No aparece en la versión revisada.
P. 192 *No aparece en la versión revisada.
P. 227 *No aparece en la versión revisada.
P. 327 *Revertido a su título original *Grupos de Familia Al-Anon,* en 1984.
P. 342 *Esto corrige un lamentable error cometido en las ediciones anteriores de este libro.

ÍNDICE DE TEMAS

Este índice alfabético de los temas tratados en nuestro libro de lecturas diarias es muy útil tanto para planear reuniones como para satisfacer las necesidades personales.

Abnegación: 93.
Aceptación: 32, 47, 76, 86, 129, 135, 358.
Actitud: 78, 87, 190, 207, 232, 246, 292, 307.
Al-Anon: Como hermandad: 201, 203, 304, 323, 344.
    Como modo de vivir: 1, 10, 26, 65, 70, 138, 158, 166, 209, 261, 272, 324, 340, 354.
    Sus propósitos: 75, 88, 127, 128, 134, 329.
Alcoholismo una enfermedad: 24, 109, 264, 320, 339.
Amor: 5, 113, 160, 165, 257.
Amor propio, y amor de sí mismo: 134, 313.
Anonimato: 18, 66, 230.
Autocompasión: 6, 11, 13, 21, 75, 96, 119, 122, 180, 190, 191, 192, 240, 282, 302.
Autocontrol: 95, 208, 229, 238.
Autoengaño: 14, 35, 78, 98, 130, 146, 161, 181, 267, 282.
Autorrespeto: 13, 16, 117.
Bondad: 20, 299.
Buen Humor: 164.
Cambios posibles: 17, 25, 58, 70, 72, 92, 99, 102, 115, 119, 133, 155, 185, 198, 202, 204, 214, 216, 224, 228, 234, 253, 254, 263, 271.
Compasión: 3, 24, 27, 40, 57, 73, 109, 162, 278.
Conceptos: En general: 372.
Conocimiento de sí mismo: 2, 14, 21, 115, 117, 136, 146, 156, 170, 171, 247, 249, 265, 280, 296, 350, 364.
Consejos: 50, 57, 128, 206, 221, 256, 306, 331, 353.
Cónyuges de alcohólicos: 110, 181, 188, 191, 193, 239, 252, 274, 326, 332.

Cortesía: 48, 159.
Crisis: Cómo hacer frente a: 100, 124.
Creada por nosotros: 98, 152.
Crítica: 20, 92, 233, 290.
Culpabilidad: 3, 78, 127, 147, 199, 268, 278, 347.
Dar: 10, 53, 153, 160, 287, 288, 304, 348, 355.
Decisiones: 13, 28, 137, 243, 303, 365.
Desesperación: 28, 63, 100, 103, 108, 119, 252, 319, 333.
Desprendimiento emocional: 3, 7, 29, 51, 54, 59, 83, 98, 131, 150, 151, 183, 196, 225, 250, 259, 267, 285, 286, 308, 321, 357.
Disputas: 55, 95, 189, 255, 316.
Divorcio: 50, 137, 243, 263, 365.
Egoísmo constructivo: 121.
Enojo: 2, 20, 48, 55, 69, 106, 187, 222, 223, 229, 238, 241, 255, 293.
Esperanza: 94.
Expectativas: 217, 242, 298, 309.
Fe: 60, 67, 74, 80, 103, 122, 168, 186, 234, 248, 284, 311, 314.
Frustración: 19, 217, 228, 242, 338, 358.
Garantías: En general: 373.
Gozo: 12, 101, 184, 245, 357.
Gratitud: 6, 8, 46, 64, 126, 253, 283, 319, 345.
Hijos: 179, 245.
Honrado con uno mismo: 2, 14, 130, 161, 170, 171, 237, 280, 366.
Humildad: 61, 290, 310, 326, 364.
Intenciones: 363.
Interferencia en la vida ajena: 30, 32, 86, 116, 139, 144, 167, 194, 250, 261, 271, 285, 334.
Lemas: En general: 143, 295, 367.
    Hazlo con calma: 19, 111, 189, 238, 301.
    Primero las cosas más importantes: 179, 324.

[377

    Mantenlo simple: 143, 205.
    Suelta las riendas y entrégaselas a Dios: 28, 95, 107, 125, 131, 163, 220, 294, 361.
    Escucha y aprende: 39, 41, 49, 81, 97, 190, 200, 255, 273, 317, 343.
    Vive y deja vivir: 72, 122, 215, 260.
    Un día a la vez: 1, 19, 79, 82, 91, 104, 140, 182, 193, 212, 219, 244, 302, 328, 352.
    Piensa: 20, 43, 208, 238, 298.
Libertad: 74, 129, 224, 269.
Madurez: 198, 214, 360.
Martirio: 13, 96, 155, 180, 192, 226, 231, 236.
Meditación: 126, 141, 291, 312, 315, 318.
Mente receptiva: mantener una: 49, 97, 200, 275, 317.
Motivos: 101, 112, 130, 137, 146, 155, 202, 270, 296, 360.
Oración: 22, 74, 123, 156, 177, 275, 319.
Paciencia: 20, 51, 56.
Padrinos: 137, 142, 277.
Pasos: En general: 141, 368.
    Primero: 30, 32, 42, 86, 116, 135, 144, 167, 194.
    Segundo: 33, 145, 168, 265, 300.
    Tercero: 9, 34, 169.
    Cuarto: 36, 101, 170, 171, 295, 296.
    Quinto: 101, 171.
    Sexto: 172.
    Séptimo: 173.
    Octavo: 174.
    Noveno: 175.
    Décimo: 176, 213, 336, 366.
    Undécimo: 177, 291, 312, 318.
    Duodécimo: 153, 178, 195, 335, 343, 348.
Perdón: 120.
Perfección: 358.
Problemas: 100, 103, 105, 107, 125, 128, 148, 297, 356.

Prudencia: 293, 300, 341.
Recaída: 73, 147, 207, 239.
　　en Al-Anon: 84, 337.
Recién llegado: 53, 81, 94, 142, 206, 277, 289, 349.
Recuperación mediante Al-Anon: 4, 23, 38, 44, 45, 68, 71, 89, 184, 185, 210, 218, 281, 334, 351.
Religión: 122, 258, 330, 346.
Resentimiento: 21, 149, 154, 222, 235, 251, 266.
Responsabilidad: 195.
Reuniones de Al-Anon: 38, 39, 62, 75, 77, 97, 191, 195, 230, 329, 353.
Sarcasmo: 114, 255.
Satisfacción personal: 197, 237, 262.
Serenidad: 62, 124, 132, 204, 259, 264, 309, 316, 342.
　　Oración de la serenidad: 65, 279.
Silencio: 44, 55, 85, 95, 150, 211, 229, 238.
Sobriedad: 8, 15, 31, 37, 56, 64, 73, 118, 188, 225, 227, 262, 283.
Temor: 52, 73, 84, 193, 328.
Tensión: 143, 315, 359.
Terquedad: 20, 74, 90, 107, 139, 286, 338.
Tradiciones: En general: 325, 327, 370.
　　Primera: 20, 77, 322.
　　Segunda: 276.
　　Tercera: 258, 338.
　　Cuarta: 305.
　　Quinta: 127, 127, 256.
　　Octava: 289.
　　Duodécima: 18, 66, 230, 362.
Valor: 84, 119, 157.
Venganza: 149.